2016年度国家社会科学基金重大项目"20世纪中叶以来西藏城市人居环境发展变迁研究"（项目批准号：16ZDA135）
2018年度四川省教育厅重点项目（人文社科）"乡村文化遗产保护与发展研究——以四川为例"（项目批准号：18SA0233）

LÜYOU KAIFA DAOXIANG XIA
MINZU XIANGCUN WENHUA
KONGJIAN SHENGCHAN YANJIU

范颖 著

旅游开发导向下民族乡村文化空间生产研究

四川大学出版社

项目策划：梁　平
责任编辑：孙滨蓉
责任校对：杨　果
封面设计：璞信文化
责任印制：王　炜

图书在版编目（CIP）数据

旅游开发导向下民族乡村文化空间生产研究 / 范颖著. — 成都：四川大学出版社，2020.12
ISBN 978-7-5690-2129-5

Ⅰ. ①旅… Ⅱ. ①范… Ⅲ. ①少数民族－农村文化－文化发展－研究－中国 Ⅳ. ①G12

中国版本图书馆CIP数据核字（2019）第138990号

书名	旅游开发导向下民族乡村文化空间生产研究
著　者	范　颖
出　版	四川大学出版社
地　址	成都市一环路南一段24号（610065）
发　行	四川大学出版社
书　号	ISBN 978-7-5690-2129-5
印前制作	四川胜翔数码印务设计有限公司
印　刷	四川盛图彩色印刷有限公司
成品尺寸	170mm×240mm
印　张	16.5
字　数	309千字
版　次	2020年12月第1版
印　次	2020年12月第1次印刷
定　价	68.00元

版权所有　侵权必究

扫码加入读者圈

- 读者邮购本书，请与本社发行科联系。
  电话：(028)85408408/(028)85401670/
  (028)86408023　邮政编码：610065
- 本社图书如有印装质量问题，请寄回出版社调换。
- 网址：http://press.scu.edu.cn

四川大学出版社
微信公众号

序

庚子孟冬，历经新型冠状病毒肺炎疫情，家国安康。收到了我业已毕业的博士研究生范颖寄来的《旅游开发导向下民族乡村文化空间生产研究》样稿，他告诉我该书即将出版，请我作序。作为青年学者在学术上有此精进自是令我高兴，遂欣然应允。

范颖博士在本科和硕士研究生阶段的专业为城乡规划和建筑设计，进入四川大学的博士研究生阶段则是攻读文化遗产与旅游开发专业。这样的专业背景使其能够在研究中运用多学科的知识，驾驭本书选题所涉及的内容。对本书可从如下四个方面去理解：

首先，《旅游开发导向下民族乡村文化空间生产研究》所涉及的民族乡村的文化空间生产是当前我国民族乡村规划与管理中的一个非常重要的问题。在我国旅游产业发展的大形势下，全国各地数以千计的民族乡村作为旅游目的地得到开发。这些乡村在空间结构体系上存在着各种差异，文化上也具有各自的特色，在我国迅猛推进的新农村建设浪潮中保留了一部分中国文化遗产的乡村记忆。同时，这些民族乡村的文化空间在规划建设和运行管理方面具有许多成功的经验，亦产生了不少问题，这些经验和问题需要我们去总结和研究，以利于我国众多民族乡村的良性发展。然而，近年来我国学界对民族乡村的思考和研究却不够深入，特别是从旅游的视角对这些乡村的文化空间生产进行归纳和总结的成果则更为鲜见，从这个角度来讲，本书的选题具有填补空白的意义。

其次，本书以西藏自治区山南市隆子县斗玉乡斗玉村为研究对象，作者从2013年到2018年，克服了高寒高海拔地区工作、生活的困难，先后在斗玉村进行了近五年的田野工作。历时近五年的跟踪调查，使研究工作扎实，一手材料充实，研究成果具有感性和理性价值。因此，本书总结的对策具有针对性，提出的思考亦有深度。

再次，就研究方法而言，本书以空间生产理论、乡土中国理论等为理论基础，结合旅游学、民族学、建筑学等学科，注重宏观与微观、时间与空间维度、过程与事件的结合。作者对基础理论具有较为深入的理解，在方法的运用上恰当自如，同时又将理论与实际密切结合，对实地调查的资料进行细致的分析，充分体现出作者在相关学科基础理论和专业知识上的素养。

最后，本书"以问题为导向"，关注如何处理乡村建设与民族文化、乡土文化的保护、传承、创造性转化与创新的问题；如何在政府组织、专家咨询、工作人员及村民共同参与过程中，寻求多维决策、科学导向的问题；如何实现民族乡村经济社会稳步发展与民族文化、乡土文化永续保存并和谐发展。这些涉及理想与现实的博弈，也是理论研究与实践应用的结合，是当前民族文化保护、传承、利用研究领域的热点与难点。以西藏自治区山南市隆子县斗玉村为例来探讨旅游开发导向下民族乡村文化空间生产具有很高的学术价值与现实意义。特别值得一提的是，作者将空间生产理论三元辩证关系研究嵌入"时间—空间"维度、"过程—事件"分析框架中，提出了三元之间存在着"递升式发展演进"辩证关系，这一结论使著作具有新意。

李培林先生在描述传统乡村时这样写道："它们（本处特指传统乡村）悄悄地逝去，没有挽歌、没有诔文、没有祭礼，甚至没有告别和送别，有的只是在它们的废墟上新建的文明的奠基、落成仪式和伴随的欢呼。"乡村建设运动给我们延续了数千年的乡土社会带来了物质文化与乡村文化的极大变革，对于地处偏远、经济落后、人口较少的民族乡村，这种冲击与变革尤为激烈。本书以旅游开发导向、民族乡村建设为背景，从乡村文化空间生产角度进行"过程—时间""时间—空间"维度的研究，真实地再现了我国传统乡村经历过或正在经历的这一变革，为我们研究传统乡村提供了一个全新的视角。

王挺之
2020 年 11 月 25 日于四川大学

前　言

我国乡村建设先驱梁漱溟先生一针见血地指出："中国近百年史，可以说是一部乡村破坏史。"[1] 从1937年梁漱溟先生提出该观点至今，我国已经走过三次乡村建设的历程。历次乡村建设运动，都带来了乡村社会经济发展与变迁。如今，我们正经历着乡村建设的高潮（从社会主义新农村建设到幸福美丽新村建设），乡村受到全球化、城镇化的冲击，我国各地的乡村及乡村文化正面临着消亡、被整合的急迫境地。正如李培林所描述的，"它们（本处特指传统乡村）悄悄地逝去，没有挽歌、没有誄文、没有祭礼，甚至没有告别和送别，有的只是在它们的废墟上新建的文明的奠基、落成仪式和伴随的欢呼。"[2] 乡村建设运动给我们延续了数千年的乡土社会带来了物质文化与乡村文化的极大变革，对于地处偏远、经济落后、人口较少的民族乡村，这种冲击与变革尤为激烈。

乡村文化是村民长期以来对乡村自然环境的适应、改造和创造积淀而形成的文明成果。每一个民族都会在特定的自然环境条件下生产不一样的文化类型，千姿百态的文化类型组合形成了世界文化的多元化与多样性。因此，民族地区乡村文化同时具有乡土地域性、民族性两方面典型特征，其文化特质的保护、发展与延续对于我们实施文化多样性保护、人类文化生态平衡具有重要的意义。本书选取珞巴族这一人口较少民族为研究样本，以西藏自治区山南市隆子县斗玉村为地域背景，历时四年关注该村在旅游开发导向下的民族乡村建设历程。其间，如何处理乡村建设（以民族旅游开发、乡村人居环境建设为重点的建设工程）过程中与民族文化、乡村文化的保护、传承、创造性转化及创新？如何在政府组织、专家咨询、工作人员及村民共同参与过程中，寻求多维决策、科学导向？如何实现民族乡村经济社会稳步发展与民族文化、乡土文化

---

[1] 梁漱溟：《乡村建设理论》，上海人民出版社，2015年，第3页。
[2] 李培林：《村落的终结——羊城村的故事》，商务印书馆，2010年，第1页。

永续保存并和谐发展？这是理想与现实的博弈，也是理论研究与实践应用的结合，是当前民族文化保护、传承、利用研究领域的热点与难点。本书基于上述三个问题，以西藏自治区山南市隆子县斗玉村为典型个案研究对象，引出本书的研究命题：旅游开发导向下民族乡村文化空间生产研究。

在研究内容及结构上，本书共分为8章。

第1章，绪论。提出本书选题的缘起，从问题导向的角度详细描述了选题背景与选题的研究意义，界定了本书的研究对象、研究方法、研究框架、研究创新点。

第2章，文献综述及相关概念界定。归纳并总结国内外学者在文化空间生产、民族乡村、民族旅游方面的相关研究成果，并对本书所涉及的核心概念进行界定与分析，提出相关概念的核心实质：民族乡村文化从"自组织发展"向"再生产"演变、民族乡村文化空间是空间实践与再生产表征空间、民族乡村文化空间生产是空间的文化生产，在对核心概念解读的基础上提出旅游开发导向下民族乡村文化空间生产的研究层次与研究内容框架。

第3章，理论基础。通过对空间生产理论及文化空间生产的理论研究，提出空间生产三元递升辩证关系，以三元递升辩证关系为基础建立对空间与民族乡村文化空间生产的认知；以乡土中国理论和新乡土中国研究成果为基础，提出民族乡村文化本底关怀的内涵与新乡土中国背景下乡村的常态流动性、开发性、公共性的特征和发展趋势。通过生态博物馆理论及实践与民族旅游开发行为研究，及二者对民族乡村文化空间生产效应进行对比分析，得出二者在民族文化保护与传承上具有"和而不同"的效应，指出在适当的路径下，民族旅游开发能够推动民族文化的保护与传承，是更适合民族乡村社会经济文化综合协调发展的合理路径。基于上述理论基础，形成了旅游开发导向下民族乡村文化空间生产研究的理论框架。

第4章，时—空互证：斗玉村文化空间实践及旅游价值认知。以空间生产三元论中的空间实践为基础，采用观察、经验或技术手段直接把握和感知文化空间。通过对斗玉村民族性、乡村性的文化特性认知，以及斗玉村珞巴族非物质文化遗产、民族乡村文化资源的旅游价值认知，提出斗玉村在乡村建设、民族乡村文化空间生产中以旅游开发为导向的理念。

第5章，过程—事件：旅游开发导向下斗玉村文化空间表征。依照"过程—事件"分析逻辑，分别从"1+N"的文化空间表征制度建构、多重逻辑下的民族旅游地文化形象建构、基于民族旅游地空间形态与功能的文化格局建构、民族话语与乡土依恋角度的民族旅游地文化符号建构、民族旅游地文化媒介生产五个方面展开对斗玉村文化空间表征过程的研究阐述。事件的结果证明：通过旅游开发导向下斗玉村文化空间表征过程，强化了斗玉村珞巴族民族文化特色，提升了斗玉村生产生活设施水平，促进了斗玉村乡村经济社会发展。

第6章，经历—希望：斗玉村文化表征的空间。以时间为序（2017年6月），通过"使用后"回访，从文化空间表征制度、文化生产生活方式演变、村民对乡村文化空间满意度调查等方面，回归到表征的空间，即村民生活的文化空间反馈与评价；从新闻媒体、国家相关主管职能部门的评价两个方面分析外界对斗玉村的关注与评价，证实了斗玉村在旅游开发导向下的乡村建设中凸显了民族文化保护、传承和创造性转化发展，获得了一定的成效。这既是斗玉村前一阶段民族乡村文化空间生产的节点性成果，也是斗玉村开展下一轮空间生产的起点。正如列斐伏尔所言，斗玉村将"目前最发达的现实当作出发点，'回溯式进步'"，进一步佐证了空间生产理论三元之间存在着辩证的"递升"关系。

第7章，主要结论。本章指出了旅游开发导向下民族乡村文化空间生产的行为实质：旅游开发导向下的民族乡村文化空间生产本质上是民族乡村文化再生产，其中，民族旅游发挥了触媒效应；民族乡村文化空间是民族旅游开发的载体空间，是民族文化存在的形式与发展演变的载体空间，是民族文化和乡村文化在空间生产上的耦合；文化生产是公益性行为，在民族旅游开发行动中，民族乡村文化空间保护与传承应以政府、公众（主体是村民）为共同体，民族乡村文化空间生产是具有典型主体与对象特征的生产行为；民族旅游开发对民族文化保护与传承具有积极的正面效应，同时也将促进民族乡村经济社会发展。过程（内容）实质：民族乡村文化空间生产是历时性、综合性、系统性的过程；民族乡村文化空间表征是民族乡村文化空间生产的关键阶段与核心内容；民族乡村文化表征的空间既是使用者生活的空间，也是对未来理想空间展开构想的进一步描述。本章还指出斗玉村下一轮空间生产应从如下三个方面展开：民族文化自觉、民族旅游文化空间开放性建设、差异化的民族文化空间。结合斗玉村民族乡村建设的普遍性和典型性，对众多民族乡村建设、民族旅游开发提出相关政策性建议。

第8章，主要贡献、研究不足与展望。总结本书研究的主要理论贡献是为我国民族乡村旅游开发、民族文化保护与传承提供实践借鉴，指出本书研究的不足及今后的努力方向。

目 录

1 绪 论 …………………………………………………………（1）
　1.1 问题的提出 ……………………………………………（2）
　1.2 选题的意义 ……………………………………………（12）
　1.3 研究框架和内容 ………………………………………（14）
　本章小结 ……………………………………………………（27）
2 文献综述及相关概念界定 …………………………………（28）
　2.1 文献综述 ………………………………………………（28）
　2.2 相关概念界定 …………………………………………（49）
　本章小结 ……………………………………………………（63）
3 理论基础 ……………………………………………………（65）
　3.1 时—空互证：空间生产理论及文化空间生产 ………（66）
　3.2 关怀与唤醒：从乡土中国走向新乡土中国 …………（74）
　3.3 和而不同：生态博物馆与民族旅游 …………………（82）
　3.4 框架显现：旅游开发导向下民族乡村文化空间生产 …（87）
　本章小结 ……………………………………………………（95）
4 时—空互证：斗玉村文化空间实践及旅游价值认知 ……（97）
　4.1 斗玉村文化特性认知 …………………………………（98）
　4.2 斗玉村珞巴族非物质文化遗产 ………………………（106）
　4.3 民族乡村文化资源及旅游价值认知 …………………（107）
　4.4 斗玉村旅游资源价值评估及旅游开发导向 …………（122）
　本章小结 ……………………………………………………（127）
5 过程—事件：旅游开发导向下斗玉村文化空间表征 ……（128）
　5.1 "过程—事件"与文化空间表征 ………………………（128）
　5.2 "1+N"：文化空间表征制度建构 ……………………（131）
　5.3 文化形象建构：多重逻辑下的民族旅游地形象 ……（143）

1

5.4　文化格局建构：民族旅游地空间形态与功能 …………………（149）
　5.5　民族旅游地文化符号建构：民族话语与乡土依恋 ……………（179）
　5.6　民族旅游地文化媒介生产 …………………………………………（193）
　本章小结……………………………………………………………………（198）
6　经历—希望：斗玉村文化表征的空间 ……………………………………（199）
　6.1　历时性：文化表征的空间节点（2017年）………………………（200）
　6.2　使用后回访：村民使用后反馈 ……………………………………（200）
　6.3　外界的关注与评价 …………………………………………………（214）
　本章小结……………………………………………………………………（216）
7　主要结论 ……………………………………………………………………（218）
　7.1　民族旅游开发导向下文化空间生产行为实质 ……………………（218）
　7.2　民族旅游开发导向下文化空间生产的过程/内容实质…………（220）
　7.3　下一轮文化空间生产如何着力 ……………………………………（221）
　7.4　相关建议 ……………………………………………………………（226）
8　主要贡献、研究不足与展望 ………………………………………………（229）
　8.1　主要贡献 ……………………………………………………………（229）
　8.2　研究不足与展望 ……………………………………………………（231）
参考文献…………………………………………………………………………（233）
附录1　斗玉珞巴族村村庄建设民意调查问卷 ………………………………（247）
附录2　斗玉珞巴族村村庄建设村民使用后调查问卷 ………………………（250）

1 绪　论

乡村是我国最基层的组织，无论是三户或者是千百户，都是由血缘关系和地缘关系凝聚起来的传统社会最基本的单元空间。根植于农耕经济的乡村文化，是蕴含了深刻的社会变迁意味与人文价值的文化资源，是我国悠久的农业社会历史记忆的构成部分，是中华民族的文化根基。源远流长、博大精深的中华文明是由56个民族共同组成的、共同创造的。因此，我们可以这样认为，乡村文化是中华文化树大根深之"根"，民族文化是中华文化枝繁叶茂之"枝叶"。在经济全球化、文化全球化、新型城镇化快速推进过程中，乡村（尤其是民族乡村）因为先天的地理环境制约、交通条件较差、社会经济文化发展水平滞后等状况，乡村文化（民族乡村文化）发展式微，更容易受到强势文化的影响和冲击。冯骥才呼吁，我国现存的各民族、地域、乡村的原生态文化，是中国文化的源头和根基，我们应像保护生存的环境一样去保护民族文化[1]。相关资料统计，我国占绝大多数量的文化遗产散布在广大的乡村，乡村包含了文化的多样性特征，对乡村文化遗产的保护和传承，已经迫在眉睫。从具体形态上看，乡村文化遗产主要包括留存在乡村区域范围内的物质形态和非物质形态文化遗产。在当前高速发展的经济社会环境下，传统的民族乡村文化体系面临着消亡、重现生机、解构和重组的境地。

第一，城镇文化与乡村文化的互动、交融与博弈。

随着城乡一体化统筹建设的推进，我国很多乡村积极开展新农村建设、幸福美丽新村建设等，城镇文化的强势介入，使得城镇文化与乡村文化呈现互动、交融与博弈的态势。在建设过程中，许多传统乡村、民族乡村的文化格局被打破或淹没，乡村文化生态逐步消亡，乡村文化空间呈现衰退的趋势。

第二，乡村旅游（民族旅游）的兴起，民族乡村文化空间处于尴尬的境地。

---

[1] 冯骥才：《传统村落保护的两种新方式》，载《人民日报》，2015年6月19日，第024版。

自20世纪80年代始，我国乡村旅游兴起。具有乡村文化遗产和民族文化资源的乡村纷纷兴起了旅游，逐步成为我国民族地区乡村经济发展新的增长点。旅游开发投资者以获取项目的经济收益为主要目的，在民族乡村旅游开发建设中，对待乡村文化遗产、民族文化遗产，采取或拆除损毁、或有限利用、或冻结、或变异使用等方式，民族乡村文化空间处于尴尬的境地。

第三，乡村精英流出，"空心村"现象较为严重。

村民是乡村文化传承和活化的主体，随着我国产业结构的不断调整，有能力的村民为了获得更多的收入，大量涌入城镇，城镇的引力、农村的斥力导致乡村精英流出，乡村文化的继承者、守护者数量减少，"空心村"现象较为严重。有数据为证：仅2001年一年，中国那些延续了数千年的村落，就比2000年减少了25458个，平均每天减少约70个[①]，其中民族乡村情况更为严重。

对此，学界呼吁，在乡村建设中保护和传承乡村文化和民族文化，这是一个急迫的课题。笔者认为，从"时间—空间"的发展角度看，民族乡村在动态的发展过程中，在时间延展的主线中，如何实现乡村经济社会发展、民族乡村文化的保护、乡村文化空间的延续与生产是一个综合性和多学科的课题。其中，包括对民族乡村文化和乡村文化空间的特性认知、乡村文化空间的建构与永续性文化空间等核心问题。因此，笔者认为，应深入剖析民族乡村的文化特质、民族乡村文化空间面临的问题，"以问题为导向"展开本课题的研究。

1.1　问题的提出

1.1.1　乡村建设与民族乡村文化的"攻"与"守"

学界一致认为，自20世纪20年代至30年代始，我国掀起了三次乡村建设的高潮[②]（见表1-1）：

第一次是20世纪20年代至30年代，以晏阳初、梁漱溟等知识精英发起的起源于"乡村教育"走向以"教育民众、复兴经济"为主题的乡村建设实验运动。其时代背景是农村经济的萧条与农村社会的衰落，发起人希望通过启迪

---

① 李培林：《村落终结的社会逻辑——羊城村的故事》，载《江苏社会科学》，2004年第1期，第1~10页。

② 刘奇：《掀起中国乡村建设的第三次高潮》，载《中国农村经济》，2005年第11期，第10~17页。

民众智慧、引进先进技术及文化思潮，改变农民的生存状态。

第二次是 20 世纪 80 年代，改革开放初期，以发展农村经济为核心，由政府推动，实行家庭联产承包责任制后的乡村建设。农民成为土地的使用者，充分调动了农民的劳动积极性，提高了农业生产水平。

因此，第一次与第二次乡村建设的主要目标指向是农村经济建设。

第三次是当前以统筹城乡一体化、全面建设小康社会为目的的幸福美丽新村建设。2004 年 12 月，我国政府提出"工业反哺农业、城市支持农村"的政策后，农村迎来了第三次乡村建设发展高潮，实施了一系列利于乡村经济社会发展的政策措施，如"两减免三补贴"、财政支农、农村土地流转及确权制度等。以四川省为例，截至 2016 年 9 月，四川省通过"多权同确"的方式，已完成试点县市的农村土地确权工作，耕地流转面积已达 1688.9 万亩①。乡村土地及物质空间的权属正在发生着深刻的改变，资本在乡村建设中发挥了主导作用，生产关系发生重构，乡村经济社会发展处于重要的转型期。

表 1-2　近百年来我国乡村建设历程

发展阶段	主题	主导方	参与方
20 世纪 20 年代至 30 年代	教育民众 复兴经济	晏阳初、梁漱溟等知识精英推动	农民
20 世纪 80 年代	发展农村经济	政府推动，实行家庭联产承包责任制	农民
当前	幸福美丽新村建设（业兴、家富、人和、村美）	政府牵头，政府、企业、村民共同主导	多方参与

2013 年《中共中央　国务院关于加快发展现代农业　进一步增强农村发展活力的若干意见》提出"加强农村生态建设、环境保护和综合整治，努力建设美丽乡村"。幸福美丽新村建设以建设"业兴、家富、人和、村美"的社会主义新农村为目标（如图 1-1 所示），迅速在全国乡村铺开，民族地区乡村更是因其具有独特的自然与文化资源，而备受人们重视。然而，在实际推进过程中，幸福美丽新村建设与民族乡村文化保护，可以说是一把双刃剑。各地在实施幸福美丽新村建设的过程中，将乡村产业发展、乡村人文生态保护、乡村制度重构三方面建设目标齐抓共管、齐头并进，未能辨析孰轻孰重，不能结合乡村实际情况进行操作，问题随之而产生。一方面，为了发展乡村产业，推行了

---

① 中央人民政府：2016 年四川省农村土地确权创新"多权同确"，2016 年 9 月 18 日，http://www.tuliu.com/read-42297.html。

乡村集体土地与农民宅基地确权交易等制度；同时，积极寻求与引进外来的资本与技术，然而，资本与技术的效益追逐本性往往不顾及乡村的文化本底。资本与技术深刻地改造着乡村的自然与人文生态。另一方面，为改善村民居住环境，提高乡村土地的集约利用，诸多地方推进新村聚居点建设，加大新村聚居度，原有的乡村机理被打破而进行重构，甚至涉及原有的乡村文化空间面临着被挤压、被挪走，乃至被摧毁。此外，乡村中新建设项目的实施，所占用的场地空间，可能对乡村文化遗产的文化"场"域造成不良影响，影响原有村落的文化格局、生态景观视线等。

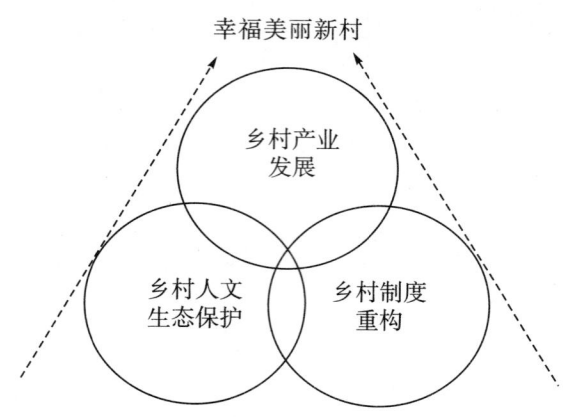

图1-1 幸福美丽新村建设的"三驾马车"

（1）新村聚居后的景象。

在乡村建设运动中，新村聚居点建设是常采用的方式，通过适度聚居，既可以解决部分村民生产生活条件恶劣的问题，同时又整理出乡村的连片农林用地、村庄建设用地，利于乡村规模农业及产业发展。

然而，在实际建设过程中，聚居后的民族新村完全照搬城市小区的建设模式，按照行列式进行民房排列，空间结构与形态上和城市小区无异，基本失去了当地原有村落的民居构成与形态机理（如图1-2所示）。在生产生活方式上，新的聚居村几乎没有结合村民的生产与生活实际，村民生产生活所需的晾晒场、生活庭院等农业生产生活空间被粗暴的裁剪。试问，聚居之后的村民如何延续其生产生活状态？在少数民族的文化生态保护与延续方面，往往通过粗制滥造的文化小品、雕塑予以体现，民族文化失去了保护和传承的载体。试问，若干年之后，少数民族村落文化何处找寻？其民族灵魂的家园何处归依？

图 1-2 某少数民族聚居新村实景

（2）乡土民居与民族民居"生命的终结"。

在我国城镇化进程中，摆在民族乡村面前的两个辩证的对立面是"破"与"立"。"破"指的是针对当前民族乡村存在的一些陈规陋习进行破除；"立"指的是结合科学发展观和幸福美丽新村建设的宗旨，确立民族乡村的正确发展思路和实现途径。然而，一些民族乡村的传统民居被建筑师和一些村民作为"破败之物"对待，采取了粗暴的破除措施，加以拆除或进行粗制滥造的设计和施工。

一方面，一些地方政府缺乏对民族乡村保护及建设管控意识，缺乏对村民进行正确的技术引导；另一方面，受到城镇化的影响，村民自觉或不自觉地学习了城镇建房的模式，将城镇的生活方式引入乡村，导致乡村民居风貌逐步走向城镇化，影响了民族乡村整体的建筑风貌，使得传统民居风貌的保护与乡村整体风貌的延续岌岌可危。以四川省马尔康县从恩村为例，从恩村是典型的嘉绒藏族群众聚居的传统村落，2012 年 12 月 20 日，马尔康县从恩村被列入第一批国家级传统村落名录。碉楼、克莎民居、白塔是从恩村最重要的民族文化遗产，然而，在碉楼和克莎民居组成的村落里，有村民改建的房屋，带有大面积的横向白色塑钢门窗，与旁边的碉楼和传统克莎民居形成了鲜明的对比与明显的视觉冲突（如图 1-3 所示）。

图1-3 从恩村中不和谐的民居音符

此外,由于思想认识的局限,一些地方政府领导、村民缺乏对传统民居的文化价值认知,抑或是认为乡土民居外观形象显得"土",影响形象等原因,取而代之以普通城镇光鲜的建筑外衣。乡土民居在高举的榔头下被拆除,或者被"遗弃",乡村中留下一些人们曾经居住过的宅基地"疤痕"(如图1-4、图1-5所示)。

图1-4 被拆除的传统民居

图1-5 被遗弃的传统民居

作为乡土文化、民族文化最真实的物质承载——民居正在被逐步改变样貌,民族乡村文化的传承失去了鲜活的载体,原有的乡土聚落也面临着成为"文化的废墟"。

(3)民族民间文化技艺失传。

民族民间文化技艺是活化的民族文化遗产,它流传于民族乡村、民间人士之间,很多少数民族没有文字记载,技艺的传承依托的是传承人之间的"口传心授"与"代际传承",失传的现象较为普遍。以广西为例,新中国成立初期广西境内有统计的地方剧种数量达到18个,到20世纪末,除桂剧、壮剧、彩调剧、粤剧外，其他剧种基本消失在人们的视野中。

在我国快速城镇化的进程中，由于受到城市文明的吸引，众多的乡村民间艺人纷纷丢掉祖传的手工技艺、文化技艺，涌向城镇。这种现象在经济发展滞后、生产生活条件较差的民族乡村尤为突出。迄今为止，文化和旅游部已经颁布共计四批受保护的国家级非物质文化遗产名录，涉及55个少数民族。遗憾的是，怒族、门巴族、普米族、塔塔尔族、高山族、珞巴族、基诺族和独龙族等8个少数民族的非物质文化遗产均没有登记在册的非遗传承人[①]。民族民间文化技艺的传承人因为年龄偏大而相继离世，严重影响到了民族非物质文化遗产技艺的存续与进一步可持续发展（如图1-6所示）。

图1-6 老龄化的乡村建筑工匠

因此，我们亟须有关民族文化技艺保护与传承的措施，培育民族文化技艺保护与传承的土壤，为民族文化技艺的保护与传承搭建一个平台，在经济效益与文化效益上予以综合考量，才能留住民族文化的传承者与守护者。

1.1.2 民族旅游与民族乡村文化的"退"与"废"

民族旅游在国外一般被称作土著或原住民旅游，指旅游者前往少数民族聚居社区的旅游形式[②]。其旅游核心吸引物是当地人口和社会文化特征。我国是

---

① 肖远平、王伟杰：《中国少数民族非遗名录及传承人统计分析》，载《西南民族大学学报（人文社会科学版）》，2016年第1期，第40~45页。

② 王述芬、何伦志、韩东：《深化我国文化产业保险市场主体改革研究》，载《金融理论与实践》，2014年第5期，第92~95页。

一个由多民族组成的大家庭，民族文化底蕴深厚，内容丰富多彩，民族旅游资源极为丰富。近年来，伴随着国家对民族地区实施扶持发展、基础设施建设力度的加大，民族地区交通便捷性增强，可达性良好，民族旅游已发展成为我国旅游业的重要内容。在我国少数民族地区，民族古镇观光游、民族村寨体验游、民族节庆参与游等纷纷被开发，民族歌舞、工艺品、饮食等颇具特色的民族旅游项目被重新发掘，经过艺术化包装，成为带动民族地区乡村经济社会发展的重要路径。

我国民族旅游开发的实践证明，民族旅游开发在促进民族乡村经济社会发展、改善民族乡村生产生活条件、传承和传播民族文化、维护民族团结与民族地区的稳定安全等方面起到了积极的作用。同时，也反映出因旅游开发导致旅游活动与民族文化保护和传承之间的诉求差异，例如旅游资本的空间生产与民族文化空间保护和发展之间的显著矛盾，外来游客的介入与当地村民之间的文化冲突等方面，旅游开发对民族文化及生态环境带来的一定的负面影响。

（1）旅游活动与民族文化的诉求差异。

民族旅游最初起源于旅游人群对不同的民族文化体验需求，以体验不同的文化特色为主要动力。因此，少数民族的核心旅游资源吸引力在于保持其原真的民族性。然而，旅游业作为一种经济产业行为，为增加旅游开发的收益、加大产业链条的延伸，旅游活动已经由六要素"吃、住、行、游、购、娱"衍生出"康、体、疗、休、养、学"，发展成为十二要素，更多的业态正在业界的实践中催生。在商业化的运作中，求新、求异的旅游体验进入民族乡村的文化空间，不伦不类的现象时有出现（如图1-7所示）。

图1-7　某景区雕塑

同时，民族文化作为一种文化现象，是本民族先辈历经岁月而积淀下来的宝贵文化遗产。文化的可持续发展需要一定的空间，而不是将文化全部融入旅游开发的商业行为中。特别是在满足游客的旅游需求下，民族乡村的宗教文化、婚俗文化、节庆文化、歌舞文化等传统文化经常被异化、改编和移植，使原有的民族性、原真性褪色变味。对此现象，冯骥才提出严厉的批评，认为有的民族乡村为了招徕游客，举办了变异的民族歌舞、风土人情等旅游活动。当地人在参与的过程中，已经缺失了对本民族文化的朴素情感。只是以获得金钱为目的的旅游文化活动，对于当地民众和游客来说，已经变得索然无味了[1]。

（2）旅游资本的介入与民族文化的空间差异。

旅游资本的介入使得民族旅游的开发变成了地方政府、资本方、乡村村民三者的利益角逐。由于资本与经济利益的驱策，民族旅游的功利主义倾向日益严重，民族旅游发展已经出现明显的异化[2]。部分地方政府对民族旅游开发项目引入的主体诉求是考核项目对当地生产总值的贡献，开发商的诉求是通过投资尽快获利（更有甚者是追求短期经济利益）。因此，民族文化资源通常被一些地方政府和旅游开发投资商视为无形的摇钱树，往往未经过认真系统的民族文化、历史文化资料研究和市场调研，加上缺乏对文化产业发展的科学审慎，急匆匆地开发项目，力图用商业化的智慧、全市场化的手段对待民族文化资源及旅游开发经营。

旅游资本的介入对民族乡村最大的物质空间挤压，体现在旅游度假地产的盛行。一些地方实施"旅游搭台、经济唱戏"的发展策略，在民族乡村、传统乡村范围内大兴基建、圈占土地资源、炒卖房产等。由于投资商的单方面要求、部分地方政府的迁就，民族旅游开发活动中回避了乡村的主人——原住民的参与行为，一些民族乡村旅游地的打造呈现建设方式城镇化、自然风景公园化、民族气息商业化的严重趋势，错误地引导民族文化走向文化演艺剧幕化、民族民俗庸俗化等，导致民族文化走向扭曲化。如今，大江南北盛行的"民宿旅游"也走进一些民族地区，在传统民居的改造中掺入具有现代气息的民宿客栈、宾馆等形态，从根本上忽视了民族乡村和传统民居的文化内涵和价值。

以作者考察的某地民族旅游项目为例（如图1-8所示），该地依托少数民族这一特色民族文化资源开发旅游项目，地方政府及资本方在缺乏对民族旅游

---

[1] 李薇薇：政协委员呼吁别让民族民间文化断了"根"，新华网，2004年3月7日，http://www.southcn.com/news/china/china05/lh2004/lhkd/200403070334.html。

[2] 孙天胜、曹诗图：《对当代旅游功利主义倾向的检视与批判》，载《旅游科学》，2006年第3期，第1~5页。

项目准确的市场定位、规模定位、业态定位的基础上，以及缺少当地居民参与的情况下，启动了旅游地产项目，涵盖商业与度假住宿形态，项目巨大的建设体量与周边村落形成明显的反差。该项目于 2015 年建成，至今，门可罗雀。

图 1-8　某地民族旅游项目 GOOGLE 影像（作者整理、绘制）

1.1.3　民族政策扶持与民族乡村的自我发展

"尊重和保护少数，促进包括少数民族在内的少数人的发展是现代社会维护人类公平正义的行为选择"①。在我国生活着 55 个不同的少数民族，其中，总人口在 30 万人以下的 28 个民族被称为人口较少民族。他们在地域分布上主

---

① 青觉、严庆：《论中国人口较少民族的发展——基于科学发展观的思考》，载《中央民族大学学报（哲学社会科学版）》，2009 年第 5 期，第 11~17 页。

要集中于我国西部偏远地区，其经济社会发展总体水平较全国平均水平而言处于落后的发展状态，民族贫困问题较为突出。为了提高人口较少民族地区经济社会发展水平，我国政府实施了针对人口较少民族经济社会发展的专项扶持政策，通过近十年来的民族专项扶持政策实施效果来看，人口较少民族地区在经济社会文化发展方面取得了良好的成绩。

在历史的发展演进过程中，人口较少民族往往处于政治、军事上的劣势地位，由于民族之间的交融与战争，经历多次迁徙，最终定居地通常是自然环境较为恶劣、相对封闭的地区。在信息快速传递的时代，物质、信息的频繁交流使得较为封闭的人口较少民族受到了外界的广泛影响。人口较少民族的发展问题历来受到我国政府的关注，主要围绕改善少数民族群众生产生活条件方面进行政策性扶持。《扶持人口较少民族发展规划（2011—2015年）》① 明确提出本阶段内对人口较少民族发展扶持的主要目的是培育和提升人口较少民族社区及群众的自我发展能力。《2010年全国第六次人口普查公报》数据显示，2010年，我国境内的珞巴族总人口为3682人，其中男性1803人，女性1879人，其民族人口总数为倒数第二位，仅多于人口最少的民族塔塔尔族（总人口数为3556人）。

（1）国家政策扶持驱动。

"十三五"期间，我国政府出台了一系列针对民族地区和人口较少民族的扶持政策文件，其中对民族地区脱贫致富、少数民族特色村镇保护等做了重点工作部署。同时，我国各省区市纷纷推出关于民族地区扶持发展的具体政策措施，其中西藏自治区出台了人口较少民族发展扶持的具体措施：在产业发展方面，明确以兴边富民行动为先导，以边境贸易、民族地区边境旅游业等带动产业发展；在民族文化保护方面，加强人口较少民族聚居乡村保护，继承和弘扬优秀民族传统文化等②。

在国家扶持发展政策指引下，各地通过政策扶持、建设项目投入、文化发展扶持、人才培育等方面的措施，将国家政策推动力——"外力引入"与激发内生潜力——"内力激活"相结合，对人口较少民族地区的经济社会发展起到

---

① 国家民委、国家发展改革委、财政部、中国人民银行、国务院扶贫办：《扶持人口较少民族发展规划（2011—2015年）》，全国总人口在30万人以下的28个民族。这些民族是珞巴族、高山族、赫哲族、塔塔尔族、独龙族、鄂伦春族、门巴族、乌孜别克族、裕固族、俄罗斯族、保安族、德昂族、基诺族、京族、怒族、鄂温克族、普米族、阿昌族、塔吉克族、布朗族、撒拉族、毛南族、景颇族、达斡尔族、柯尔克孜族、锡伯族、仡佬族、土族。

② 参见《西藏自治区"十三五"时期国民经济和社会发展规划纲要》，2016年4月。

引擎驱动的先导作用。在促进经济社会发展的同时，文化的发展也不可忽视，人口较少民族特有的民族文化保护与弘扬尤为值得关注。在实现人口较少民族具有自我发展能力的途径上，首要任务是分析发展落后的原因，结合"衣食足而知礼仪"的人情伦理，认清我们的扶持发展不是"翻入院墙式"的植入方式，应首先尊重其民族文化，采取文化保护与促进发展同期并举的措施，结合国家对人口较少民族扶持发展政策的大力推进，着眼于动态发展的视角，提出适合本地域、本民族的民族乡村的发展模式。

（2）自身造血功能培育。

人口较少民族的发展，从宏观的国家发展战略到微观的具体实施的行动计划，最终需要从落脚点（具体到民族乡、民族村、每家每户）展开工作，从而落实国家对民族地区和少数民族的扶持发展。因此，在人口较少民族聚落发展上，应紧密结合国家发展战略，将行动落实到村、惠民到户，深入进行自身造血功能的培育。例如，在人才的培育方面，珞巴族人口少、文化程度低，为增强民族自身发展，必须培育本民族的文化人，提高对本民族的认识；在人文精神的培育方面，通过民族文化基因库的建立、识别和引导，进行民族文化的萃取、独特文化环境的塑造、稀有文化产品的开发，将无形的民族文化演化为有形的生产力，提示族人对本民族文化价值的关注；在产业的培育方面，高原地区是潜力巨大的宝藏，通过业态的精挑细选，选择适合本地、本民族发展的产业，从培育产业基地开始，逐步建立发展平台，完善产业发展链条。

1.2 选题的意义

1.2.1 理论意义：文化空间生产理论与实践支撑

本书围绕"旅游开发导向下民族乡村文化空间生产研究"这一主题，从"民族乡村文化空间实践、民族乡村文化空间表征、民族乡村文化表征的空间"三个在"时间—空间"关系中既同时并存又时序展开的维度入手展开分析和研究，同时以空间生产理论、乡土中国理论、生态博物馆理论等作为本课题研究的理论及实践基础，以西藏自治区山南市隆子县斗玉珞巴族乡村为典型案例，展开对民族旅游开发导向下的民族乡村文化空间生产研究，以探讨在民族旅游开发导向下，民族乡村文化的空间实践、空间表征与表征的空间建构，探索民族乡村文化生产空间走向"差异的空间"与"理想的空间"的建构路径。

本书研究的理论意义主要体现为以下三个方面：

（1）充实和论证了空间生产三元辩证法之间的辩证关系类型。自列斐伏尔提出空间生产三元辩证法理论之后，国内外诸多学者运用三元辩证法进行了理论与实践结合的研究。对于三元辩证关系的阐述与研究，大部分学者认为三元之间是"并列关系"，本书从空间生产理论的"时间—空间"基本原理出发，结合"时间—空间"转换与三元的核心要义，建立空间生产三元"空间实践—空间表征—表征的空间"之间的递升关系，这是对三元辩证关系的类型有益的补充与必要的关系论证。

（2）深化了民族旅游开发导向对民族乡村文化空间生产（民族乡村文化空间实践—民族乡村文化空间表征—民族乡村文化表征的空间）之间深刻影响与辩证关系互动研究的内容。较多学者从民族学、文化人类学、建筑景观学的角度研究了民族乡村文化遗产保护与民族乡村旅游发展，而从民族旅游开发导向下，以空间生产的角度切入民族乡村文化的保护、传承、创造性转化利用的研究较少。本书结合空间生产理论将民族乡村文化空间划分为民族乡村文化空间实践、民族乡村文化空间表征、民族乡村文化表征的空间三个维度，深入探讨民族旅游开发导向下民族旅游开发与民族乡村文化空间的保护、传承、创造性转化的思路及辩证关系，深化和拓展了民族旅游与民族乡村文化保护和传承的关联研究。

（3）深化和拓展了文化空间生产关于"过程—事件"与"场域"相结合的重点研究内容。传统意义上的文化生产着眼于文化学角度的文化产品生产及文化传播，对文化空间生产的研究往往较少，而结合民族乡村的文化空间生产研究成果则更少。本书以民族乡村特有的空间——"民族、乡村场域"为地域背景，以空间生产三元论为理论基础，将民族乡村文化空间进行细分，以时间为发展顺序，以民族乡村文化空间实践、民族乡村文化空间表征、民族乡村文化表征的空间作为文化空间生产的三元，进行文化空间生产的"过程—事件"深入论述，展开民族乡村文化空间生产的演变过程研究与发展展望。

1.2.2 实践意义：民族旅游与民族乡村文化保护、利用

本书以西藏自治区山南市斗玉村为典型案例，围绕民族旅游开发导向下的民族乡村文化空间生产展开研究。其中，涉及当前我国蓬勃开展的幸福美丽新村建设（因省域不同，有的省区称为生态文明小康示范村）、民族乡村文化保护与传承及创造性转化、民族乡村旅游开发等现实问题。因此，本书具有较强的实践借鉴意义，主要体现在以下几个方面：

（1）为民族乡村建设提供理论借鉴。民族乡村文化遗产是散落在民族地

区、乡村田野中的宝贵财富,是民族乡村的文化灵魂。本书力求从乡土中国的宏观背景出发对乡村文化的乡土性传承与发展进行研究,为乡村建设运动、乡村旅游开发注入文化灵魂,提高乡村的文化内涵与品质。在乡村建设中,民族乡村因其兼有民族性、地域性、乡土性而具有独特的乡村建设目标。本书以西藏自治区山南市斗玉珞巴族乡村在民族旅游开发导向下(历时四年)完成文化空间生产的一个小循环,实现文化空间实践、文化空间表征、文化表征的空间的全过程为例,回答了在民族乡村建设过程中,发展民族旅游,抓住民族乡村建设的文化保护、传承和创造性转化的核心灵魂,留住民族乡村的文化根基,通过建设行为展现民族乡村文化风貌的问题,为乡村经济社会发展,乡村自然、人文生态的保护与利用提供理论指导与实践参考。

(2)为民族旅游开发中民族乡村文化空间的保护、传承、创造性转化提供理论和实践借鉴。民族乡村是民族文化的载体与文化再生产的空间,本书以乡村空间中的文化空间为具体研究对象,从乡村文化空间面临的问题出发,以"空间生产"的角度介入,从民族乡村文化"空间的实践""空间的表征""表征的空间"三个维度对其保护与开发利用进行研究,针对民族乡村文化空间的表征,从民族乡村文化表征机制、文化形象建构、文化空间建构、文化符号建构、文化媒介生产五个层面进行民族旅游开发导向下的民族文化保护、传承和创造性转化的实践建构。最后,以"民族乡村文化表征的空间"思路回归到村民参与后对文化空间的反馈,倡导村民积极参与和融入,形成民族乡村旅游空间开放性建设制度,为民族乡村文化空间生产走向"差异化的空间"与"理想的空间"提供指导和借鉴。

1.3 研究框架和内容

1.3.1 研究对象

本课题为"旅游开发导向下民族乡村文化空间生产研究",在研究过程中需要厘清的对象有如下三个方面。

1.3.1.1 民族乡村:民族与乡村的叠加

(1)乡村、农村之别。

通常情况下,我们认为农村和乡村指代的是同一概念,为辨析二者的侧重与内涵,有必要对乡村、农村进行多层面的概念分析。我国学者分别从人口、社会、产业等方面对乡村与农村的概念进行了辨析。王莉（2008）① 认为，"农村"与"乡村"虽然都是一个地域空间概念，但在内涵上有一定的区别和侧重。陈晶（2012）② 提出，目前的民族乡村已经不再是小农经济社会状态下的"村落"，应归属于现代化的语境范畴去理解乡村。王洁钢（2001）③ 从地域边界的空间范围界定、户籍人口规模的确定性、产业类型及规模的扩大化包容性、行政管理的社区化发展趋势等方面对"乡村"与"农村"进行概念对比分析，提出由"乡村"取代常用词"农村"具有一定的前瞻性。此外，张小林（1998）④、龚伟（2014）⑤ 等分别对乡村的概念做了指述。在工作实施层面上，为了区别统计城市与乡村的人口、社会、经济的发展情况，国家统计局（2006）⑥ 从地理区划的角度，根据国民聚居密度及空间形态将地域划分为城镇和乡村，其中乡村包括城镇以外的区域（见表1-2）。

表1-2　城乡分类与代码表

代码	分　类
100	城镇
110	城区
111	主城区
112	城乡结合区
120	镇区
121	镇中心区
122	镇乡结合区
123	特殊区域
200	乡村
210	乡中心区
220	村庄

资料来源：国家统计局《关于统计上划分城乡的暂行规定（2006）》

结合《辞源》《现代汉语词典》等解释发现，农村的概念主要描述的是以从事农业生产活动为主的人聚居的地方，是一种有别于城市的经济活动形态；乡

---

① 王莉：《从〈乡土中国〉探析中国乡村社会的几个特征》，载《民族论坛》，2008年第2期，第36~37页。

② 陈晶：《甘肃藏区民族乡村社会阶层分化研究——以天祝藏族自治县农牧区为例》，中央民族大学博士学位论文，2012年，第1页。

③ 王洁钢：《农村、乡村概念比较的社会学意义》，载《学术论坛》，2001年第2期，第126~129页。

④ 张小林：《乡村概念辨析》，载《地理学报》，1998年第4期，第365~371页。

⑤ 龚伟：《空间视野下的乡村旅游社区演化研究》，华东师范大学博士学位论文，2014年，第12页。

⑥ 国家统计局：《关于统计上划分城乡的暂行规定》，2006年10月18日，第2页。

村的概念侧重描述的是社区的含义，强调的是一种特定的区域空间范围内、特定的社会人群（村民为主体）所建立的社会组织关系和社会秩序，进而形成的一种社会文化类型。综合学界的研究成果及国家政策具体实施层面可见，"乡村"一词更具有现代化语境的表现力，统一明确了乡村属性的空间范畴、社会经济范畴、人文范畴的综合性，反映乡村的内涵（即本质特征）为以从事农业生产为主的村民聚集的场所，其外延为农业生产、农业生产型聚落、村民组织、村民文化凝聚等。本书认为，应从乡村的文化主体角度出发去认识乡村的范围及边界，乡村文化是由乡村的主体——村民在漫长的岁月中积淀形成，乡村文化具有典型的场域特征，场域的核心区及影响边界即构成了乡村的实体边界与文化边界。因此，本书以"乡村"为概念统一称谓，明确以"乡村"为研究对象。

（2）民族乡村的概念界定。

费孝通先生精练地总结了我国乡村的特性，如"乡土本色""血缘关系与地缘关系""差序格局"等内容，奠定了关于我国乡村在人口构成、生产方式、生活习俗、乡村社会关系制度等方面的经典论述。

民族乡村属于乡村的范畴，既具有我国乡村的共同特性，又具有民族的人文特性，因此，民族乡村兼具"民族共同体"与"乡村共同体"的共有特征。可以认为，民族乡村是民族的人文特性与乡村的人文地域特性在内涵上的叠加。

1.3.1.2 民族乡村文化

基于对民族乡村的理解，民族乡村文化是民族乡村所特有的文化类型及表现形式。我国学者分别对民族文化、乡村文化进行了阐述，其中具有代表性的有：覃德清（2002）[①]指出了民族文化的特征是具有种族差异性（各民族为单位）、历史积淀性（由先民开始世代流传）、地域环境性、民族认同感的文化产物；刘瑞娟（2008）[②]指出乡村文化是具有地域特性（以自然村落为组成单元）、社会关系特性（以宗族血缘关系和家庭关系为基础）、整体性特征（反映村落群体人文意识）的一种社会文化。

基于对"民族共同体"与"乡村共同体"概念认识的叠加与重组，民族乡村文化是由民族共同体文化特征、乡村共同体文化特征共同构成，其中民族共同体文化的典型特征是历史性与民族性，乡村共同体文化的典型特征是乡土性与地域性。可以归纳为，民族乡村文化是由一群具有共同的地缘环境关系、血

---

① 覃德清：《中国文化概论》，广西师范大学出版社，2002年，第8页。
② 刘瑞娟：《论村落文化在乡风文明建设中的作用》，载《山西农业大学学报（社会科学版）》，2008年第1期，第17～19页。

缘关系的村民在长期的积累中所形成的具有共同的语言与信仰、共同的文化与价值认同的文化类型（如图1-9所示）。

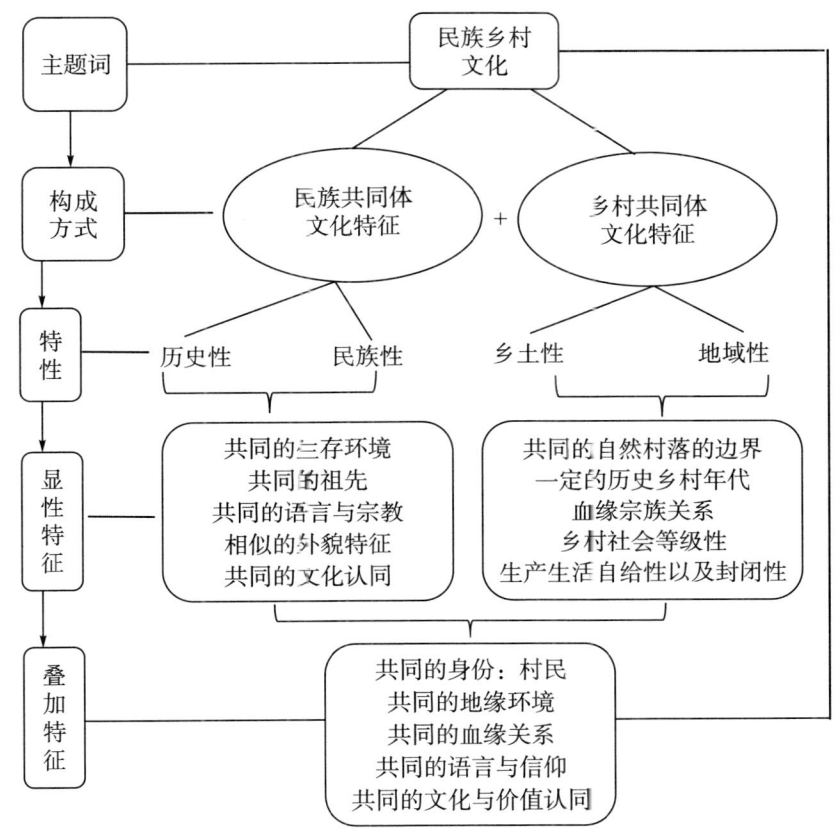

图1-9 民族乡村文化的特征及其构成

1.3.1.3 研究案例的选择

（1）研究案例的地域特征。

青藏高原被誉为"世界屋脊"，西藏自治区位于青藏高原的主体区域，独特的地理环境造就了"一山有四季""十里不同天"的自然气候特征。在这里聚居着藏族、汉族和其他少数民族，藏族和其他少数民族人口占总人口数的91.83%（其中：藏族人口占总人口数的90.48%，其他少数民族人口占总人口数的1.35%）①。

山南市是西藏自治区下辖市，是西藏古文明的重要发祥地之一，具有悠久

---

① 国家统计局：《西藏自治区2010年第六次全国人口普查主要数据公报》，2012年。

的历史文化。山南市境内生活着藏族、汉族、门巴族、珞巴族等14个民族群众，是一个典型的多民族聚居区，其中藏族群众数量占总人口数的96%。山南市隆子县是我国境内珞巴族的两个主要聚居地之一（另一主要聚居地为西藏自治区林芝市）。

隆子县位于西藏自治区南部，紧邻喜马拉雅山东段北麓。当地群众经历了漫长的原始社会、奴隶社会、封建农奴社会。1959年，隆子县人民政府正式成立，民主改革后，隆子县直接进入社会主义社会。据考古发现，隆子县有藏族先民在此定居，世代繁衍。隆子，意为须弥山顶（佛教用语），古称"涅"，吐蕃时期，"涅"地已成为其重要属地。

"斗玉"是藏语，是指地理位置上位于最边上的意思，指出了斗玉的边境乡位置特征。斗玉珞巴民族乡是隆子县珞巴族主要聚居的行政乡，距离隆子县城100多公里。随着历史的发展，珞巴族形成了自身独特的民族文化遗产，如珞巴语、刀舞、服饰、珞巴刀等。斗玉珞巴民族乡面积333平方公里，是隆子县的6个边境乡之一，有边境通道3条，辖有斗玉、加麦、其玛普3个行政村，11个自然村。伴随着国家及地区经济社会发展，斗玉珞巴民族乡历经行政建制变迁（如图1-10所示），原名斗玉公社，1969年10月成立，设社长，隶属原三安曲林区；1980年10月，成立斗玉管理委员会，设主任；1983年10月，恢复斗玉公社；1987年10月，撤区并乡后，斗玉公社与三安曲林区分开，成为独立的建制乡即斗玉乡；1999年7月，根据西藏自治区有关合并乡镇的要求，斗玉乡与三安曲林乡合并成立三安曲林乡；2003年4月，斗玉乡从三安曲林乡分离，成立斗玉乡；2010年10月，经西藏自治区人民政府批准，成立斗玉珞巴民族乡（主要部落为珞巴族德根人部落等），成为全国三个珞巴民族乡之一（其余两个为墨脱县达木珞巴民族乡、米林县南伊珞巴民族乡）。

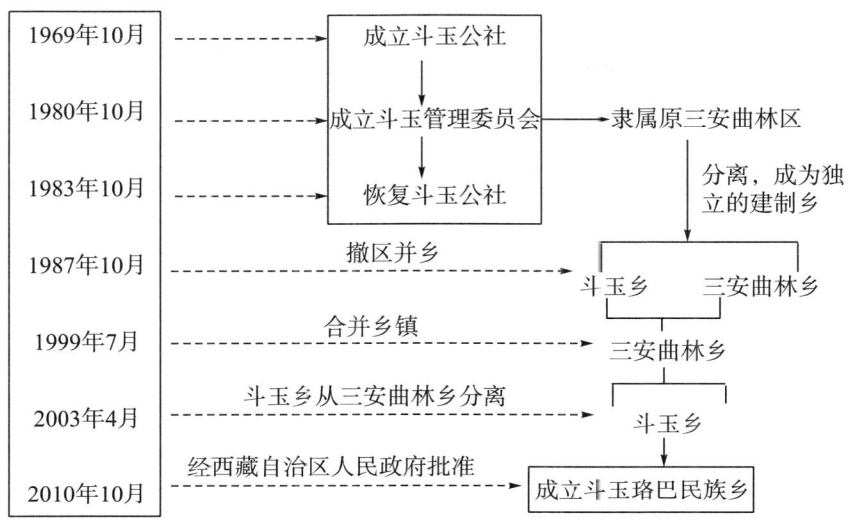

图 1-10 斗玉珞巴族民族乡行政建制沿革

（2）研究案例的民族文化特征。

1965 年，国务院正式批准认定珞巴族为单一少数民族，是全国少数民族中人口数量最少的民族，当时统计数据仅有 3000 余人。珞巴族是一个游猎民族，有语言没有文字，主要在丛林中以打猎为生，在西藏自治区主要分布于山南和林芝。珞巴族在林芝主要分布于米林县和察隅县，其他县有少量分布。

隆子县境内的珞巴族部落主要有崩尼（Bengni）、博嘎尔（Bokar）、纳（Nga）、米古巴（Miguba）、米新巴（Misinba）、德根（Tagin）、希蒙（Shimong）、巴达姆（Padam）、民荣（Minyong）、尼西（Nishi）、迦龙（Gallong）、登尼（Tɛnii）。其他部落有崩如（Bengru）、布瑞（Puroik）、苏龙（Sulung）、义都（Idu）、哈飞（Hahfe）、米利（Mili）、巴依（Pahyi）、次地儿（Tsidiri）、永郎木（Yonglam）等。斗玉珞巴民族乡主要有 7 个部落，分别是德根（Tagin）、哈飞（Hahfe）、米利（Mili）、希蒙（Shimong）、巴依（Pahyi）、次地儿（Tsidiri）、永郎木（Yonglam）。

斗玉乡斗玉村是隆子县珞巴族集中聚居地的行政村。《隆子县县志》中有关记载及笔者在斗玉乡斗玉村的走访调查，斗玉村是一个典型的移民聚居村，并不是从远古时代珞巴族就在此定居。斗玉珞巴族乡村的珞巴族人口来源构成如下。

①散居本地的珞巴族群众逐步聚居形成。中华人民共和国成立前，原来生活在斗玉乡附近的珞巴人，遵照珞巴族"不同部落不同居"的居住习惯，以部

落为组成单位散居在斗玉乡附近的山麓地带。1970年，政府将分散居住的珞巴族人组织起来，统一居住在斗玉村，逐步形成了如今斗玉乡斗玉村的规模。

在调查中，亚白、小加油等两户珞巴族群众证实了他们的来源：亚白一家是斗玉乡最早的居民之一，来自巴依部落。小加油一家来自纳部落，长期以来依靠狩猎，将猎物与藏族同胞交换，不会种地，一直在雄坝、斗玉一带过着游猎生活。

政府的安置政策让这些过着散居游猎生活的珞巴族群众安定下来，逐步改变了生产生活习惯，开始了种植、饲养的定居生活模式。

②流落印度后归国的珞巴族群众聚居安置。《隆子县县志·大事记》有描述：1962年2月，32名流落印度的珞巴族同胞返回隆子县居住。县委、县人民政府和边防一团于藏历1月15日在三安曲林区斗玉乡隆扎村举行了隆重的欢迎仪式，并为归国珞巴族同胞发放了衣物、糌粑、酥油、茶叶等生活用品，按有关政策归还了土地、牲畜等生产资料。

对于习惯了游猎生活、不同部落不同居的珞巴族群众而言，共同聚集在斗玉村是其民族生活习俗的重要变革。即使是在珞巴族的发源地珞瑜故乡，除了通婚、贸易、战争等，珞巴族人也过着与外界相对隔离的生活。历经半个世纪的风风雨雨，在我国的民族政策扶持下，珞巴族、藏族同胞共同生活在斗玉珞巴族村，形成了小聚居范围内的民族和谐氛围，造就了今天的斗玉珞巴族民族乡村（如图1-11、图1-12所示）。

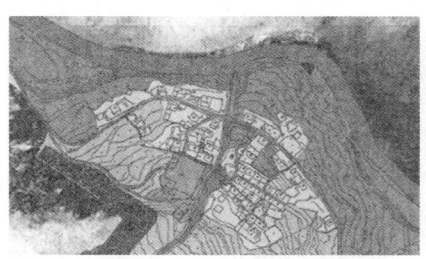 

图1-11　斗玉珞巴族村地图（2013年）　　图1-12　斗玉珞巴族村鸟瞰图（2013年）

资料来源：《隆子县斗玉珞巴族村小康示范村规划》

1.3.2　研究目标

本书研究的主要目标是探讨旅游开发导向下民族乡村文化空间生产，运用多学科交叉研究的方法，探寻在特定的时间、特定的地域空间、特定的民族文化背景下保护、传承、创造性转化民族乡村文化空间生产的基础理论框架,在理论层面上拓展研究旅游开发导向下的民族乡村文化保护与传承的视野。主要研究目标如下。

(1) 考察梳理民族乡村文化空间生产三元辩证关系的构成。

本书将民族乡村文化空间生产的三元界定为民族乡村文化空间实践、民族乡村文化空间表征、民族乡村文化表征的空间,分析三者的演化过程,明确其演化路径及逻辑方式。

(2) 从多学科角度探讨民族乡村文化空间生产及演化方式。

本书运用多学科研究方法,探讨旅游开发导向下的民族乡村文化表征机制、文化形象构建、文化格局建构、文化符号生产、文化媒介生产研究内容及实施路径,以及民族乡村文化保护、传承、创造性转化的路径。

(3) 典型个案研究与普适性推广的目标。

本书以西藏自治区山南市隆子县斗玉村民族乡村文化空间生产为典型案例,借助空间生产理论、乡土中国理论、生态博物馆理论等相关理论及实践,在"时间—空间"维度内展开分析斗玉村的文化空间生产"过程—事件"的历程,以期为我国乡村建设(民族旅游开发)中的民族乡村文化保护、传承、创造性转化提供参考和借鉴。

1.3.3 研究方法

本书以空间生产理论、乡土中国理论、生态博物馆理论等为基础,结合旅游学、民族学、建筑学、景观设计学、社会学等学科,注重宏观与微观、时间与空间、过程与事件、理论探讨与实证考察相结合。以空间生产理论框架下的民族乡村文化空间生产——"民族乡村文化空间实践、民族乡村文化空间表征、民族乡村文化表征的空间"——分析民族乡村文化的保护、传承、创造性转化过程,明确民族乡村文化保护、传承、创造性转化的机制和过程,构建民族乡村文化空间走向"差异化的民族文化空间"和"理想化的民族文化空间"的理论框架。

(1) 文献信息分析。

通过对国内外乡村建设的文献研究,掌握乡村(尤其是民族乡村)建设中的基本动态、目标;通过搜集、鉴别、整理国内外民族乡村文化空间研究文献,掌握民族乡村的基本特性、民族乡村文化的典型特征。结合文献资料,对民族乡村文化空间进行分析,提出民族乡村文化空间生产的三要素。

(2) 田野调查研究。

本书采取参与式田野调查和非参与式田野调查，选择西藏自治区山南市隆子县斗玉珞巴族乡村进行参与式田野调查和非参与式田野调查。参与式田野调查主要是对斗玉珞巴族乡村文化空间生产过程中的乡村文化空间物质形态与非物质形态演变，以及政府、资本方、村民、专业人员等对文化空间生产认同的深度访谈；非参与式田野调查主要是利用影视人类学的摄影法观察并记录全域乡村旅游空间生产活动中的各类物理空间、社会空间、文化空间等。

(3)"过程—事件"研究。

以"过程—事件"为分析策略，结合"时间—空间"维度，关注、描述、分析民族乡村文化空间生产过程中（历时四年的时间维度）发生的重要事件的演化过程，并对其进行动态的逻辑分析与解释。

(4)"时间—空间"分析法。

"时间—空间"分析将CAD、PHOTOSHOP等制图软件与空间图示法相结合，用以表示民族乡村各功能模块的空间规模尺度、发展过程，以空间图示的方法表示在时间的跨度中发生演变的数据指标对比，形象地演示民族乡村文化空间生产中的各种类型空间生成、发展、演变的过程，揭示文化空间生产与地理空间演变的互证过程。

1.3.4 技术路线及研究框架

本书"以问题为导向"，按照"提出问题—分析问题—解决问题"的基本技术路线，基于旅游开发导向下民族乡村文化空间生产研究的核心思路形成研究结论与建议。本书共分为八章，对应问题导向下的"提出问题—分析问题—解决问题"研究逻辑结构。

(1) 第一部分：提出问题。

第一部分包括第1章、第2章，是文章的基础部分，即研究背景、选题的意义、研究框架的确立，基本资料的分析研究与文献综述，研究对象——西藏自治区隆子县斗玉村的基本情况描述。

第1章，绪论。提出本书选题的缘起，从问题导向的角度详细描述了选题背景与选题的研究意义，界定了本书的研究对象、研究方法、研究框架、研究创新点。

第2章，文献综述及相关概念界定。归纳总结国内外学者关于文化空间、民族乡村、民族旅游的研究成果，并对本书所涉及的核心概念进行界定与分析，指出相关概念的核心实质，即民族乡村文化从自组织走向再生产转变、民族乡村文化空间是空间实践与再生产表征空间、民族乡村文化空间生产是空间的文化生产，在对核心概念解读的基础上提出民族乡村文化空间生产的研究层次与研究内容。

(2) 第二部分：分析问题。

第二部分包括第 3 章、第 4 章、第 5 章、第 6 章。在分析和研究相关理论的基础上，确立本书的研究思路与逻辑框架，确定以旅游开发导向下民族乡村文化空间生产研究为研究主题，构建旅游开发导向下民族乡村文化空间生产研究框架，在旅游开发导向下，以空间生产三元辩证关系为民族乡村文化空间生产研究的主线，进行西藏自治区隆子县斗玉村（珞巴族聚居的民族乡村）文化空间生产研究。

第 3 章，理论基础。以乡土中国理论和新乡土中国研究成果为基础，分析我国民族乡村所处的地域与时代背景、文化背景，提出民族乡村文化本底关怀与新乡土中国背景下的常态流动性、开发性与公共性趋势；在民族乡村文化空间生产效应方面，将生态博物馆理论及实践与民族旅游开发行为进行对比分析，得出二者在民族文化保护与传承上"和而不同"的效应，生态博物馆更注重对民族文化的保护，民族旅游开发对于民族文化的多元化发展与民族社区经济社会发展具有积极的正面效应。在适当的路径下，民族旅游开发能够推动民族文化的保护与传承，是更适合民族乡村社区发展的合理路径。通过对空间生产理论及文化空间生产的分析和研究，分析空间生产三元辩证关系，提出三元"并列关系"与"递升关系"。以三元递升关系为基础建立对空间与民族乡村文化空间生产的认知。基于上述理论基础研究，形成旅游开发导向下民族乡村文化空间生产研究的理论框架。

第 4 章，时—空互证：斗玉村文化空间实践及旅游价值认知。以空间生产三元论中的空间实践对应可以用观察、经验或技术手段直接把握和可以感知的文化空间。通过对斗玉村民族性、乡村性的文化特性认知，以及斗玉村珞巴族非物质文化遗产项目、民族乡村文化资源的旅游价值认知，提出斗玉村乡村建设以旅游开发为导向的理念。

第 5 章，过程—事件：旅游开发导向下斗玉村文化空间表征。以"过程—事件"为分析策略，研究旅游开发导向下斗玉村经历的文化空间构想及物化的过程与事件。依照"过程—事件"分析逻辑，分别从"'1+N'的文化空间表征制度建构、多重逻辑下的民族旅游地文化形象建构、基于民族旅游地空间形态与功能的文化格局建构、民族话语与乡土依恋角度的民族旅游地文化符号建构、民族旅游地文化媒介生产"五个方面展开对斗玉村文化空间表征过程的研究。事件的结果证明：通过旅游开发导向下斗玉村文化空间表征过程，强化了斗玉村珞巴族民族文化特色，提升了斗玉村生产生活设施水平。

第 6 章，经历—希望：斗玉村文化表征的空间。以时间为序（2017 年 6 月），从文化空间表征制度、文化生产生活方式演变、村民对乡村文化空间满意度调查等方面，回归到表征的空间，即村民生活的文化空间反馈与评价；从新闻媒体、政府层面的评价两个方面分析外界对斗玉村的关注与评价，证实了斗玉村在旅游开发导向下的乡村建设中凸显了民族文化保护、传承和创造性转化发展，获得了一定的成效。这既是斗玉村前一阶段民族乡村文化空间生产的节点性成果，也是斗玉村开展下一轮空间生产的起点。正如列斐伏尔所言，斗玉村将以"目前最发达的现实当作出发点，'回溯式进步'"[①]，进一步佐证了空间生产三元之间辩证的"递升"关系。

（3）第三部分：解决问题。

本书的结语部分（包括第 7 章、第 8 章），提出课题研究的主要结论与建议、主要贡献、研究不足与展望。

第 7 章，主要结论。本章从旅游开发导向的正效应的角度，提出旅游开发导向下的斗玉村乡村建设、文化空间生产促进了民族文化的保护与传承，推动了乡村经济社会发展，指出了旅游开发导向下民族乡村文化空间生产的行为实质、过程（内容）实质。对斗玉村下一轮民族旅游地文化空间生产，提出从如下三个方面展开：文化自觉、民族旅游文化空间开放性建设、差异化的民族文化空间。结合斗玉村民族乡村建设的普遍性和典型性，对众多民族乡村建设、民族旅游开发提出相关政策建议。

第 8 章，主要贡献、研究不足与展望。总结本书研究的主要理论贡献及为我国民族乡村旅游开发、民族文化保护与传承提供实践借鉴，指出本书研究的不足及今后的努力方向。

本书的研究框架如图 1-13 所示：

[①] Henri Lefebvre. The Production of Space [M]. Translated by Donald Nicholson-Smith Oxford VK: Black-well Ltd. 1991. P65-66.

1 绪 论

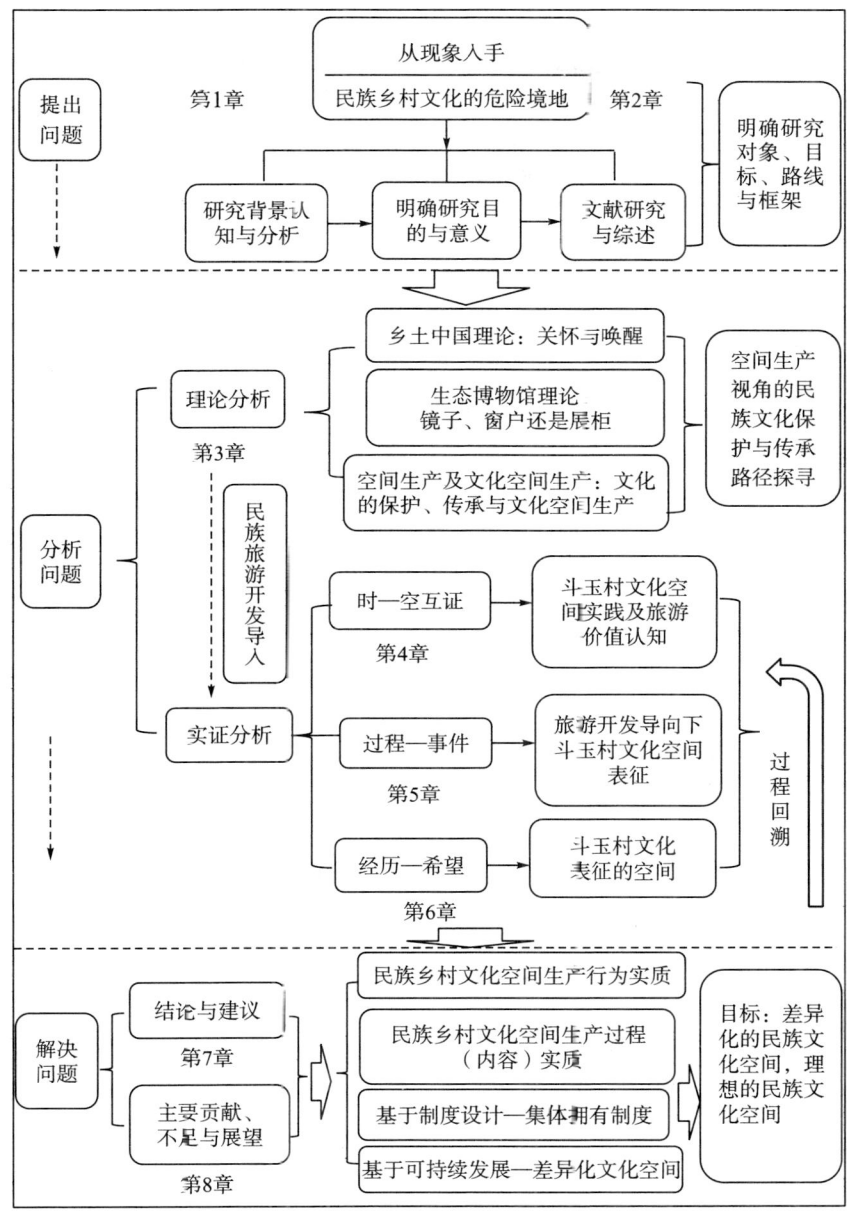

图1-13 本书的研究框架

1.3.5 研究创新点

本书以空间生产理论、乡土中国理论、生态博物馆理论等为基础,结合旅游学等多学科研究的方法，注重宏观与微观、时间与空间、过程与事件、理论探讨与实证考察相结合，将特定时空环境下的人口较少民族乡村文化的保护和传承转化为旅游开发导向下民族乡村文化空间生产研究课题，并以西藏自治区隆子县斗玉珞巴族（我国人口总数第二少的少数民族）乡村为实证研究，提出一些理论与实践相结合的创新性观点。

本书在以下四个方面实现了创新。

（1）理论创新方面。

通过对空间生产理论三元辩证关系的研究，提出三元之间存在"递升式"辩证关系，是对挖掘空间生产理论的思想潜能的有益补充。本书以列斐伏尔的空间生产理论、空间生产三元辩证法为基础理论，从旅游开发导向的视角对民族乡村建设中民族文化的保护、传承和创造性转化，以及民族乡村文化空间生产进行研究，以应用性、个案性研究的方式验证民族乡村文化空间生产——"民族乡村文化空间实践、民族乡村文化空间表征、民族乡村文化表征的空间"三元之间在"时间—空间"维度、"过程—事件"分析框架中，存在着"递升式发展演进"的辩证关系。本书立足理论结合典型个案实践的研究，揭示出空间生产三元之间存在"递升式"辩证关系，并以理论成果为工具解释现象与问题，进一步明确空间生产理论的核心理念，这对于挖掘空间生产理论的思想潜能是一项有益的理论补充。

（2）民族乡村文化空间生产全过程研究。

通过历时四年（2013—2017年）的跟踪与调查，笔者对斗玉珞巴族民族乡村文化空间生产（民族乡村文化空间实践、民族乡村文化空间表征、民族乡村文化表征的空间）进行了全过程研究。本书以旅游开发导向为民族乡村文化空间生产的触媒，从促进民族乡村文化保护与传承、民族空间文化生产发展演变的目标出发，综合应用民族旅游开发的综合性、系统性思维，将"时间—空间"分析方法、"过程—事件"分析策略引入旅游开发导向下民族乡村文化空间生产研究，对旅游开发导向下民族乡村在一定时间段内完成文化空间生产的全过程（民族乡村文化空间实践、民族乡村文化空间表征、民族乡村文化表征的空间）进行分析与研究。目前，学术界对民族乡村文化空间生产全过程研究，且见诸发表的成果还比较少。

（3）基于空间生产理论的民族乡村文化空间生产内容与层次研究。

本书针对旅游开发导向下民族乡村文化空间生产研究框架下的文化保护、传承、创造性转化，提出制度设计与技术手段的五个层次内容。同时，以空间生产为理论基础，提出人口较少民族乡村文化空间生产核心理念，即文化生产进行技术实践的五个层次:"1+N"的文化空间表征制度建构、多重逻辑下的民族旅游地文化形象建构、基于民族旅游地空间形态与功能的文化格局建构、民族话语与乡土依恋角度的民族旅游地文化符号建构、民族旅游地文化媒介生产。本书将学术界较为关注、普遍孤立对待的民族文化保护与传承研究内容结合"时间—空间"动态辩证发展观,转化为旅游导向下的民族乡村文化空间生产内容进行研究,将民族文化的保护与传承置于乡土中国背景、"时间—空间"发展前景、民族旅游及民族社区经济社会发展展望的民族乡村文化空间生产理论框架中,拓展了研究内容的关联面,延伸了研究的深度。

(4) 基于"使用后"回访。

通过"使用后"回访的方式,形成对民族乡村文化表征的空间走向"理想的空间"与"差异化的空间"的研究展望。在民族乡村文化空间生产中,强调民族文化的民族性、整体性、原真性在民族乡村经济社会发展和民族旅游开发中的资源要素地位与核心本源地位。通过案例实证研究,将空间表征、表征的空间等作为空间构想、空间营造、空间使用后回顾等环节进行调研,对人口较少民族乡村文化空间如何走向"理想的空间"与"差异化的空间"提出三条发展路径:文化自觉、文化空间开放性建设、差异化的文化空间。这可以回应"如何来守护和传承未被列入文物保护范畴的民族乡村文化遗产及民族乡村文化资源"这一现实问题。

本章小结

本章是本书的开篇之章。首先,结合现实情况,阐明民族乡村文化所遭遇的问题:乡村建设与民族乡村文化的"攻"与"守"、民族旅游与民族乡村文化的"退"与"废"。这两个问题是促使本书对民族乡村文化研究的外向性动力;民族政策扶持与民族乡村的自我发展需求是民族乡村发展的内向性动力,民族乡村要发展,文化发展必须先行。其次,界定本书研究的理论意义与实践意义,在旅游开发导向下、在空间生产理论的指导下,对民族乡村文化空间的保护、传承、利用与创造性转化进行研究。最后,明确本书的研究对象、目标、方法、技术路线及研究框架,为研究的展开打下坚实的基础。

2 文献综述及相关概念界定

2.1 文献综述

2.1.1 国内外关于文化空间生产的研究综述

2.1.1.1 文献检索与统计分析

在中国知网以"文化空间生产"为关键词进行精确检索，从2002年到2017年12月，以"文化空间生产"为主题的各类文献共计1276篇，其中，各类期刊论文891篇，博、硕士论文297篇，会议论文55篇，其他33篇。从学科构成上看，文学（文化及文化经济）215篇，约占总数的43.61%；工程（建筑学）175篇，约占总数的11.28%；管理学（旅游管理）96篇，约占总数的17.29%（如图2-1所示）。此外，来源于新闻与传媒学、社会学及统计学等学科的文献，反映了文化空间生产研究的多学科关注与交叉学科的研究发展动态。从文献的发表年度看，自1994年零星的研究成果发表后，文化空间生产的研究成果在数量上呈增长的趋势（如图2-2所示）。可见，文化空间生产研究正逐步受到各学科领域的重视，成为研究的热点。

2 文献综述及相关概念界定

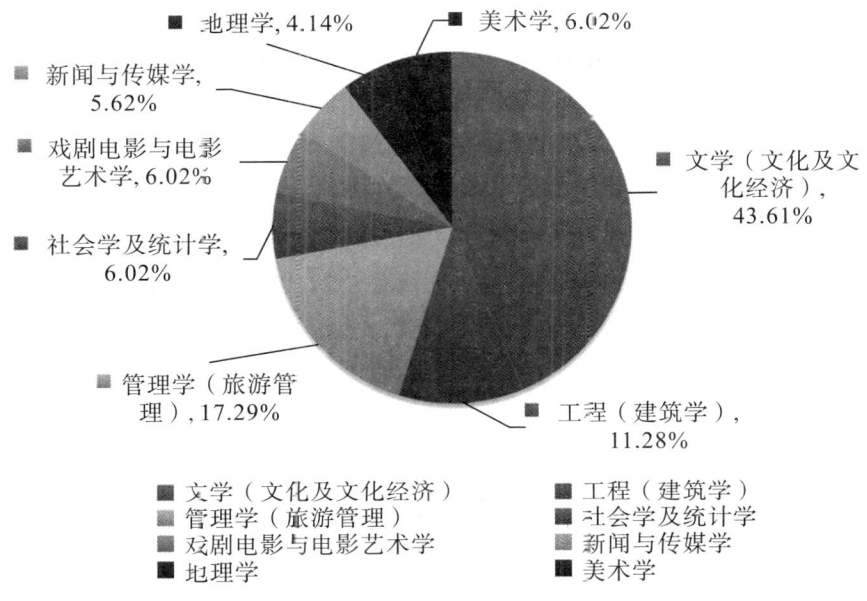

图 2-1 "文化空间生产"主题在 CNKI 的研究领域构成

数据来源：CNKI

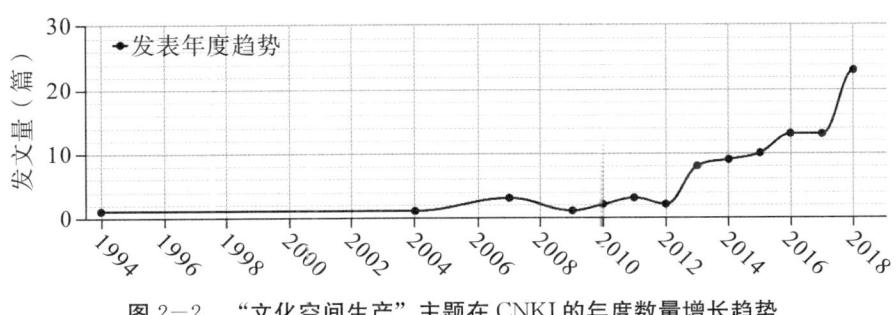

图 2-2 "文化空间生产"主题在 CNKI 的年度数量增长趋势

数据来源：CNKI

2.1.1.2 国外关于文化空间生产的研究综述

（1）文化空间的研究起源。

学术界通常将马克思关于物质生产和精神生产类型划分的相关论述视为文化生产的研究发源[①]。按马克思的注解，人类的物质生产活动与物质交换构成了物质生产的内容；思想、观念、意识的生产是精神生产的内涵，政治、法

---

① 周才庶：《西方文论关键词：文化生产》，载《外国文学》，2016年第5期，第67~76页。

律、道德、宗教等社会意识形态生产是精神生产的外延，均应归类为人类的精神生产内容。其中，精神生产与物质生产二者互为关联。后来，有学者认为，马克思对精神生产的界定对应于物质生产的内容，在马克思主义哲学中，对应现代文化发展观来看，文化生产涵盖了精神生产的内涵和形式，学界完成了从精神生产到文化生产的概念转换①。

列斐伏尔②在其所倡导的社会学空间研究转向中把空间分为多种类型，其中明确指出了将文化空间作为空间类型中的一种。随后列斐伏尔的追随者如大卫·哈维（David Harvey）③、爱德华·索雅（Edward W. Soja）④、Michael D. Higgins（2007）⑤、人文主义地理学家段义孚⑥、都市文化生态研究者阿莫斯·拉普普特（Amos Rapoport）（1977）⑦、马来西亚学者 Ferdous（2013）⑧、后现代批评理论家弗雷德里克·詹姆逊（Fredric Jameson）（1991）⑨、社会学家沙朗·佐京（Sharon Zukin）⑩、Robert M. Young（1994）⑪、Hall E. T. & Hall M. R.（2001）⑫等从不同领域、不同角度对文化空间进行了研讨，

---

① 荣跃明：《马克思哲学视域中的文化生产》，载《毛泽东邓小平理论研究》，2007年第1期，第35～43页。

② 迈克·迪尔：《后现代血统：从列斐伏尔到詹姆逊》，参见包亚明：《现代性与空间的生产》，上海教育出版社，2003年，第83页。

③ 章仁彪、李春敏：《大卫·哈维的新马克思主义空间理论探析》，载《福建论坛（人文社会科学版）》，2010年第1期，第55～60页。

④ 黄继刚：《爱德华·索雅和空间文化理论研究的新视野》，载《中南大学学报（社会科学版）》，2011年第2期，第24～28页。

⑤ Michael D Higgins: The Cultural Space—Not Just Locationof the Arts, but the Basis of Creativity, Source of Innovation and the Vindication of Citizenship, given at the ECCM Symposium Productivity of Culture in Athens, 2007.

⑥ 周尚意、戴俊骋：《文化地理学概念、理论的逻辑关系之分析——以"学科树"分析近年中国大陆文化地理学进展》，载《地理学报》，2014年第10期，第1521～1532页。

⑦ Rapoport A: Human Aspects of Urban Form. Oxford: Pergamon Press, 1977, p.14.

⑧ Lee Yoke Lai, Ismail Said, Aya Kubota: The Roles of CulturalSpaces in Malaysia's Historic Towns: The case of Kuala Dungun and Taiping. ASEAN Conference on Environment-Behaviour Studies, Hanoi Architectural University, Hanoi, Vietnam, 19-22 March 2013, "Cultural Sustainability in the Built and Natural Environment", Procedia-Social and Behavioral Sciences, 2013, pp. 602－625.

⑨ Fredric Jameson: Postmodernism or the Cultural Logic of Late Capitalism. Durham. N. C., Duke University Press, 1991, p.16.

⑩ Sharon Zukin: The Cultures of Cities. Oxford: Blackwell Publishers, 1996.

⑪ Robert M Young: Mental Space. London: Process Press, 1994.

⑫ Hall E T & Hall M R Key Concepts: Underlying Structures of Culture. In J N Martin, T K Nakayama & L A Flores (Eds.). Readings in Intercultural Communication: Experiences and Contexts. USA: The McGraw-Hill Companies, Inc., 2001.

形成了丰硕的研究成果。

1997年,马拉喀什举行了"国际保护民间文化空间专家磋商会",会议正式提出"文化空间"一词①。2001年,联合国教科文组织将"文化空间"的概念界定为:"一个可集中举行流行和传统文化活动的场所,也可以定义为一段通常定期举行特定活动的时间,这一事件和自然空间是因空间中传统文化表现形式的存在而存在的。"②由此,文化空间具有"时间""空间""事件"三重意义。

(2)文化空间生产应用研究。

从20世纪90年代中期开始,文化转向便成为西方经济地理研究领域中的一项重要研究内容,其研究空间主要是都市范围内的高技术研发地、劳工市场、企业,也涉及乡村等空间,研究内容主要体现在文化空间生产理论与实践结合、文化空间生产过程与机制建构、文化空间生产效应、文化空间生产与社会公平等方面。

在理论与实践相结合的研究方面,布迪厄(1993)③将人们的生活习惯、资本和场域理论引入文化生产的研究,提出动态的文化生产场域的概念,场域中行动者为了争取主导权而展开竞争,注重场域的动态变迁研究;Rota & Solone(2014)④提出,城市文化空间生产是制造城市形象(城市及市民共同塑造的品位、标签与身份)认同的重要途径;John Fiske(1995)针对海滨地区沙滩的使用模式,建立了海滨沙滩的文化空间模型,提出海滨的不同功能区域体现了人类不同的文化活动痕迹,将文化空间与功能紧密结合⑤;沙朗·佐京(Sharon Zukin)⑥强化了空间中的文化影响力,认为政府部门往往通过城市空间的塑造形成城市形象及公共文化展示,文化被作为一种影响和改变城市空间形态的重要工具;Chang T C(1996)⑦提出文化空间生产是包括特定社会

---

① 李利、华晨:《构筑开放式博物馆——非物质文化遗产保护的规划方法探讨》,载《城市发展研究》,2009年第1期,第85～89页。

② 乌丙安:《非物质文化遗产保护中文化圈理论的应用》,载《江西社会科学》,2005年第1期,第105页。

③ Pierre Bourdieu: The Field of Cultural Production. Columbia: Columbia University Press,1993.

④ Rota F S, Salone C: Place-making Processes in Unconventional Cultural Practies. The Case of Turin's Contemporaryart Festival Paratissima. Citise, 2014.

⑤ Fiske John: Heading the Popular. Routledge, 1995.

⑥ Sharon Zukin: The Cultures of Cities. Oxford: Blackwell Publishers, 1996.

⑦ Chang T C, Milne S, Falcon D: Urban Heritage Touris the Global-local Nexusu. Annals of Tourism Research,1996.

经济生产、政治文化生产的共同产物；马克（Mark）等人①②③④在文化遗产旅游吸引物的研究中提出了旅游地意境空间的塑造理论。

在都市公共文化空间的塑造实践方面，政府部门通过制定政策主导了城市公共文化空间的规划；投资企业侧重关注以商业盈利功能为主的文化空间生产；文化组织、文化工作者与社区居民更喜欢日常化、具有生活气息、一定公共性的文化空间场所，如奥克兰艺术区⑤（Chapple，Jackson & Martin，2010）、纽约市创意区⑥（Zukin & Braslow，2011），但是日常化、生活化的公共文化空间缺乏制度与政策保障。

在文化空间生产过程、机制、社会公平、效应研究方面，国外学者主要从文化空间生产与经济发展、社会公平、地域性建构三者之间的关系展开。如Plazz（2000）⑦探讨了古根海姆博物馆对于毕尔巴鄂市、西班牙乃至世界范围其他国家和地区所产生的社会、经济、文化等多方面的影响。Bille（2006）研究发现，对文化的发展与重视能改善文化环境，能促进区域经济发展，在吸引游客、带来投资等方面具有积极效应；旅游地文化空间生产制造出旅游者罩效应，使旅游景区呈现出与其周边地区迥然不同的景观，并相互不交融，同时也造成原住民的社区离散化、社会排斥化；在文化空间生产对地方性影响上，文化空间生产本身也是一个文化的地域性建构的过程，虽然地域文化参与文化的更新，但旅游的介入往往因为标准化（如餐饮服务标准化、住宿服务标准化）的导向而使得地域性丧失。

2.1.1.3 国内关于文化空间生产的研究综述

由于语言限制等因素，我国对空间生产研究的引入较晚。自 2000 年前后，

---

① Echtner M，Ritchie J：The Meaning and Measurement of Destination Image. The Journal of Tourism Studies，1991.

② Gartner W：Tourism Image：Attribute Measurement of StateTourism Products Using Multidimensional Scaling Techniques. Journal of Travel Research，1989.

③ Gartner W：Image Formation Process. Journal of Travel and Tourism Marketing，1994，2(2)：191−216.

④ Bonn M A，Joseph-Matthews M S，Dai M，Hayes S and Cave J：Culture and Heritage Attraction Atmospherics：Creating the Right Environment for Visitors. Journal of Travel Research，2007.

⑤ Chapple K，Jackson S，Martin AJ：Concentrating Creativity：The Planning of Formal and Informal Arts Districts. City，Culture and Society，2010.

⑥ Zukin S，Braslow L：The life Cycle of New York's Creative Districts：Reflections on the Unanticipated Consequences of Unplanned Cultural Zones. City，Culture and Society，2011.

⑦ Plazz B：Evaluating the Influence of a Large Cultural Artifact in the Attraction of Tourism—The Guggenheim Museum Bilbao case. Urban Aff Rev，2000.

包亚明[①]等将法国、英国学者的空间生产理论著作翻译为中文后,国内学者逐步开始研究空间生产理论,不同研究领域的学者首先进行了文化空间的概念解析。其中,伍乐平、张晓萍(2016)[②]根据文化空间所处的空间属性将文化空间研究划分为乡村文化空间研究、都市文化空间研究、旅游地文化空间研究三个方面。

(1)乡村文化空间研究。

刘洋等(2016)[③]通过研究,提出我国学界关于乡村文化空间生产方面已有的研究成果相对较少,且目前学术界的研究内容局限于乡村交往空间、乡村居住、乡村产业空间,以及结合近些年新农村建设对乡村聚落和空间格局研究等;余压芳等(2011)[④]以我国西南地区少数民族村寨文化空间为研究对象,提出少数民族村寨的"文化空间"兼具空间属性和时间属性,从时间和空间的角度将文化空间分为地点主导型文化空间和时间主导型文化空间;郭凌、王志章(2014)[⑤]以成都市红砂村为个案,认为在乡村旅游开发导向中存在着国家、市场、传统三方主导力量,这三方力量影响了乡村文化的走向,并提出重构乡村旅游发展的动力机制;郭凌等(2014)[⑥]从物质文化维、制度文化维、精神文化维三个维度分析了西昌泸沽湖社区在旅游开发导向下民族文化的生产过程、空间形态及文化空间生产的动力机制;王林(2016)[⑦]以广西黄洛瑶寨和贵州岜沙苗寨为个案,提出通过民族文化符号标识民族村寨旅游地形象,促进当地民族文化体系保护与可持续发展;李容芳(2016)[⑧]认为社会转型与变迁促使民族乡村后乡土特征的呈现,少数民族村落空间中仪式民俗的展演是集体记忆与集体

[①] 包亚明:《现代性与空间的生产》,上海教育出版社,2003年。

[②] 伍乐平、张晓萍:《国内外"文化空间"研究的多维视角》,载《西南民族大学学报(人文社会科学版)》,2016年第3期,第7~12页。

[③] 刘洋、车震宇:《基于社区居民行为的旅游空间生产研究综述》,载《价值工程》,2016年第6期,第16~20页。

[④] 余压芳、刘建浩:《论西南少数民族村寨中的"文化空间"》,载《贵州民族研究》,2011年第2期,第32~35页。

[⑤] 郭凌、王志章:《乡村旅游开发与文化空间生产——基于对三圣乡红砂村的个案研究》,载《社会科学家》,2014年第4期,第83~86页。

[⑥] 郭凌、阳宁东、王志章:《民族旅游开发与民族文化的空间生产研究——基于对四川省凉山彝族自治州盐源县泸沽湖的个案研究》,载《西南民族大学学报(人文社会科学版)》,2014年第2期,第144~149页。

[⑦] 王林:《"发髻"与地方形象:民族旅游地的文化符号建构分析——以广西黄洛瑶寨和贵州岜沙苗寨为例》,载《旅游学刊》,2016年第5期,第64~71页。

[⑧] 李容芳:《变迁语境下的少数民族村落仪式民俗——以布依族"报笨"为例》,载《民族论坛》,2016年第12期,第72~77页。

认同的实践结果；邱云美（2015）① 提出村落景观具有空间上的分异性和时间上的变迁性，从价值观念、族群认同和政策支持的角度对村落的生产性景观、建筑景观和文化景观的变迁性差异进行分析；温莹蕾（2016）② 从文化空间理论视角，提出利用村落独特的历史、传统与文化承载乡村空间，以及再创造其魅力与吸引力；何海狮（2016）③ 剖析了农村空间变迁过程中的政治、经济与话语博弈，认为村民的文化惯习对于农村居住空间结构性转变影响较大。

（2）都市文化空间研究。

刘润（2015）④ 构建了资本、权力与地方参与中国城市文化空间生产的理论框架，并以成都市文化空间生产为例进行了实证研究；高红岩（2011）⑤ 指出文化空间超越了地理空间与产业空间的限制，具有开放性和动态性，文化空间生产不但生产文化产品，同时也在进行着自身的再生产；马超等（2015）⑥ 以成都东郊记忆为个案，提出现代工业文化遗产的特殊城市空间形态向文化空间转型的过程，应注重文化景观的历史传承与保护；李倩菁等（2015）⑦ 以广州沙面街区为例，提出历史街区的空间生产应以权利阶层的自身利益和文化认同为出发点，设计出属于各自的独特的社会空间；张京祥等（2009）⑧ 指出近年来我国许多城市出现的近现代风貌型消费空间本质上是以盈利为目的的消费型文化空间，是被符号化的文化消费空间，并不注重历史文化建筑遗产保护；姜照君等（2014）⑨ 提出，文化遗产是不可替代的文化资源，是一种延续城市记忆的文化空间，并以南京民国时期文化遗产为例，从城市生产生活的角度将其划分为日常生活使用、休闲娱乐活动、创意设计的文化空间生产三种类型；

---

① 邱云美：《不同语境下民族村落景观变迁的差异化研究——以浙江莲都区上塘畈和沙溪畲族村为例》，载《中央民族大学学报（哲学社会科学版）》，2015年第6期，第53~59页。
② 温莹蕾：《文化空间理论视角下的乡村发展路径探索——以山东省章丘市朱家峪村为例》，载《城市发展研究》，2016年第2期，第64~70页。
③ 何海狮：《"空间生产"视野下的农村居住空间变迁研究——以环江毛南族自治县堂八村为例》，载《广西民族师范学院学报》，2016年第1期，第12~16页。
④ 刘润：《资本、权力与地方：成都市文化空间生产研究》，兰州大学博士学位论文，2015年。
⑤ 高红岩：《电影旅游集群的文化空间生产研究》，载《人文地理》，2011年第6期，第34~39页。
⑥ 马超、李璐、付敬：《都市文化景观的空间生产与消费——以成都东郊记忆为例》，载《新闻研究导刊》，2015年第6期，第131~133页。
⑦ 李倩菁、蔡晓梅：《广州沙面空间的生产与重构》，载《热带地理》，2015年第6期，第814~821页。
⑧ 张京祥、邓化媛：《解读城市近现代风貌型消费空间的塑造——基于空间生产理论的分析视角》，载《国际城市规划》，2009年第1期，第43~47页。
⑨ 姜照君、顾江：《空间生产视角下的文化遗产开发模式研究——以南京民国文化遗产为例》，载《现代经济探讨》，2014年第7期，第78~82页。

周尚意等（2015）① 分析了地方政府在空间生产中发挥的特殊作用，以及节事文化空间的"第三空间"性质；黄斌等（2012）② 以北京市南锣鼓巷为例，分析了资本和文化在旧城文化空间生产过程中对商户和消费者、原住居民、政府这三者空间权利的影响，阐述了新空间的权利分配及文化创意产业发展对旧城文化空间生产的作用机制。

（3）旅游地文化空间研究。

李星明等（2015）③ 从空间形态的角度将旅游地文化空间结构划分为文化节点、文化轴线、文化场、文化域面等基本形态；侯兵等（2011）④ 对比了人文地理学与文化地理学研究文化空间的不同体系，从物质维度、时间维度和区域维度的三重视角，结合资源利用、整合路径和评价指标构建了文化旅游空间形态的分析框架（如图2-3所示）；龚伟（2014）⑤ 将乡村旅游社区空间划分为景观空间、社会空间和制度空间三个维度，对其演化过程、演化机制和共同演化机制进行了研究；赵敏（2015）⑥ 以丽江古城为例，提出文化景观生产理论，构建了文化景观生产的理论框架；桂榕等（2013）⑦ 以云南"彝人古镇"为例，提出"符号表征"与"主客同位景观"是民族文化旅游空间客体生产与主体生产的标志性特征；郭文等（2013）⑧ 提出在周庄古镇旅游开发下，周庄古镇空间形态从"一元同心并置结构"发展到"多元同心嵌套结构"，认为旅游开发对空间的塑造产生三方面影响：物质空间景观化、文化空间多元化和社会空间复杂化（如图2-4所示）；明庆忠等（2014）⑨ 从古镇空间整体、均衡

---

① 周尚意、吴莉萍、张瑞红：《浅析节事活动与地方文化空间生产的关系——以北京前门—大栅栏地区节事活动为例》，载《地理研究》，2015年第10期，第1994~2002页。

② 黄斌、吕斌、胡垚：《文化创意产业对旧城空间生产的作用机制研究——以北京市南锣鼓巷旧城再生为例》，载《城市发展研究》，2012年第6期，第86~90页。

③ 李星明、朱媛媛、胡娟、时朋飞、LIU Juanita C：《旅游地文化空间及其演化机理》，载《经济地理》，2015年第5期，第174~179页。

④ 侯兵、黄震方、徐海军：《文化旅游的空间形态研究——基于文化空间的综述与启示》，载《旅游学刊》，2011年第3期，第70~77页。

⑤ 龚伟：《空间视野下的乡村旅游社区演化研究》，华东师范大学博士学位论文，2014年，第51~56页。

⑥ 赵敏：《旅游挤出效应下的丽江古城文化景观生产研究》，云南大学博士学位论文，2015年。

⑦ 桂榕、吕宛青：《符号表征与主客同位景观：民族文化旅游空间的一种后现代性——以"彝人古镇"为例》，载《旅游科学》，2013年第3期，第37~49页。

⑧ 郭文、黄震方：《基于场域理论的文化遗产旅游地多维空间生产研究——以江南水乡周庄古镇为例》，载《人文地理》，2013年第2期，第117~124页。

⑨ 明庆忠、段超：《基于空间生产理论的古镇旅游景观空间重构》，载《云南师范大学学报（哲学社会科学版）》，2014年第1期，第42~48页。

发展的角度,认为古镇旅游开发,其景观空间营造可以划分为前台舞台化空间、过渡性空间和后台保护空间三个组成部分;柯球(2016)① 将民族旅游地空间生产划分为旅游地理空间生产、旅游符号空间生产、旅游生活体验空间生产三个层次,探讨了政府、企业、专家学者、本地居民等多元主体在民族文化旅游空间生产中的职责与作用;郭文等(2015)② 以无锡惠山古镇为例,将古镇空间类型分为物理空间、社会空间和文化空间三种类型,提出文化空间的多元认同措施:保持古镇先进文化的独立性、传承性和生产的方向性,积极营造"第三空间"之上的文化平衡(如图2-5所示);桂榕(2015)③ 提出旅游开发下民族文化保护的措施可以分为旅游空间的原地生产、本地生产、异地生产三类模式,合理建构文化、空间、生活三者的关系。

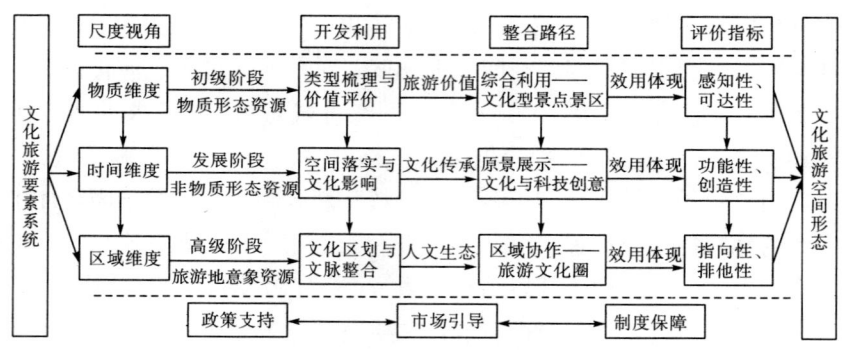

图 2-3 文化旅游空间形态的结构关系

资料来源:侯兵、黄震方、徐海军(2011)

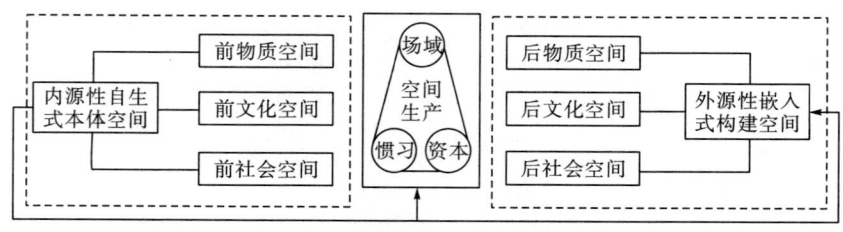

图 2-4 旅游场域中多维空间生产图式

资料来源:郭文、黄震方(2013)

---

① 柯球:《基于民族文化旅游空间生产视域下的金秀大瑶山瑶族文化旅游资源开发探究》,载《广西科技师范学院学报》,2016年第2期,第14~16页。

② 郭文、王丽:《文化遗产旅游地的空间生产与认同研究——以无锡惠山古镇为例》,载《地理科学》,2015年第6期,第708~716页。

③ 桂榕:《重建"旅游—生活空间":文化旅游背景下民族文化遗产可持续保护利用研究》,载《思想战线》,2015年第1期,第106~111页。

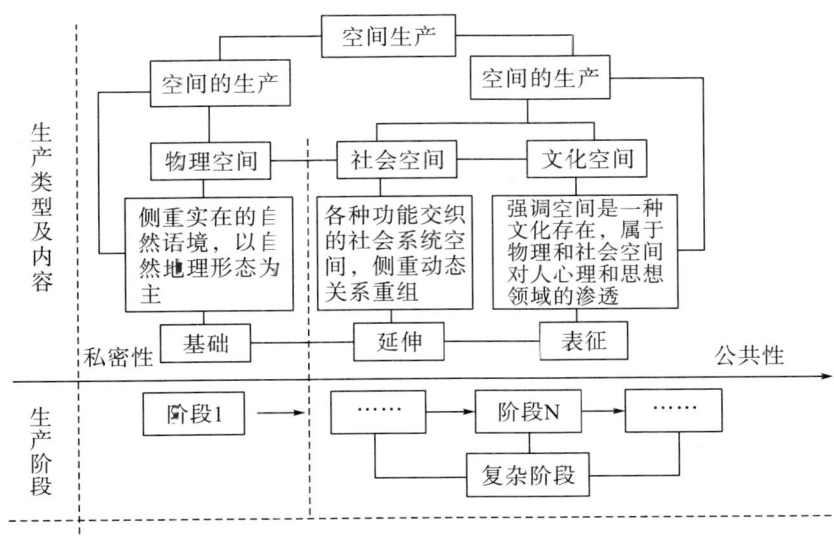

图 2-5 惠山古镇空间生产层次

资料来源：郭文、王丽（2015）

2.1.2 国内外关于民族乡村的研究综述

2.1.2.1 国外关于民族乡村的研究综述

2001年11月，《世界文化多样性宣言》指出："文化多样性是人类的共同遗产，应当从当代人和子孙后代的利益考虑予以承认和肯定。"国外关于民族乡村的研究领域主要集中在民族社区及聚落、民族社区文化保护、乡村历史建筑保护等方面。

在民族社区及聚落方面，Boas（1974）[①] 从民族人类学、社会学视角对原始部落的历史、语言、文化、社会结构及社会生活进行了研究；德国学者魏伯·奥特伦巴描述并研究了乡村的土地利用、道路网、农舍、村落等由农业活动造就并影响的乡村文化景观（引自陆翔兴，1989）[②]；美国学者Rogers等（1972）[③] 从地域空间形态角度，将乡村社区分为散居、集居和条状三种形态；

---

① Boas F：The Mythology of the Bella Coola Indians，Chicago：University of Chicago Press，1973.

② 陆翔兴：《乡村发展呼唤着地理学：关于开展我国乡村地理学研究的思考》，载《人文地理》，1989年第1期，第1~7页。

③ Rogers E M，Burdge R J：Social Change in Rural Societies. Ann Arbor，MI：University of Michigan Press，1972.

英国学者 Cate 等（1989）[①] 从乡村性、乡村社会组织结构等方面将乡村分为保护的社区、竞争的社区、家长范式的社区和委托的社区四类。

在民族社区文化保护方面，涉及民族社区的传统习俗、生计、建筑、节庆文化保护等内容。1919 年，法国政府通过颁布《原产地保护法令》保护乡村特产；20 世纪 60 年代—90 年代，日本开展了以弘扬民间文化为主题的依托地方民俗文化、传统工艺、乡土景观等资源的"造乡运动"；20 世纪 90 年代中期，澳大利亚发起 IPA（Indigenous Protected Areas—IPAs）[②]，通过构建土著人社区来保护本民族的文化；南美和南亚的民族乡村通过建立社区保护区[③]等措施来保护村民的传统生产生活方式和民族文化传承。

在乡村生态环境保护方面，1926 年，英国成立乡村保护环保组织（CPRE），提倡保护乡村的自然与传统人文景观等传统风景。

在民居建筑文化保护方面，日本建筑学者西村幸夫（1997）[④] 总结了十七个有关乡土建筑遗产保护的"社区营造（参与）"故事，其中，在实践方面，日本以民居建筑文化保护和传承为目的打造了"雪山小町"高柳町[⑤]、岐阜县白川乡合掌村聚落等。美国注重对乡村历史建筑的综合保护。早期欧洲移民在美国乡村建造的美式乡村民居，成为美国人对乡村历史建筑保护的对象。如对名人故居及具有重要历史意义地点的保护[⑥]，以 1853 年弗农女士协会对华盛顿总统故居弗农山庄的保护为典型案例。20 世纪 90 年代，美国国家公园管理局通过开展一系列历史调查、资助乡村历史保护项目，制定了乡村历史建筑保护及乡村历史景观遗产的登录标准与认定标准（如图 2-6 所示）。在这期间，美国启动了新罕布什尔州的历史农场调查、肯塔基州的乡村遗产发展启动计划等，重新认识农业历史建筑、乡村历史建筑、乡村历史景观等价值，受到国家、私人或民间保护机构的保护[⑦]。

---

① Cater J, Jones T: Social Geography. London: Edw and Arnold, 1989.

② Szabo S, Smyth D: Indigenous Protected Areas in Australia. The 5th World Parks Congress: Sustainable Finance Stream. Durban, South Africa, 2003.

③ Bernbaum E: Sacred Mountains of the World. California: University of California Press, 1997.

④ 西村幸夫（著），王惠君（译）：《再造魅力故乡：日本传统街区重生故事》，清华大学出版社，2007 年。

⑤ 刘永涛：《日本"造乡运动"对我国民间文化保护的启示》，载《电影文学》，2008 年第 6 期，第 116~117 页。

⑥ 张松：《历史城市保护学导论——文化遗产和历史环境保护的一种整体性方法》，上海科学技术出版社，2001 年，第 158 页。

⑦ Guidelines for Evaluating and Documenting Rural Historic Landscapes: www. nps. gov/nr/publications/bulletins/nrb30.

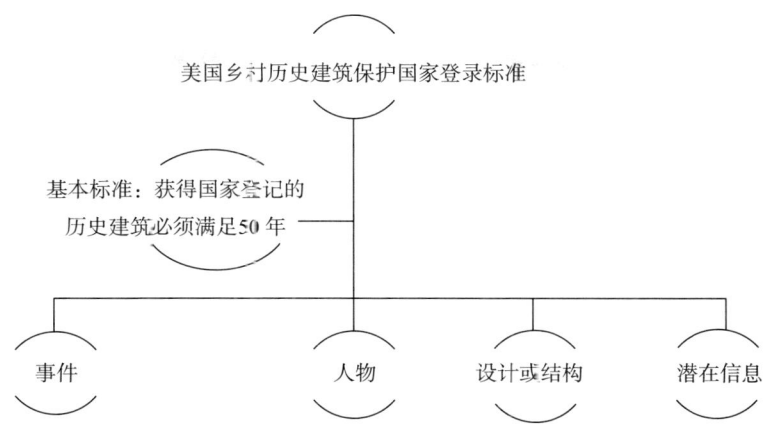

图 2-6 美国乡村历史建筑保护国家登录标准

2.1.2.2 国内关于民族乡村的研究综述

我国是多民族国家,政府高度重视民族乡村经济社会发展、民族文化遗产保护工作,已先后出台相应的法律法规,明确对民族乡村文化遗产的保护[①][②]。在学术研究领域,国内关于民族乡村的研究成果主要集中在民族乡村文化及旅游发展、民族乡村社会及经济发展、民族乡村聚落及民居空间研究等领域。

（1）民族乡村文化及旅游发展研究。

学界对民族乡村文化的研究成果主要集中在民族文化调查基础研究、民族乡村文化发展演变、民族乡村文化保护与传承等方面。杨国（1992）[③]认为少数民族村落文化的源流、发展和演变自始至终遵循着自组织的规律；韦顺国（2014）[④]以广西桂西资源富集区为样本,结合民族地区自我发展理论开展山

---

① 2008 年我国颁布的《历史文化名城名镇名村保护条例》明确规定：能够集中反映本地区建筑的文化特色、民族特色的村庄,可以申报历史文化名村；《中华人民共和国非物质文化遗产法》明确规定："非物质文化遗产,是指各族人民世代相传并视为其文化遗产组成部分的各种传统文化表现形式,以及与传统文化表现形式相关的实物和场所"；《中华人民共和国文物保护法》（2015 年修订）明确规定："反映历史上各时代、各民族社会制度、社会生产、社会生活的代表性实物"受国家保护；从 2012 年起,为促进传统村落保护和发展,我国住房和城乡建设部、文化部、财政部印发了《关于加强传统村落保护发展工作的指导意见》,并将具有重要保护价值的村落列入中国传统村落名录,其中有较大部分传统村落属于民族乡村；2013 年 12 月,中央城镇化工作会议提出了"望得见山,看得见水,记得住乡愁"的新型城镇化建设指导思想,为乡村的文化及生态环境保护指明了方向。

② 2005 年 5 月,国务院通过《扶持人口较少民族发展规划（2005—2010 年）》；2011 年 6 月,国务院通过《扶持人口较少民族发展规划（2011—2015 年）》,提出"到 2020 年,人口较少民族聚居区发展更加协调、生活更加富裕、环境更加美好、社会更加和谐,全面建成小康社会"的发展目标。

③ 杨国：《民族村落文化：一个"自组织"的综合系统》,载《中南民族大学学报（人文社会科学版）》,1992 年第 6 期,第 69~72 页。

④ 韦顺国：《广西桂西资源富集区乡村文化建设研究》,陕西师范大学博士学位论文,2014 年。

区少数民族乡村文化建设的理论和实践研究;李容芳(2016)① 研究了布依族"报笨"民族仪式习俗在民族乡村社会的转型与变迁;杨丽萍(2013)② 将壮族栖居空间分为身体栖居的自然生态空间和文化空间,从栖居空间的角度对壮族文化的传习和延续机制进行了研究;王娟(2016)③ 指出乡村文化遗产的重要价值,是不可再生、无法复制与替代的历史文化遗产,是我国当前建设具有历史记忆、地域特色、民族特点的美丽城镇的重要文化资源;孙小龙等(2012)④ 以贵州季刀苗寨乡村文化遗产名录数据库设计及应用为例,提出通过数字化手段保护民族文化遗产;杨辰、周俭(2016)⑤ 从"发展历程、制度框架、实施步骤"三个方面,对中国与法国乡村文化遗产保护开发作比较研究,提出借鉴法国"中央地方合作、动员社会力量参与、保护与发展并重"的经验。

(2) 民族乡村社会及经济发展研究。

学界对民族乡村社会发展的研究成果主要集中在民族乡村社会治理、文化决策机制方面。陈晶(2012)⑥ 提出,随着国家扶持力量进入和退出民族乡村,在面向市场经济的条件下,民族乡村社会阶层结构将根据村民的职业、收入、社会地位发生变迁;蒋星梅(2017)⑦ 提出通过探索一种适合于民族地区的内生式公共文化服务模式促进民族乡村文化振兴;高永久等(2017)⑧ 认为,民族话语具有双刃剑的效应,某种程度上做了"保护伞","悬吊治理"成为民族乡村的社会治理问题;张露露(2017)⑨ 以四川省阿坝州羌寨某村为个

---

① 李容芳:《变迁语境下的少数民族村落仪式民俗——以布依族"报笨"为例》,载《民族论坛》,2016年第12期,第72~77页。

② 杨丽萍:《壮族栖居空间的变迁与文化传习机制的重构》,载《中央民族大学学报(哲学社会科学版)》,2013年第3期,第102~106页。

③ 王娟:《浅谈乡村文化遗产的保护与传承——以日照市为例》,载《人文天下》,2016年第6期,第91~93页。

④ 孙小龙、姜萍等:《贵州乡村文化遗产名录数据库设计研究——以黔东南巴拉河流域季刀苗寨为例》,载《凯里学院学报》,2012年第2期,第57~60页。

⑤ 杨辰、周俭:《乡村文化遗产保护开发的历程、方法与实践——基于中法经验的比较》,载《城市规划学刊》,2016年第6期,第109~116页。

⑥ 陈晶:《甘肃藏区民族乡村社会阶层分化研究——以天祝藏族自治县农牧区为例》,中央民族大学博士学位论文,2012年。

⑦ 蒋星梅:《乡村振兴战略背景下民族地区村寨游艺民俗开发的方向、原则与路径——以贵州黔东南苗侗聚居区为例》,载《贵州师范大学学报(社会科学版)》,2017年第6期,第60~67页。

⑧ 高永久、孔瑞:《复式话语、自利性双向依赖与悬吊治理——基于渝东南民族杂居M村庄治理实践的分析》,载《中南民族大学学报(人文社会科学版)》,2017年第1期,第6~11页。

⑨ 张露露:《"权力的文化网络"视阈下民族地区乡村治理问题探析——基于四川省阿坝州羌寨J村的个案考察》,载《理论导刊》,2017年第4期,第88~91页。

案，认为民族乡村权力的"文化网络"机制形成包括宗教信仰、家族势力、乡村精英和村规民约；李灿松等（2013）①、农淑英（2015）② 均对民族乡村社会治理做了相关的研究。

在民族乡村经济发展方面，学者主要从民族乡村的经济构成特征、民族文化产业发展方面进行了研究。其代表性成果：李文睿（2008）③ 认为少数民族地区村落经济具有区域性、多样性和复杂性的特征；陈为智等（2009）④ 提出将新农村建设与民族文化产业发展相结合，促进乡村社会与民族经济发展。

（3）民族乡村聚落及民居空间研究。

在民族乡村聚落及民居空间研究方面，学界主要研究成果集中在民居基础研究、民居文化研究、聚落景观空间研究、民居风貌保护与传承等方面。在民居基础研究方面，建筑学界有丰硕的研究成果⑤；张政伟（2011）⑥ 提出依靠乡土社区、发挥村民主体作用，呼吁建立乡土建筑遗产自治保护措施；郝阿娜等（2013）⑦ 以呼伦贝尔市鄂温克族自治旗为研究对象，提出从传统民族民居、民族服饰、民族生活日用品中提炼民族传统文化符号与传统色彩，将其特色运用于内蒙古鄂温克族聚居地的新型民居设计，倡导在少数民族民居中传承和表达民族文化；刘永安等（2015）⑧ 从风景园林的视角探讨少数民族村寨可

---

① 李灿松、周智生：《新时期边疆民族乡村民间互助组织的兴起与发展——以滇西北民族乡村为例》，载《西北民族大学学报（哲学社会科学版）》，2013年第4期，第53~60页。

② 农淑英：《乡村社会治理中民俗文化的融入探讨——以广西中越边境民族乡村为考察对象》，载《学术论坛》，2015年第2期，第84~87页。

③ 李文睿：《杂散居少数民族的村落经济——以福建罗源八井畲族村为例》，载《云南民族大学学报（哲学社会科学版）》，2008年第4期，第39~42页。

④ 陈为智、赵世林：《少数民族村落社区文化产业发展的问题分析》，载《思想战线》，2009年第2期，第84~88页。

⑤ 建筑学界关于民居基础研究成果代表作有：《浙江民居》《吉林民居》《中国传统民居百题》《云南民居》《徽州明清民居雕刻》《福建民居》《徽州石雕艺术》《丽江纳西族民居》《四川藏族住宅》《窑洞民居》《广东民居》《桂北民间》《穴居文化》《中国传统民居与文化》《广西民族传统建筑实录》《中国传统民居建筑》《党家村——中国北方传统农村集落》《客家土楼与客家文化》《中国传统民居与文化第二辑》《中国民居装饰装修艺术》《陕西民居》《徽州砖雕艺术》《徽州牌坊艺术》《中国民居》《大理民族建筑艺术》《民间住宅建筑——圆楼、窑洞、四合院》《云南民居续集》《传统村镇聚落景观分析》《徽州竹雕艺术》《云南大理白族民居》《中国传统民居建筑》《土楼与中国传统文化》《中国传统民居与文化第三辑》《新疆民居》《湘西民居》《民居史论与文化》《西藏民居》《客家土楼民居》《四川民居》《中国传统民居与文化第四辑》《中国古建筑大系——民间居住建筑》《云南少数民族住屋——形式与文化研究》等。

⑥ 张政伟：《乡土建筑遗产自治保护研究》，复旦大学博士学位论文，2011年。

⑦ 郝阿娜、夏柏树、路旭、关山：《民族传统文化在新民居建筑风格中的传承与诠释》，载《小城镇建设》，2013年第5期，第100~104页。

⑧ 刘永安、刘庭风：《少数民族村寨风景打造及保护研究——以西江千户苗寨为例》，载《贵州民族研究》，2015年第4期，第128~131页。

持续建设和非物质文化遗产传承的规划设计；杜佳（2017）[①] 对贵州喀斯特山区民族传统乡村聚落及民居的空间演变、演化、边界扩张的特征和机制进行了研究；朱良文等（2017）[②] 以云南阿者科哈尼族蘑菇房保护性改造为实践案例，提出传统民居的低成本改造措施。

2.1.3 国内外关于民族旅游的研究综述

2.1.3.1 国外关于民族旅游的研究综述

国外学者关于民族乡村（社区）旅游研究主要集中在民族旅游概念探讨、旅游吸引物研究、民族旅游效应研究（民族地区社会文化的正面效应及负面效应）、游客行为分析研究、民族旅游发展模式研究等领域。

在民族旅游概念研究方面，Swain（1989）[③]、Van Den Berghe（1992）[④]、Edward M. Bruner[⑤]、Moscardo, G.（1999）[⑥] 等学者均对民族旅游做了概念描述。国外学者一致认为，民族旅游是当地民族群众以民族文化资源为主要旅游吸引物，吸引游客观赏、体验、参与的一种旅游形式。

在旅游吸引物的研究方面，美国人类学家 Mac Cannell（1973）[⑦] 提出原真性的旅游体验是民族旅游吸引物的核心价值；Smith（1989）[⑧] 认为，民族旅游吸引物的特色在于"奇异的地方"和"异域的风俗习惯"；Smith（1996）[⑨] 针对民族旅游确定了"四个 H"构成要素，即栖息地、文物、历史和工艺品（Habitat, Heritage, History, and Handicrafts）；Claudia Notzke

---

[①] 杜佳：《贵州喀斯特山区民族传统乡村聚落形态研究》，浙江大学博士学位论文，2017年。

[②] 朱良文、陈晓丽、程海帆：《云南省红河哈尼族彝族自治州元阳县新街镇爱春村元阳阿者科哈尼族蘑菇房保护性改造》，载《小城镇建设》，2017年第10期，第54~55页。

[③] Swain, M B: Gender Roles in Indigenous Tourism: Kuna Mola, Kuna Yala, and Cultural Survival. In Hosts and Guests. Philadelphia: University of Pennsylvania Press, 1989.

[④] Van Den Berghe, P L: Tourism and the Ethnic Division of Labor. Annals of Tourism Research, 1992.

[⑤] 杨慧、陈志明、张展鸿：《旅游、人类学与中国社会》，云南大学出版社，2001年，第44~45页。

[⑥] Moscardo, G and P L Pearce: Understanding Ethnic Tourists. Annals of Tourism Research, 1999.

[⑦] Mac Cannell, D: Staged Authenticity: Arrangements of Social Space in Tourist Settings. American Journal of Sociology, 1973.

[⑧] Smith V: Hosts and Guests: The anthropology of Tourism. Philadelphia, University of Pennsylvania Press, 1989.

[⑨] Smith V: Indigenous Tourism: The Four Butler and T. Hinch. Tourism and Indigenous Peoples. London: International Thomson Business Press, 1996.

(2004), Ryan C. (2002), Janet Chang (2006)[①][②][③] 提出民族节庆活动在民族旅游活动中越来越重要。

国外学者对民族旅游效应的研究主要集中在游客对东道主社会文化方面的影响，包括正面影响和负面影响。其中，正面影响包括通过民族旅游活动，民族群众的民族意识增强、身份地位提高、发展能力增强等[④][⑤][⑥][⑦]；负面影响包括对民族文化商业化及文化生态环境的影响、当地群众就业受限及利益分配不均等[⑧]。Smith (1989)[⑨] 分析了因纽特人、印第安人和托六甲人的民族旅游产生的主客关系，以及民族旅游对当地文化、社区居民生活带来的负面影响；Van Den Berghe (1992)[⑩] 认为民族旅游产生三种主要角色：旅游者、旅游民族、旅游中介人，当地人将自己展示给游客，在与游客交往中改变了自己的日常行为被称为旅游民族；Wood (1984)[⑪] 认为通过民族旅游开发，能够强化某一民族文化身份的独特性。

在游客行为分析研究方面，Gianna Moscardo，Philip L Pearce (1999)[⑫] 将游客行为划分为四组：关系型、学习型、参与型和猎奇型；Mary Frances 等 (2011)[⑬] 研究发现，国际旅客特别愿意与当地原住民互动；Stebbins

---

① Claudia Notzke: Indigenous Tourism Development in Southern Alberta, Canada: Tentative Engagement. Journal of Sustainable Tourism, 2004.

② Ryan C: Tourism and Cultural Proximity: Example from New Zealand. Annals of Tourism Research, 2002.

③ Janet Chang: Segmenting Tourists to Aboriginal Cultural Festivals: An Example in the Rukai Tribal area. Taiwan Tourism Management, 2006.

④ David Jamison: Tourism and Ethnicity: The Brotherhood of Coconuts. Annals of Tourism Research, 1999.

⑤ Susan R Pitchfor: Ethnic Tourism and Nationalism Wales. Annals of Tourism Research, 1995.

⑥ Pierre L. van den Berghe: Making Mayas Ethnic Tourism Promotion in Mexico. Annals of Tourism Research, 1995.

⑦ Robes Yiping Li: Ethnic Tourism a Canadian Experience. Annals of Tourism Research, 2000.

⑧ Pam Dyer, Lucinda Aberdeen, Sigrid Schuler: Tourism Impacts on an Australian Indigenous Community: A Diabugay Case Study. Tourism Management, 2003.

⑨ Smith V: Hosts and Guests: The Anthropology of Tourism. Philadelphia, PA: University of Pennsylvania Press, 1989.

⑩ Van Den Berghe, P L: Tourism and the Ethnic Division of Labor. Annals of Tourism Research, 1992.

⑪ Wood, R: Ethnic Tourism, the State, and Cultural Change in Southeast Asia. Annals of Tourism Research, 1984.

⑫ Gianna Moscardo, Philip L Pearce: Understanding Ethnic Tourists. Annals of Tourism Research, 1999.

⑬ Mary Frances Lynch, Peter N Duinker, Lorn R Sheehan, Janet E Chute: The Demand for Mi'kmaw Cultural Tourism: Tourist Perspectives. Tourism Management, 2011.

(1996)① 根据旅游者旅游动机的目的性,将民族旅游者分为大众旅游者和特殊旅游者两类;Janet Chang(2006)② 通过聚类分析将民族节庆旅游者分为民俗学习型、放松生活型、文化探索型。

在民族旅游发展模式研究方面,Conklin & Graham(1995)、Hipwell(2004)③④ 研究发现,当地少数民族逐步重视生态环境保护;Lisa Hiwasaki(2000)⑤研究发现,日本北海道阿依努族视民族旅游为展现民族文化、强化民族标识的一种途径;Prasit Leepreecha(2005)⑥认为泰国民族旅游存在的形式有村落遗址短途旅行、徒步旅行、生态旅游、民族社区的旅游等;Singh S、Timothy D J & Dowling R W(2003)⑦认为,巴拿马地区"基于社区的旅游"模式主要包括住宿模式(民族生态旅馆、少数民族家庭接待)、农业旅游模式、文化交流模式等。

2.1.3.2 国内关于民族旅游的研究综述

国内学者关于民族旅游研究主要集中在对国内外民族旅游研究成果进行综述研究、民族旅游对民族社区和民族文化影响研究、民族旅游开发模式等方面。

学者对国内外民族旅游研究的综述:吴必虎等(2000)⑧、吴其付(2007)⑨、杨昇等(2008)⑩、王述芬等(2013)⑪ 对国内外民族旅游研究进行了综述研究,总结了国外旅游的研究方向与内容,为我国开展民族旅游指明了

---

① Stebbins,D: Culture Tourism as Leisure. Annals of Tourism Research,1996.
② Janet Chang: Segmenting Tourists to Aboriginal Cultural Festivals: An example in the Rukai tribal area, Taiwan. Tourism Management, 2006.
③ Conklin B, L Graham.: The Shifting Middle Ground: Amazonian Indians and Politics. American Anthropologist, 1995.
④ Hipwell,W: Preventing Ecological Decline in the Bras d'Or Bioregion: the State Versus the Mi'kmaq "Metamorphosis Machine". Canadian Journal of Native Studies, 2004.
⑤ Lisa Hiwasaki: Ethnic tourism in Hokkaido and the Shaping of Ainu Identity. Pacific Affairs, 2000.
⑥ Prasit Leepreecha: The Politics of Ethnic Tourism in Northern Thailand Social Research Institute. Chiang Mai: Chiang Mai University, 2005.
⑦ Singh S, Timothy D J & Dowling R W: Tourism in Destination Communities. Oxon: CABI Publishing, 2003.
⑧ 吴必虎、余青:《中国民族文化旅游开发研究综述》,载《民族研究》,2000年第4期,第85~94页。
⑨ 吴其付:《国外民族旅游研究进展》,载《黑龙江民族丛刊》,2007年第5期,第163~170页。
⑩ 杨昇、王晓云、冯学钢:《近十年国内外民族旅游研究综述》,载《广民族研究》,2008年第3期,第194~202页。
⑪ 王述芬、何伦志、韩东:《国外民族旅游研究述评》,载《广西民族研究》,2013年第2期,第165~175页。

学者在研究民族旅游对民族社区及民族文化的影响方面，指出民族旅游的开发对民族社区的影响有积极影响和消极影响两个方面。吴晓萍（2000）[①]、刘辉（2001）[②]、何景明（2010）[③] 等认为民族旅游引发民族乡村传统文化异化趋势（包括民族文化商品化、庸俗化、传统文化价值观退化），对当地自然环境形成破坏等；徐新建（2000）[④]、李旭东（2006）[⑤]、马翀炜（2006）[⑥]、吴爱华（2011）[⑦]、郭凌等（2014）[⑧] 从民族身份塑造与强化、民族艺术与技艺的培养、民族民间文化复兴、民族文化空间再生产等角度阐述了民族旅游对民族社区及民族文化的积极影响；李强（2012）[⑨] 指出民族旅游开发下农民生活方式演变的城市化、市民化的趋势，以及传统农民向新型农民身份转型的影响；王挺之等（2009）[⑩]、周大鸣（2014）[⑪] 辩证地指出民族旅游在推动民族乡村经济社会发展和给当地带来的冲击与社会风险中的双刃剑效应。

在民族旅游开发模式研究方面，学者针对民族文化保护与传承、民族旅游开发并举的可持续发展模式进行了探讨，余青、吴必虎（2001）[⑫] 提出生态博

[①] 吴晓萍：《浅析民族地区旅游可持续发展的某些限制性因素》，载《旅游学刊》，2000年第5期，第42~46页。

[②] 刘辉：《民族旅游对西部地区的影响和可持续发展》，载《桂林旅游高等专科学校学报》，2001年第2期，第39~43页。

[③] 何景明：《边远贫困地区民族村寨旅游发展的省思——以贵州西江千户苗寨为中心的考察》，载《旅游学刊》，2010年第2期，第59~65页。

[④] 徐新建：《开发中国："民族旅游"与"旅游民族"的形成与影响——以"穿青人"、"银水寨"和"藏羌村"为案例的评述》，载《西南民族学院学报（哲学社会科学版）》，2000年第7期，第1~9页。

[⑤] 李旭东：《文化旅游与民族旅游：一种理论概观》，载《旅游论坛》，2006年第5期，第513~515页。

[⑥] 马翀炜：《文化符号的建构与解读——关于哈尼族民俗旅游开发的人类学考察》，载《民族研究》，2006年第5期，第61~69页。

[⑦] 吴爱华：《旅游发展与民族村落社会变迁——基于鄂西神农溪景区罗坪村的调查》，载《中南民族大学学报（人文社会科学版）》，2011年第3期，第14~17页。

[⑧] 郭凌、阳宁东、王志章：《民族旅游开发与民族文化的空间生产研究——基于对四川省凉山彝族自治州盐源县泸沽湖的个案研究》，载《西南民族大学学报（人文社会科学版）》，2014年第2期，第144~149页。

[⑨] 李强：《新农民：民族村寨旅游对农民的影响研究》，兰州大学博士学位论文，2012年。

[⑩] 王挺之、李林：《旅游开发对小族群传统文化的影响——对四川平武白马藏族的个案研究》，载《西南民族大学学报（人文社会科学版）》，2009年第5期，第152~157页。

[⑪] 周大鸣：《人类学与民族旅游：中国的实践》，载《旅游学刊》，2014年第2期，第103~109页。

[⑫] 余青、吴必虎：《生态博物馆：一种民族文化持续发展模式》，载《人文地理》，2001年第6期，第40~43页。

物馆模式，黄萍等（2005）[①] 提出"生态文化村"模式，何敏等（2014）[②] 提出山区小规模民族村落旅游发展模式。杨昇等（2008）[③] 通过文献综述，将我国学者从不同的视角研究民族旅游开发模式进行归类分析（见表2-1）。

表2-1 民族旅游开发模式

研究视角	研究学者	开发模式
经营管理方式	麻学锋、龙茂兴（2006）	政府主导、公司运作、社会参与的互动模式
地区发展方式	余青、吴必虎（2001）	生态博物馆模式
	马晓京（2003）	民族生态保护区模式
	张伟庆（2006）	社会参与模式（资源参与模式、产品参与模式、实体参与模式以及资本参与模式）
时空开发方式	丁健、彭华（2002）	原地开发模式和异地开发模式（空间维度）
		短期节庆模式和长期固定模式（时间维度）
资源利用方式	金毅（2004）	直接利用型、整合提升型和复原历史型模式

资料来源：杨昇、王晓云、冯学钢（2008）

2.1.4 关于斗玉珞巴族村的相关研究综述

我国对珞巴族的调查研究始于20世纪50年代民族识别调查时期，经过70年的研究，积累了大量的关于珞巴族的研究成果，主要学科为民族学、人类学、文化学。近年来，对珞巴族的社会经济、民族旅游、文化保护方面的应用研究逐步增多。

我国学者对珞巴族的研究起源于20世纪70年代，主要调研成果有《西藏米林县南伊公社珞巴族社会历史调查报告》《西藏米林县珞巴族社会历史调查报告》《关于我国珞巴族的若干资料》等文献资料，这些前辈历经艰险完成的基础调研成果奠定了我国研究珞巴族的基础。

通过查阅维普、知网等数据库的文献资料，目前对珞巴族的研究领域主要集中在社会经济发展、民俗、民间文学、历史、宗教等方面，较少涉及其他领

[①] 黄萍、王元珑：《创建四川民族文化生态旅游可持续发展模式研究》，载《西南民族大学学报（人文社会科学版）》，2005年第8期，第177～180页。

[②] 何敏、李进兵：《论山区小规模民族村落旅游的发展》，载《经济研究导刊》，2014年第11期，第103～105页。

[③] 杨昇、王晓云、冯学钢：《近十年国内外民族旅游研究综述》，载《广民族研究》，2008年第3期，第194～202页。

域。其中，高朝暄（2015）[①] 对珞巴族传统民居建筑特色进行了研究；杨坤等（2014）[②] 对西藏米林县南伊乡琼林珞巴族村寨旅游开发的对策及影响进行了分析和研究。目前，关于隆子县斗玉乡斗玉村珞巴族的研究成果较少或几乎没有查到。

在珞巴族研究成果综述方面有陈立明（2008）[③]、张若蓉（2009）[④]、王明利（2014）[⑤]、马小燕（2015）[⑥]、刘佳等（2015）[⑦] 以及其他学者的研究文献。在珞巴族民族学研究方面：《西藏米林县珞巴族社会历史调查报告》（1978）[⑧]、《关于西藏珞巴族的几个调查材料》（1978）[⑨] 对当时隆子县斗玉乡珞巴族群众的社会生产生活情况做了详细的描述，积累了第一手关于珞巴族的基础资料；《珞巴族简史》（1987）[⑩] 较为全面地叙述了珞巴族的民族文化及基本情况。从民族学角度对珞巴族进行研究的还有李坚尚等（1992）[⑪]、王玉平（1997）[⑫]、龚锐等（2004）[⑬]；从生态学和经济学角度的研究有张江华等（2007）[⑭]、党秀云等（2012）[⑮]；从文化学（宗教、民俗、民族歌舞等）角度的研究有于乃昌

[①] 高朝暄：《珞巴族传统民居建筑特色赏析》，载《建筑》，2015年第18期，第69~70页。

[②] 杨坤、符琼：《珞巴族村寨旅游开发的影响与对策——以西藏米林县南伊乡琼林村为例》，载《商》，2014年第17期，第61页。

[③] 陈立明：《我国门巴族、珞巴族研究的历史回顾》，载《西藏民族大学学报（哲学社会科学版）》，2008年第6期，第27~32页。

[④] 张若蓉：《关于"门巴族、珞巴族"载文的统计分析》，载《西藏研究》，2009年第5期，第113~120页。

[⑤] 王明利：《珞巴族非物质文化遗产研究综述》，载《哈尔滨学院学报》，2014年第12期，第114~117页。

[⑥] 马小燕：《50年来我国门巴族、珞巴族研究综述》，载《西藏研究》，2015年第5期，第111~120页。

[⑦] 刘佳、过伟敏：《门巴族珞巴族传统文化研究综述》，载《贵州民族研究》，2015年第11期，第108~112页。

[⑧] 中国社会科学院民族研究所：《西藏米林县珞巴族社会历史调查报告：珞巴调查材料之一》，中国社会科学院民族研究所出版，1978年。

[⑨] 中国社会科学院民族研究所：《西藏珞巴族的几个调查材料：珞巴调查材料之二》，中国社会科学院民族研究所出版，1978年。

[⑩] 珞巴族简史编写组：《珞巴族简史》，西藏人民出版社，1987年。

[⑪] 李坚尚、刘芳贤：《珞巴族的社会和文化》，四川民族出版社，1992年。

[⑫] 王玉平：《珞巴族》，民族出版社，1997年。

[⑬] 龚锐、晋美：《珞巴族西藏米林县琼林村调查》，云南大学出版社，2004年。

[⑭] 张江华、揣振宇、陈景源：《雅鲁藏布江大峡谷生态环境与民族文化考察记》，中国藏学出版社，2007年。

[⑮] 党秀云、周晓丽：《达木村调查（珞巴族）》，中国经济出版社，2012年。

(1989，1992，2001)①②③④、于乐闻（1980）⑤、唐晋中（1993）⑥、陈立明（1990，2003，2009，2011，2010）⑦⑧⑨⑩⑪⑫、张力凤（2004）⑬、杜耀西（1982）⑭、关东升（1995）⑮、卓拉等（2013）⑯、蔡光洁（2010）⑰、马宁（2008，2012）⑱⑲。

2.1.5 研究述评

结合近十年来关于文化空间、文化空间生产、珞巴族的研究成果发现，关于文化空间生产的研究仍然多数集中在都市文化空间生产范围内，亦有一些学者逐渐关注民族乡村文化空间生产的研究，主要集中在民族乡村旅游开发背景

---

① 于乃昌：《西藏民间故事第五集：珞巴族、门巴族专辑》，西藏人民出版社，1989年。

② 于乃昌：《〈斯金金巴巴娜达萌〉论析——珞巴族古史歌研究之一》，载《中国藏学》，1992年第2期，第152~159页。

③ 于乃昌：《珞巴族文学史》，江苏教育出版社，2001年。

④ 于乃昌：《痴迷的信仰与痴迷的艺术——珞巴族的原始宗教与文化》，载《中国藏学》，1989年第2期，第145~160页。

⑤ 于乐闻：《珞巴族民间文学概况》，载《西藏民族学院学报》，1980年第2期，第61~71页。

⑥ 唐晋中：《珞巴族开辟神话的解读——比较神话学研究》，载《西藏艺术研究》，1993年第1期，第60~67页。

⑦ 陈立明：《试论门巴族的家庭与婚姻》，载《中国藏学》，1990年第2期，第137~149页。

⑧ 陈立明：《珞巴族传统居住习俗及其变化》，载《西藏民族学院学报》，2003年第3期，第20~24页。

⑨ 陈立明：《珞巴族的传统文化与环境保护》，载《西藏大学学报（社会科学版）》，2009年第4期，第6~12页。

⑩ 陈立明：《珞巴族的丧葬与禁忌》，载《西藏民族学院学报》，1990年第1期，第40~46页。

⑪ 陈立明：《门巴族珞巴族的传统文化及其在新时期的变化》，载《西藏民族学院学报》，2011年第5期，第48~54页。

⑫ 陈立明：《门巴族、珞巴族的历史发展与当代社会变迁》，载《中国藏学》，2010年第2期，第86~95页。

⑬ 张力凤：《珞巴族博嘎尔部落的婚恋习俗》，载《西藏民族学院学报》，2004年第2期，第51~56页。

⑭ 杜耀西：《珞巴族农业生产概况》，载《农业考古》，1982年第2期，第144~151页。

⑮ 关东升：《中国民族文化大观·藏族、门巴族、珞巴族卷》，中国大百科全书出版社，1995年。

⑯ 卓拉、杨坤：《试论珞巴族的社会政治变迁——以西藏米林县南伊珞巴民族乡琼林村为例》，载《西藏大学学报（社会科学版）》，2013年第3期，第56~60页。

⑰ 蔡光洁：《珞巴族传统文化及其生存现状考察——从西藏米林县琼林村的旅游开发谈起》，载《西藏大学学报（社会科学版）》，2010年第2期，第51~55页。

⑱ 马宁：《珞巴族非物质文化遗产及其保护——以西藏米林县南伊乡南伊珞巴民俗村为例》，载《中南民族大学学报》，2008年第6期，第76~80页。

⑲ 马宁：《门巴族、珞巴族大学生对非物质文化遗产的认知情况调查》，载《西藏大学学报》，2012年第3期，第39~44页。

下，对民族乡村文化空间属性认知、旅游形象建构、集体记忆与文化认同、空间变迁与演化、聚落及文化经过空间营造等方面的个案研究，但研究的深入性与系统性仍不足，民族乡村文化空间有其独特性与特殊性，其文化空间生产与其他类型的文化空间发展、变迁有着本质的区别，关于民族乡村文化空间生产（包括认知、保护、传承、创造性转化全过程）的深入系统研究尚且缺乏。

结合近 20 年来关于民族乡村、民族旅游方面的研究成果分析，20 世纪 90 年代学者开始关注民族乡村，涉及文化价值认知、文化遗产保护及旅游开发、社会和经济发展、旅游影响、利益相关者、村民社会分析等各个方面，研究成果较为深入、丰富，但是从空间生产、文化空间生产角度进行民族乡村文化、民族旅游开发研究的成果较少，且以典型个案研究为主。

结合近 20 年来关于斗玉村、珞巴族方面的研究成果分析，集中反映在民族学、人类学领域的基础研究及对珞巴族民族文化研究方面，对于珞巴族民族文化的保护、传承，旅游开发导向下的民族文化创造性转化、同步促进民族乡村社会经济发展的研究成果较少。

综合来看，选题"旅游开发导向下民族乡村文化空间生产研究"在研究立意、视角选择、目标导向上具有一定的研究价值与理论指导实践的意义。

2.2 相关概念界定

2.2.1 民族乡村文化：从自组织向再生产转变

2.2.1.1 民族乡村文化的概念、类型与层次

(1) 基本概念。

有关民族乡村文化特征及构成的论述颇多，以汤国（1992）[①]、孙永龙等（2015）[②]、张静等（2015）[③]、胡潇文等（2015）[④] 为代表。通过整理相关领域

[①] 杨国：《民族村落文化：一个"自组织"的综合系统》，载《中南民族大学学报（人文社会科学版）》，1992 年第 6 期，第 69~72 页。

[②] 孙永龙、王生鹏：《民族村落文化的旅游价值及开发利用》，载《资源开发与市场》，2015 年第 3 期，第 375~377 页。

[③] 张静、王生鹏：《文化生态视角下我国民族村落旅游开发研究》，载《西北民族大学学报（哲学社会科学版）》，2015 年第 6 期，第 140~145 页。

[④] 胡潇文、王生鹏：《旅游开发中民族村落文化变迁的问题与思考》，载《开发研究》，2015 年第 4 期，第 42~45 页。

学者对民族乡村文化属性的研究成果可以发现，从产生的根基上看，民族乡村文化具有历史性、地域性、民族性、乡土性；从发展演变的机制上看，民族乡村文化具有自组织性、不平衡性、自主性；从空间特征上看，民族乡村文化具有地域性、边缘性特征。对民族乡村文化属性的认知，有助于辨析在乡村社会经济发展、变迁过程中民族乡村文化的本底性特征（见表2-2）。

表 2-2 民族乡村文化的属性特征

来源	基本属性	基本外延
杨国（1992）[①]	不平衡性 多样化　群体性 向心性　自组织性 综合性	政治、宗教、文化艺术、经济手段等，风俗、道德、宗教、巫术、禁忌、文学、艺术等观念型文化
张斌（2010）[②]	民族性 地域性 边缘性	村落的建、构筑物组合形成的空间集合；山岳林地、溪河湖海等自然环境，以及与村落紧密联系的生产性环境等
孙永龙等（2015）[③]	历史性　乡土性 地域性　民族性	地域生态景观、生产文化和生活文化
张静等（2015）[④]	历史性　乡土性 地域性　民族性	自然生态环境、社会环境之间，各种文化要素相互之间的联系及影响
胡潇文等（2015）[⑤]	地域性特征 相对封闭性 独特性 血缘宗族特性	共同的自然环境、语言与宗教，相似的外貌特征，能被该民族成员普遍接受的、具有宗族血缘管理模式与群体特征的、能为社会成员习得并传播的能力与惯例

[①] 杨国：《民族村落文化：一个"自组织"的综合系统》，载《中南民族大学学报（人文社会科学版）》，1992年第6期，第69~72页。

[②] 张斌：《少数民族村落可持续发展的空间策略反思》，载《中国园林》，2010年第12期，第33~35页。

[③] 孙永龙、王生鹏：《民族村落文化的旅游价值及开发利用》，载《资源开发与市场》，2015年第3期，第375~377页。

[④] 张静、王生鹏：《文化生态视角下我国民族村落旅游开发研究》，载《西北民族大学学报（哲学社会科学版）》，2015年第6期，第140~145页。

[⑤] 胡潇文、王生鹏：《旅游开发中民族村落文化变迁的问题与思考》，载《开发研究》，2015年第4期，第42~45页。

从构建民族乡村文化的特性来看,民族乡村由民族共同体与乡村共同体组成,其民族性、历史性、地域性、乡土性是具有共同认知的特性。由此,我们可以得出民族乡村文化的定义:民族乡村文化是依托民族乡村生成的具有民族性、历史性、地域性、乡土性的复合型、动态性文化系统。

(2) 类型与层次。

结合上述定义,从民族乡村文化的价值等级、表现形式、文化形态上对其进行类型与层次描述:从价值等级上看,可以分为获得政府各级各部门认定的文化遗产和尚未得到国家认定的民族民间乡村文化资源两类;从表现形式上可以分为物质类文化和非物质类文化;从文化形态上可以分为历史文化、民族文化、乡土文化、地域文化四类(如图2-7所示)。

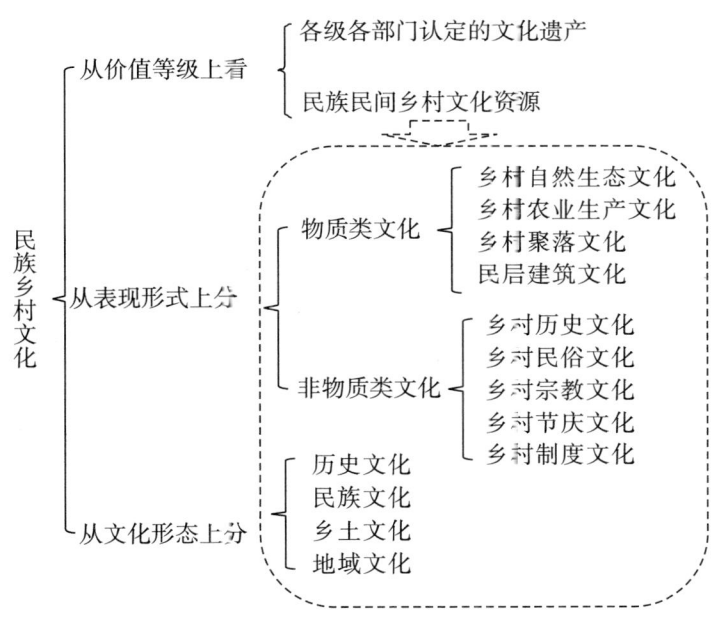

图2-7 民族乡村文化要素构成分类

2.2.1.2 民族乡村文化的自组织向再生产转变

在漫长的农耕社会制度下、民族乡村发展过程中,民族乡村文化形成了一个自组织的综合系统,是一种乡村社会文化基本的秩序建构方式,建立在村民及村民群体"自主性"主导发展基础之上的文化系统[①],具有文化性和空间性

---

① 闪兰靖:《民族村落的文化传统与礼仪重建》,载《中国社会学年会西部民族地区社会建设理论创新与政策设计》,2012年。

两方面的显性特征①（如图2-8所示）。在全球化的趋势下，文化、资本进入民族乡村，带来了空间的涌现性发展，民族乡村文化正在通过"文化的再生产"的方式实现文化的发展、变迁，我们需要从民族乡村文化的保护角度出发，以动态发展的视角看待民族乡村文化空间的发展与演变。

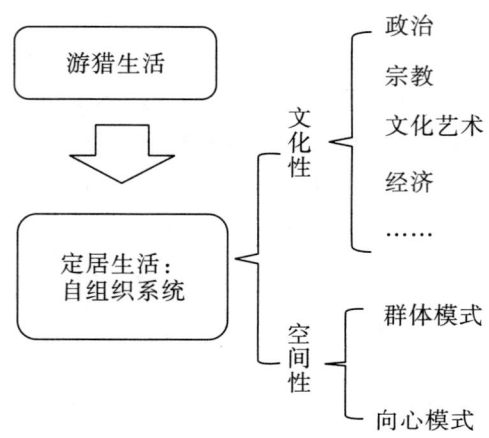

图2-8　民族乡村文化的自组织系统

根据杨国（1992）资料绘制

对于民族乡村文化空间再生产的趋势，有学者提出"第三社区"的发展路径：结合乡村资源限定规模、具备多样性对全球化交换优势、生活方式的参与式；有学者提出以民族乡村生活空间的整体性保护、局部性演变和"基因"保护三种策略应对民族乡村文化空间再生产②；有学者提出在民族社区经济社会发展的同时，在文化空间生产研究的框架下关注民族文化的产生与发展走向③。无论如何，民族乡村文化空间已经由自组织走向资本、权力等外力介入，甚至主导情况下的再生产。

---

① 杨国：《民族村落文化：一个"自组织"的综合系统》，载《中南民族大学学报（人文社会科学版）》，1992年第6期，第69～72页。

② 张斌：《少数民族村落可持续发展的空间策略反思》，载《中国园林》，2010年第12期，第33～35页。

③ 郭凌、阳宁东、王志章：《民族旅游开发与民族文化的空间生产研究——基于对四川省凉山彝族自治州盐源县泸沽湖的个案研究》，载《西南民族大学学报（人文社会科学版）》，2014年第2期，第144～149页。

2.2.2 民族乡村文化空间：空间实践与再生产表征空间

"过去留下了痕迹作为一种铭记，但是空间总是在现在的空间，一个目前的整体，而且与行动相互扣车衔接。"① 列斐伏尔指出了民族乡村文化空间生产的产生与过程，同时并存于可以被直接观察或测量的"空间实践"中。"哪里有空间，哪里就有存在"②。存在的民族乡村文化是在其特定的生产模式和生产关系下的产物，空间作为一个物理意义上的场所，为文化的物质形态承载或非物质形态存在提供了一个物质形态的载体和场所。该场所提供了民族乡村文化可以被直接观察和感知的物质形态与非物质形态文化类型。因此，将民族乡村文化空间的研究回归到列斐伏尔所建立的空间本体论，即"三元一体"社会理论框架③。事实上，民族乡村文化空间作为一种存在状态的文化空间，属于列斐伏尔所界定的空间三元辩证法之中的"空间的实践"。

基于"空间是（社会的）空间"观点，随着经济社会的不断发展和变迁，空间内的文化空间再生产也在不断推进，文化空间类型也将呈现"空间涌现性"趋势，原有文化空间的类型及界定方式已不能很好地解释伴随社会发展而新近出现的诸多文化空间类型与特征。"行为/过程"的动态界定将文化空间视为文化空间生产的空间响应，是一种文化空间实践下的对象性存在，是社会概念性建构与物化过程的实践场所④；民族文化空间包括了空间再生产过程中"空间涌现性"状态下所产生的空间类型及生产样式，对应于空间的表征与表征的空间范畴。

因此，民族乡村文化空间是文化再生产中包括了空间的实践、空间的表征与表征的空间。

---

① 包亚明：《现代性与空间的生产》，上海教育出版社，2003 年，第 48 页。
② 包亚明：《现代性与空间的生产》，上海教育出版社，2003 年，第 85 页。
③ 郭文：《"空间的生产"内涵、逻辑体系及对中国新型城镇化实践的思考》，载《经济地理》，2014 年第 6 期，第 33~39 页。
④ 董慧：《秩序与活力：城市文化空间的意义构建》，载《苏州大学学报（哲学社会科学版）》，2011 年第 4 期，第 39~46 页。

2.2.3 民族乡村文化空间生产：空间的文化生产

2.2.3.1 文化生产的含义

对于文化生产的含义，国内外学者有如下论述，如法国社会学家布迪厄（1993）[①][②]，我国学者荣跃明（2007）[③][④]、周根红（2010）[⑤][⑥] 等。布迪厄建构了文化生产的空间框架，并指明了文化生产的研究对象是文化产品（包括科学、法律、宗教，以及文学、艺术、音乐等审美活动的综合表现），明确了文化生产的空间场域关系；荣跃明将文化生产具体化，提出了文化生产的层次与对应的生产内容，从一定程度上指出了文化生产的"时间—空间"研究价值；周根红直接提出了空间的文化生产概念，将文化生产置于空间生产的研究领域范畴。结合上述学者对文化生产的研究成果，归纳如下：

（1）文化生产在一定的"时间—空间"的框架内展开，（社会的）空间为文化生产提供了一个涵盖物质形态、社会形态、文化形态的综合性"场域"框架。

（2）文化生产以文化和资本为生产资料、生产对象，在生产方式、生产产品上具有典型的文化性特征，并以文化的生产方式（意义、符号或表现），在内容生产、符号生产、媒介生产等方面实现文化空间的发展与演变。

（3）在文化生产与空间生产的关系上，实现了文化生产是空间的文化生产的耦合关系，在一定的"时间—空间"维度内展开的文化性生产（如图 2-9 所示）。

---

① Bourdieu, Pierre: The Field of Cultural Production: Essays on Art and Literature. ed. Randal Johnson. New York: Columbia University Press, 1993.

② 法国社会学家布迪厄认为：文化生产的场域由经济资本和文化资本组成，场域不断变化，其中的行动者为争取主导性位置而展开竞争，文化产品的经济价值、符号价值、文化生产场域的动态变迁过程是文化生产的研究重点等。

③ 荣跃明：《马克思哲学视域中的文化生产》，载《毛泽东邓小平理论研究》，2007 年第 1 期，第 35～43 页。

④ 荣跃明根据文化的结构形态，将文化生产分为三个层次：内容生产、符号生产、媒介生产，并提出只有将文化生产放在一定的历史时期，与物质生产的相互关系中方能形成文化生产三个层次的统一，建构一个完整的结构（2007 年）。

⑤ 周根红：《博物馆与城市文化的空间生产》，载《东南文化》，2010 年第 6 期，第 108～111 页。

⑥ 周根红提出空间的文化生产定义："运用文化的象征、想象、隐喻等手段，对空间进行文化编码组构，赋予空间以社会历史意义的表征性空间建构的过程。"

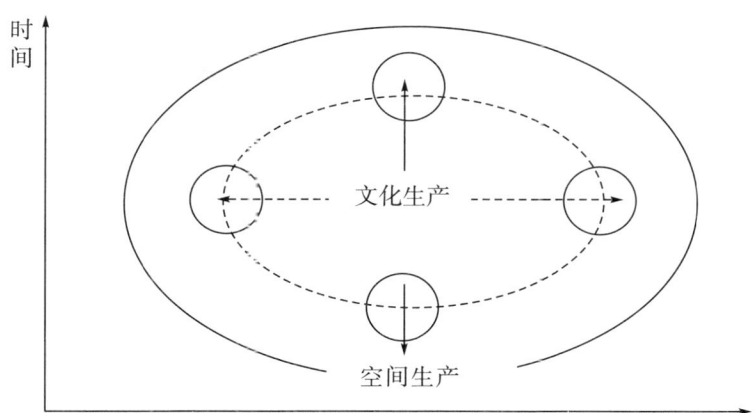

图 2-9 空间生产与文化生产的"时—空"耦合关系示意

2.2.3.2 民族乡村文化空间生产的五个层次

结合布迪厄、荣跃明等国内外学者对文化生产的内容与层次界定研究成果，与空间生产进行对应，综合上述对民族乡村文化、民族乡村文化空间、文化生产的相关研究，笔者认为：民族乡村的文化空间生产从生产层次上分析，由文化制度生产、文化形象建构、文化格局建构、文化符号生产、文化媒介生产五个层次构成（如图 2-10 所示）。

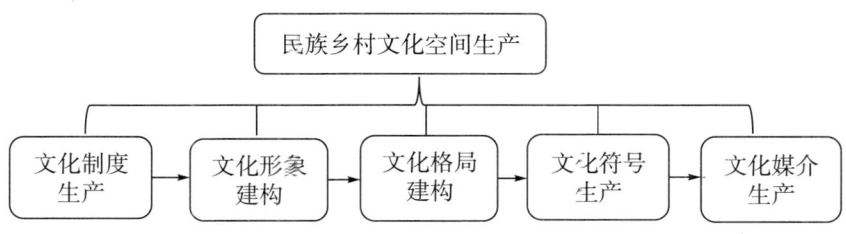

图 2-10 民族乡村文化空间生产层次关系

（1）文化制度生产——基于顶层设计。

列斐伏尔在其著作中有明确表述："空间……它真正是一种充斥着各种意识形态的产物"[①]，鲜明地指出了空间的政治性，其中，作为政治性特征体现的资本、权力、阶层等代表不同利益主体、不同阶层利益的诉求充斥着空间，空间各参与主体之间的利益博弈形塑着空间，并影响着空间发展的方向。文化是意识形态的直接产物，对民族乡村文化空间而言，为把握民族乡村文化空间的发展方向，从顶层设计的角度对民族乡村文化空间的参与各方进行利益与诉

---

① 包亚明：《现代性与空间的生产》，上海教育出版社，2003 年，第 62 页。

求分析,建立良好的文化制度生产关系。

从目前介入民族乡村文化空间生产的对象分析,主要有如下四个方面:

第一,各领域专家、学者。来自民族乡村文化保护研究领域的专家、学者,大声疾呼"一定要保护濒危的民族文化";来自民居建筑研究的建筑师,以实际的建设行动建构着村落的建筑风貌;来自民族学方面的专家、学者,主要关注民族文化保护与发展、乡村经济发展、社会变迁;来自旅游发展方面的专家、学者,主要关注民族乡村旅游的营造,旅游发展对村民的影响等方面。各领域专家、学者的作用主要是提供决策咨询,具有先期的话语引导权。

第二,当地各级政府。政府以提供管理和服务职能为主,但在民族乡村这一特殊对象面前,政府充当了多重角色,在民族乡村文化空间建构中,具有极大的话语主导权。从社会效益的角度出发,当地政府承担着民族文化保护、传承的职责;从经济效益的角度出发,当地政府承担着改善民生、促进发展的职责;从管理者的角度出发,当地政府具有国土利用、规划建设、政策制定等多种权力;从服务者的角度出发,当地政府具有服务于当地民众与资本方的双重职能。因此,在诸多时候政府主导了空间的话语权。

第三,民族群众及村集体组织。在未有任何外部力量介入之前,村民及其集体组织是空间的主人,以自组织的方式实践着文化空间生产。不可忽视的是,村民在与自然生态、人文环境的存续过程中,有着改善生产生活条件、向往幸福美满生活的权利与合理诉求,也在寻求着空间的再生产机会。一旦外部力量介入,乡村的空间主导权之争由此而展开。

第四,各种外部资本的力量。对民族乡村而言,当前的外部资本力量主要来源于两种渠道:乡村建设与民族旅游,主导方来自国家资本或民间资本。进行乡村建设的国家资本体现着国家的意志,带着为少数民族群众服务的宗旨;民间资本,看中了民族乡村的自然环境条件及独特的文化魅力等旅游资源要素,其主体诉求是空间占有与资本利益追逐,因此,资本的介入必然带着对空间主导权的诉求。

此外,游客带着异域的文化气质,潜移默化地影响着村民的文化习俗,导引着乡村文化空间走向异化的发展可能[①];外来游客的旅游服务需求,也影响着当地村民的文化生活观点与职业转换,原有的乡村社会组织关系面临瓦解的

---

① 胡潇文、王生鹏:《旅游开发中民族村落文化变迁的问题与思考》,载《开发研究》,2015年第4期,第42~45页。

可能①。

空间"永远是政治性的和策略性的"②。在民族乡村文化空间生产的过程中，行动主体之间的资本斗争比比皆是③，因此，建立文化空间的主导权制度与建议权制度，将权力关进制度的"笼子"，是正确引导民族乡村文化空间生产发展方向的保障，是顶层设计的工作内容。

(2) 文化形象建构——基于内容生产。

文化形象的建构需要从文化的根基、灵魂、持守、创新、气度五个维度展开。其中，文化的根基与灵魂是对文化本质的认知，文化的持守、创新、气度是文化形象的建构核心④。目前，国内对客体形象构建的研究与讨论主要集中在城市与旅游地两类对象上，通过城市形象建构与推广，展现城市特色资源与文化底蕴，形成独具魅力的城市品牌，提升城市的综合竞争力；通过旅游地形象建构与推广，形成容易被大众认知、接受和解读的旅游地形象标志，将大众对旅游地"真实感受"与"想象状态"交织在一起，凝练成旅游地的强大吸引力。可见，形象建构不仅仅是身份的明确与标志，更具有强大的生产力特征。对民族乡村而言，文化形象建构的意义在于：

第一，利于强化族群文化认同感。在文化全球化发展趋势下，少数民族文化的坚守易动摇、易碎片化，文化形象的建构是从本民族文化属性上界定本地域的本族文化品牌形象，利于增强文化的整体品牌效应性、文化的自信确定性。对个体而言，民族文化认同确立，民众个体才能找到文化的心灵归属；对整体而言，一旦某种民族文化认同（包括民族文化符号认同、文化身份认同、价值文化认同三个方面⑤）确立并获得大多数民众认可，就形成了较强的稳定性，得到主流文化的认同，可以不受地域空间、内部及外部环境、语言等限制而以主体性、系统性的形式独立存在（如图2-11所示）。

---

① 孙九霞、张士琴：《民族旅游社区的社会空间生产研究——以海南三亚回族旅游社区为例》，载《民族研究》，2015年第2期，第68~77页。
② 包亚明：《现代性与空间的生产》，上海教育出版社，2003年，第62页。
③ 郭凌、王志章：《乡村旅游开发与文化空间生产——基于对三圣乡红砂村的个案研究》，载《社会科学家》，2014年第4期，第83~86页。
④ 沈壮海：《中国文化形象的五个维度》，载《人民日报》，2016年2月25日，第24版。
⑤ 闫顺利、敦鹏：《中华民族文化认同的哲学反思》，载《阴山学刊》，2009年第1期，第87~90页。

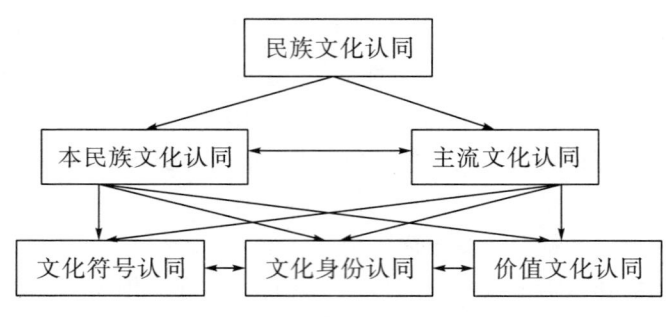

图 2—11　民族文化认同的心理层级结构

资料来源：闫顺利，敦鹏（2009）

第二，推动民族社区社会和经济发展。形象是公众对于该地域的主观印象，在社会发展的信息化进程中，形象作为区域发展的重要资源地位日益凸显，成功的文化形象构建是民族文化特色、地域文化特色的浓缩与提炼，对于推动地域的经济与社会发展将起到重要的作用。在地域形象的构建与形成、传播与扩大影响的过程中，直接经验与间接经验相互影响、共同作用，塑造地域形象。因此，在文化空间生产指引下，构建该地域的形象应立足于文化特色层面、社会经济发展层面、文化传播与发展、视觉形象等诸多因素的综合协调。很多地方能够成为旅游目的地都是来源于游客对其空间的想象①。作为旅游吸引物应具备"新、奇、特"，有利于创造"真实"与"想象"模糊的边界，进而交织在一起，形成具有"原真性""地方性""民族神秘性"等特色的文化符号，吸引外来的游客走进它、了解它，进而获得经济发展的机会。韦俊峰等（2016）②以龙胜金坑大寨红瑶梯田在旅游地空间生产中形象建构为例，论述该地经历了"稻作系统""摄影天堂""经典案例地""旅游胜地""政治高地"的文化空间形象建构过程，反映了在形象建构过程中，应突出旅游地的原生态文化作为建构和生产的基础。从某种意义上讲，社会和经济发展与文化发展是互相促进、一致协调的关系。

（3）文化格局建构——基于物质空间形态。

文化空间生产是一个时空融合的过程，文化的格局化与空间化是文化"活化"场域化的具体表现形式，体现为文化在空间上的系统结构与功能性展现。

---

① Chronis A：Between Place and Story，Gettysburg as Tourism Imaginary. Annals of Tourism Research，2012.

② 韦俊峰、吴忠军：《"隐性介体"视野下的旅游地空间生产与形象建构话语——以龙胜金坑大寨红瑶梯田为例》，载《人文地理》，2015年第6期，第153~159页。

文化空间格局与文化空间功能是互相支撑与互动关系[①]。文化的感知与体验依托文化空间系统的展示，从系统构成的角度对文化空间格局构成进行分析，包括对空间结构的形成、空间尺度的限定、空间功能的明确和核心场域空间的凝聚等。

第一，文化空间结构。

事物的结构性描述是对该事物构成的整体解析。对民族乡村文化空间这个复合性文化系统而言，从结构的层面进行空间形态的合理分布与结构性描述，具有明确的点、线、面、域关系，利于文化格局及构成形态物质化的有序展开。同时，合理的空间结构建构，能厘清复合文化系统的构成关系，形成逻辑性较强的文化体验观感。结合民族乡村文化的特征，具有历史意义的文化遗存利于保护措施的开展；民族文化的创造性转化利于分区设置；不同文化类别的民族文化，能够形成独立的线路展示……因此，清晰的文化空间结构能够从不同的空间形态角度形成文化空间的有序再生产。

第二，文化空间尺度。

尺度是界定空间大小的唯一标准。民族乡村的尺度衡量首先是基于乡村的尺度，有别于现代性尺度关系，而文化的保护与传承尺度是以人的观感体验为标准。因此，基于空间形态的文化空间尺度应重点考虑乡村的基本特性、文化体验的感受尺度。

在各方资本的博弈过程中，空间再生产也在不断发生。诸多发生在民族乡村的案例表明，对空间尺度的需求缺乏控制的时候，乡村边界蔓延，大量人群涌入乡村，导致乡村空间失去文化承载或文化体验变异。

第三，文化空间功能。

一定文化空间功能的形成既依赖于当下的文化再生产行为去创造，也需要从时间的演进中获得支持和培育[②]。文化的空间化使文化具有满足社会对文化体验、感知、学习等多种需求的社会化功能、文化技艺及产业的生产性功能、文化传播性功能等类型，赋予不同的空间以不同的功能适应文化空间生产中的空间涌现性，增强文化空间的适应性。此外，明晰功能性特征，对于丰富和完善民族乡村的文化空间类型，丰富乡村文化生活提供了功能性视角。

第四，核心场域空间。

场域是一个具有空间凝聚力的聚集性公共场所（空间）概念，是民族文化

---

① 李星明、朱媛媛、胡娟、时朋飞、LIU Juanita C：《旅游地文化空间及其演化机理》，载《经济地理》，2015年第5期，第174~179页。

② 苗伟：《文化时间与文化空间：文化环境的本体论维度》，载《思想战线》，2010年第1期，第101~106页。

集中展示和"活化"的核心空间。乡村公共空间是乡村的核心场域空间，是乡村群众形成集体乡土记忆的载体和场所，乡土记忆则是村落公共空间的重要精神内核①。民族旅游开发中的乡村核心场域也是游客的集散地和民族文化体验中心地。姜敏（2015）②依据村落公共空间的尺度及影响范围，将其划分为乡村级（a）、社组级（b）、院落级（c）三个层次（如图2-12所示）。

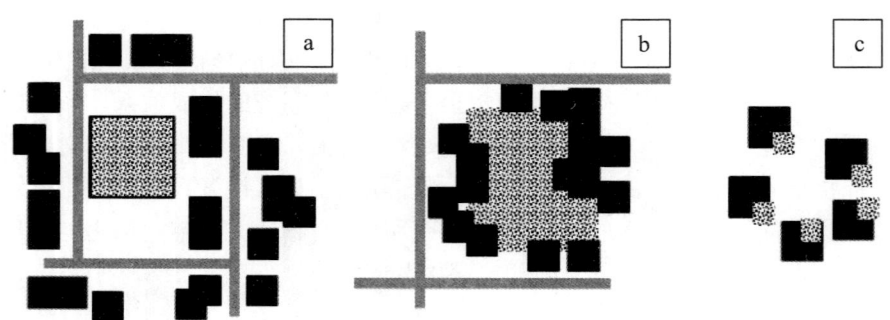

图2-12 村落公共空间的三个层次

资料来源：姜敏（2015）

乡村的公共空间是村民的日常活动与交谈、聚集的场所，应当对村落中的原有的公共活动空间增强文化记忆，从改善村落人居环境、"活化"文化记忆与植入的角度，对村落的公共活动及公共空间进行分类，营造具有不同功能类型、层次等级、形态各异的公共空间内容与层次，以及多样化的公共活动空间场所。

（4）文化符号生产——基于文化转化。

符号是社会所接受的、以集体习惯和约定俗成为基础的文化表达手段③。设计界将符号学引入产品设计，体现了符号传递信息的中介功能及形象简化、认知事物的便捷方式。"能指"是指其符号的具体形式，"所指"则是其象征意义（如图2-13所示）。对于文化符号生产而言，能指是指文化的源泉，是进行文化符号生产的基础资料，民族乡村的民族乡村文化遗产、文化资源是进行文化符号生产与创作的基本素材。

---

① 庞娟：《城镇化进程中乡土记忆与村落公共空间建构——以广西壮族村落为例》，载《贵州民族研究》，2016年第7期，第60~63页。
② 姜敏：《自组织理论视野下当代村落公共空间导控研究》，湖南大学博士学位论文，2015年。
③ 夏金兰：《对索绪尔符号学的几点认识》，载《贵州工业大学学报（社会科学版）》，2008年第2期，第137~139页。

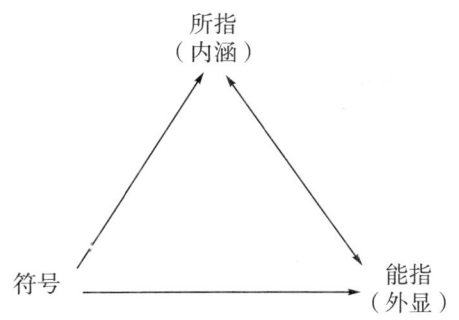

图 2-13 符号理论的"索绪尔三项式"

资料来源:夏金兰(2008)

从文化符号的功能意义上看,民族乡村文化符号作为民族文化与乡土文化的典型特征,应集中反映为民族话语型、乡土依恋型文化符号。民族乡村文化符号的能指与所指的构成要素见表 2-3。

表 2-3 民族乡村文化符号的能指、所指构成要素

类别	子项	文化渊源	能指	所指	符号类型
民族乡村文化符号体系	民族话语型	民族起源	口述传说、典籍记载、遗址遗迹	神话故事、小说诗歌、物质或非物质遗产等	图像符号
		民族纪念性人和事	口述传说、典籍记载	历史故事、小说诗歌、雕塑、歌舞叙事	
		民族习俗、宗教	民间世代流传、庙宇	民族歌舞剧、电视剧、文化景观情景展示	
		民族图腾崇拜	民间流传、典籍记载、民间遗存	绘画、雕塑	指示符号
		民族歌舞节庆	庙会、赶集等,歌舞仪式、民族节日	活动仪式、民族歌舞	
		民族住屋	遗址遗迹、民居建筑	文化遗产、民居更新	象征符号
	乡土依恋型	环境依恋	气候地理环境、生产生活环境	生态环境保育	图像符号
		群体依恋	族群共生、熟人社会	族群文化变迁	
		人文依恋	文化认同、唤起乡愁	文化认同,坚守乡愁符号记忆	
		场景依恋	场景记忆	场景的记忆性修复,文化景观节点	象征符号

(5) 文化媒介生产——基于文化传播。

文化的媒介是指使文化得以客观呈现的物质载体,如绘画作品、文学出版物、艺术作品、文化景观符号等文化物质载体。作为一种文化传播工具、载体或方式,文化媒介本身既是文化产品,也是文化展品,按表现手法,可以将文化媒介分为传统形态的文化媒介、信息时代的文化媒介。

传统形态的文化媒介形式有文字、书籍、报刊、绘画等。文化空间生产中的文化媒介生产已经成为文化及文化空间得以传播、传承的重要途径,网络技术及虚拟技术的发达已经创造了一种独特的文化空间形态,如QQ空间、微信空间、微博空间等数据空间带来的文化空间再生产,使文化在生产、传承、传播中已经超越了传统的物质空间和精神空间范畴,引起了人文社会科学领域的广泛关注[①]。

信息时代的文化媒介形式有电视剧、电影、文化演出等。

2.2.3.3 民族乡村文化空间生产研究内容

民族乡村文化空间生产研究包括民族乡村文化空间实践、民族乡村文化空间表征和民族乡村文化表征的空间三个方面的内容,如图2-14所示。

---

① 伍乐平、张晓萍:《国内外"文化空间"研究的多维视角》,载《西南民族大学学报(人文社会科学版)》,2016年第3期,第7~12页。

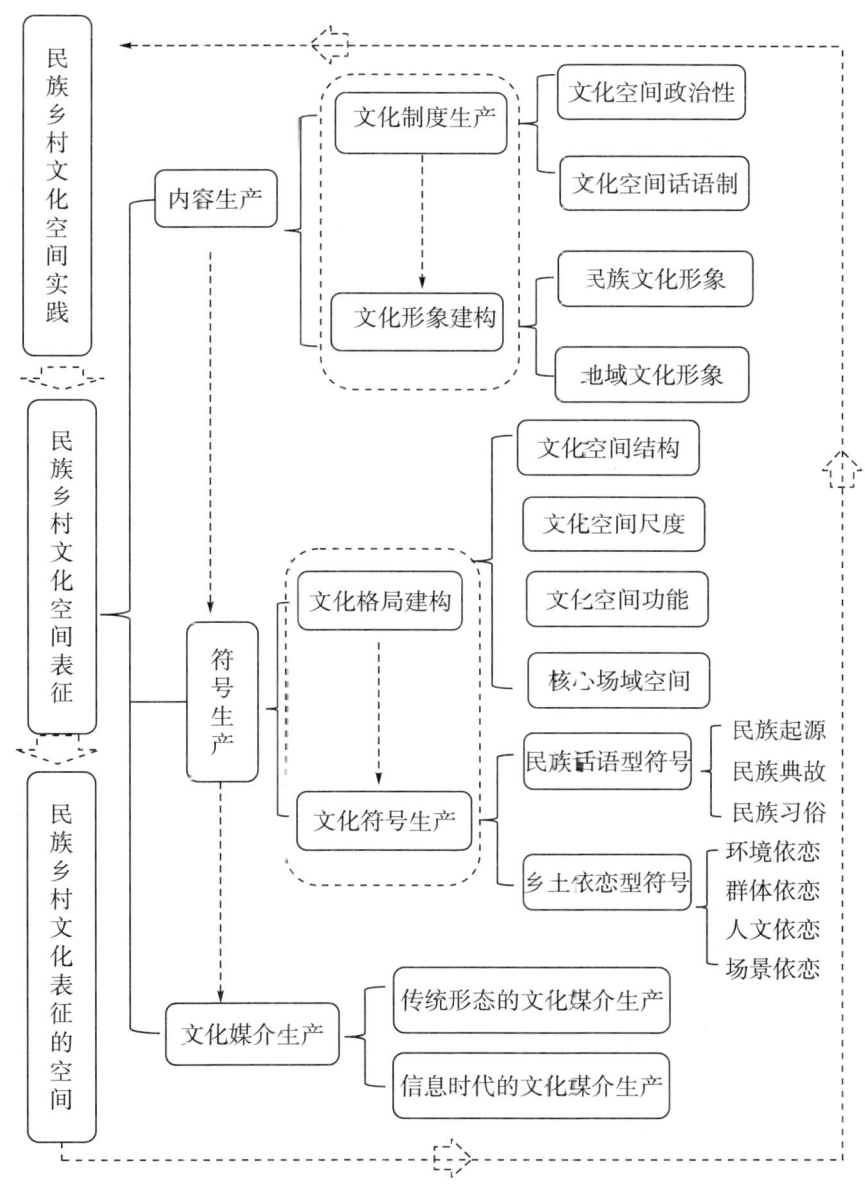

图 2-14 民族乡村文化空间生产研究图

本章小结

本章主要通过国内外文化空间生产、国内外民族乡村研究两方面的文献综述，完成对国内外相关民族乡村文化空间的研究成果梳理；通过对民族乡村文化、民族乡村文化空间等概念辨析，界定民族乡村文化空间生产的内涵、外延、研究层次与框架。

通过文献综述发现，国外关于文化空间生产的研究内容主要包括文化空间生产过程与机制、文化空间生产效应研究两方面，研究对象主要为城市区域范围；国内将文化空间研究在应用研究领域、空间属性上区分为乡村文化空间研究、都市文化空间研究、旅游地文化空间研究三个方面。

民族乡村文化空间生产是民族、乡村、文化空间生产三个词语的组合，为明晰民族乡村文化空间生产的内涵、外延，界定其研究内容、层次与方法，本章第二节进行了民族乡村文化、民族乡村文化空间、文化生产的概念辨析与耦合，建立民族乡村文化空间生产研究框架，明确提出结合空间生产理论的三元辩证法与"时间—空间"关系，将民族乡村文化空间生产研究的三个维度划分为民族乡村文化空间实践、民族乡村文化空间表征、民族乡村文化表征的空间；通过空间生产理论与文化生产的研究内容耦合，明确民族乡村文化空间生产研究的层次及内容：文化制度生产、文化形象建构、文化格局建构、文化符号生产、文化媒介生产。

3　理论基础

本书研究的理论基础由如下三个部分构成：一是时—空互证：空间生产理论及文化空间生产；二是关怀与唤醒：从乡土中国走向新乡土中国；三是和而不同：生态博物馆与民族旅游。

《北京宪章》[①] 明确指出：20世纪是一个"大发展"和"大破坏"的时代，人类对于文化遗产的破坏已经危及人类自身的生存，"建设性破坏"屡见不鲜，并展望了21世纪的世界——"大转折的世纪"。21世纪，人类将处于一个变化更为剧烈的时代，全球化和多样化将成为时代的主旋律。在这样一个剧烈变革的时代，全球化发展将给民族乡村文化带来多维度、多层次的影响，多样化发展趋势为民族乡村文化赢得了一定的保护和发展的空间。总的来说，民族乡村文化的发展与演变是不可避免的大趋势，深入理解民族乡村文化所处的"时—空"背景，是对其发展与演变的认知。

民族乡村文化空间是根植于民族地区、乡村社区，以乡土文化为土壤培育出来的文化空间类型。因此，对民族乡村文化空间生产的研究，应建立"时间—空间"维度下的空间生产理论来分析民族乡村文化空间生产与演变，以乡土中国理论为文化背景认识、时代背景认识的理论基础，以我国民族地区乡村已经有过实践经验的生态博物馆理论及项目实施为实践案例和理论借鉴。

---

① 吴良镛：《国际建协"北京宪章"》，载《建筑学报》，1999年第6期，第4~6页。

3.1 时—空互证：空间生产理论及文化空间生产

3.1.1 空间的认识发展历程

3.1.1.1 朴素的物质空间观

无论中外，早期人们对空间的理解是来源于直观经验的认识、依托自然知识而进行的概括，缺乏一定的理论论证与逻辑体系建构，具有直观、朴素的性质。因此，本书将人们早期对空间的认知理解为朴素的空间观认知。

（1）空间的形态与边界意义。早在殷周时期，我国就产生了对国土空间的理想空间秩序，形成了以帝都为中心，向外围扩散的具有亲疏关系的统治范围，如中心统治区、诸侯统治区、绥抚地区、边远地区、蛮荒地区的空间秩序建构（如图3-1所示）①。

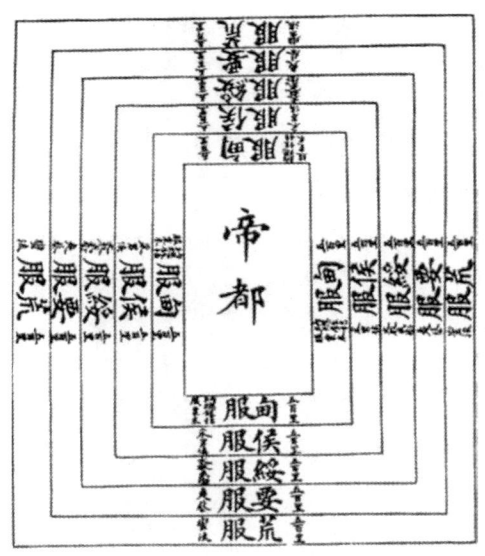

图3-1 《书经图说》五服图

（2）空间的实际功用意义。《道德经》中记录："埏埴以为器，当其无，有

---

① 《尚书·禹贡》："五百里甸服：百里赋纳总，二百里纳铚，三百里纳秸服，四百里粟，五百里米。五百里侯服：百里采，二百里男邦，三百里诸侯。五百里绥服：三百里揆文教，二百里奋武卫。五百里要服：三百里夷，二百里蔡。五百里荒服：三百里蛮，二百里流。"

器之用。凿户牖以为室，当其无，有室之用。故有之以为利，无之以为用。"从辩证的角度看，具有对空间从具体到抽象、从感性认识到理性认识的进步。

（3）空间的具体形态描述。亚里士多德在《物理学》中写道：空间有长、宽、高三维，"是事物的直接包围者，而又不是该事物的部分"；空间是"像容器之类的东西"。欧几里得在空间的三维度量基础上，形成了分析三维物体的"立体几何"抽象数学空间。

可见，朴素的空间观更多的是人们对形成的或建构中的"场所"或场所中"秩序"的认识，是从实际物体的观察思考中产生并发展形成的，具有初步的"物质空间"属性。

3.1.1.2 形而上学的空间观

牛顿提出了"绝对空间"和"相对空间"概念。其中，绝对空间是指与外界处于绝对隔离、绝对静止状态下的空间；相对空间是从属于绝对空间，是绝对空间中的可动部分。然而，在辩证法观点看来，世界上没有绝对孤立、静止的事物（包括时间和空间）。这种用孤立的、片面的、静止的观点分析问题，是形而上学空间观的典型表现。

无论是朴素的物质空间观、形而上学的空间观，都造成了空间的理论实践与社会实践的分离，割裂了精神空间与物质空间之间的关系，对空间的理论认识与研究的推动形成了阻碍[①]。

3.1.2 列斐伏尔的空间生产理论：社会学的空间转向

伴随着科学技术的发展与经济社会的进步，现代社会的问题与争议随之产生，思想家们力图对已有的思想观念进行解构，追求体现后现代主义思想特征的多样性、主观性、暂存性、相对性。后现代思想家们在对社会、文化变迁的探索中，引发了在时间和空间上寻求出路的探索，这被视为后现代主义思想在地理学中的探索起源。由此，对社会理论的批判转变成为强调空间及空间化思想的起源[②]。

在社会理论的传统中给时间和历史赋予了优先性，时间是丰富、多产、生

---

① 张品：《空间生产理论研究述评》，载《社科纵横》，2012年第8期，第82~84页。
② 买买提江、吴楚之：《浅谈"后现代地理学"》，载《中山大学研究生学刊（自然科学、医学版）》，2006年第4期，第37~44页。

命、辩证的，空间是死寂、固定、非辩证的[①]。因此，后现代主义为了对抗这一传统，特别强调"空间"的重要性，重视研究某一问题在特定时间与特定地点的独特性[②]。传统空间研究造成了真实空间与精神空间的断裂、实践性在空间研究中的缺失、空间的唯物主义与唯心主义理解忽视了社会空间的显现。

1974年，亨利·列斐伏尔提出了"空间生产"这一概念，开启了社会批判理论的新方向，即地理学转向，把空间维度带回社会批判理论，从空间视角重新审视社会。列斐伏尔的"空间的生产理论"作为一种新的理论视角，被越来越多的学者认同、追随并发展其思想理论。21世纪初，在西方国家激烈的社会空间科学研究进展面前，我国以包亚明等为代表的学者开始向国内学术界翻译介绍空间生产理论[③][④]，引起了国内诸多学者的关注，产生了理论引入的高潮[⑤]。学者结合我国经济社会、城市空间的演变和发展进行了案例研究，集中在新型城镇化、空间批判、创新研究、传统村落、古镇及社区空间等方面[⑥]。

3.1.2.1　空间的本质认识

列斐伏尔在《空间的生产》的第一章"当前工作的计划"中一开始就提出并试图回答"空间的实质"的问题[⑦]。列斐伏尔认为，"尽管有人认为西方的哲学和空间科学中的诸多理论已经过时，但是由于它们在西方'逻各斯'演进中的重要地位，使得我们在研究空间的问题时还不得不涉及这些理论，因而对空间的研究首先应从人类对空间的认知历史开始"。"并不是只有以时间解放为主题的历史神学，空间本身积极地参与了整个商品的生产过程，同时，更重要地也参与了历史进程"。列斐伏尔认为，空间是人类历史生产的产物，带着政

[①] E W Soja，Postmodern Geographies：The Reassertion of Space in Critical Social Theory. London：Verso Books，1989.

[②] 唐晓峰、李平：《文化转向与后现代主义地理学——约翰斯顿〈地理学与地理学家〉新版第八章述要》，载《人文地理》，2000年第1期，第79~80页。

[③] Li Z：Migration and Privatization of Space and Power in Late Socialist China. American Ethnologist，2001.

[④] 包亚明：《现代性与空间的生产》，上海教育出版社，2003年。

[⑤] 张子凯（2007）、叶超（2011）、李斌（2014）、侯金钊（2015）、贾斐（2012）、刘先颖（2012）、路程（2014）、李亚男（2014）、王逸潇（2016）等对列斐伏尔的空间生产理论进行了理论述评。

[⑥] 阮梦乔（2012）、彭恺（2013）、施雯（2014）、魏冀明（2014）、花家涛（2014）、刘燕菁（2015）、沙彦奋（2015）、郭文（2015）。

[⑦] Lefebvre，H：The Production of Space. Trans. Donald Nicholson Smith. Oxford：Blackwell Ltd.，1991.

治意图和目的,(社会)空间是(社会的)产物和生产过程[①]。空间具有社会学的意义,同时也承载了社会生产关系、生产模式,并在特定的生产关系中生产出自身的独特的空间。对后现代主义思想家们关于空间的概念界定可以深入理解空间的内涵及外延,空间是社会的产物和生产过程。因此,每一个社会制度指导下的生产模式导致生成了不同的空间形态,具有可变的多样性;空间反映了主导生产关系的阶级意志,空间具有主观性;在生产力的发展过程中,生产关系随之发生改变,空间具有暂存性与相对性。在社会制度、生产模式、生产关系等社会因素的影响下,所生成的空间就不仅是物质意义上的空间,而且具有丰富的社会内涵,空间的社会性特征由此呈现(如图3-2所示)。

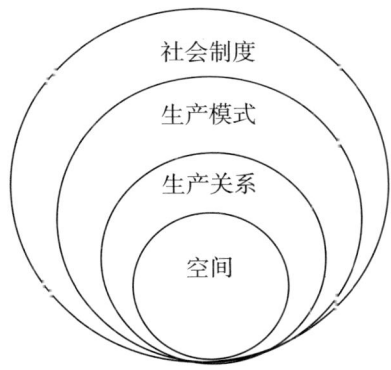

图3-2 空间的社会性特征形成模式

3.1.2.2 空间的三重性

列斐伏尔在《空间的生产》中,明确地划分出了空间的三个层次。[②]

(1) 空间的实践。

空间的实践属于可被感知的社会空间维度,担负着社会构成物的生产和再生产职能,是那些得以隐匿某个特定的、能引发和促进物质表述和社会再生产的社会空间的行动。空间实践是有特定印痕或铭文的常规活动,这些活动的表述与地方性概念拥有诸多相似性。

(2) 空间的表征。

空间的表征属于可被构想的社会空间的维度,是生产关系及其秩序的层

---

① 列斐伏尔(著),王志弘(译):《空间:社会产物与使用价值》,参见包亚明:《现代性与空间的生产》,上海教育出版社,2003年,第48页。
② Lefebvre, H: The Production of Space. Trans Donald Nicholson Smith. Oxford: Blackwell Ltd., 1991, p.33.

面,与维护统治者各种利益的知识、意识形态和权力关系联系在一起。例如,开发商、各类规划者及学术专家将空间指示为现象或体验的,往往通过符号、规划、蓝图或符码等形式表达出来。

(3) 表征的空间。

表征的空间属于一种可直接经历的空间维度,与现象和感知空间清晰关联。表征空间指向使用者在日常意义和地方知识中的生产及占用,是居民和使用者的空间,处于被支配和消极的主体地位。

在对空间的本质把握基础上,亨利·列斐伏尔将不同的空间类型及其生产样式统一到一个实际的空间生产过程中①(如图3-3所示)。

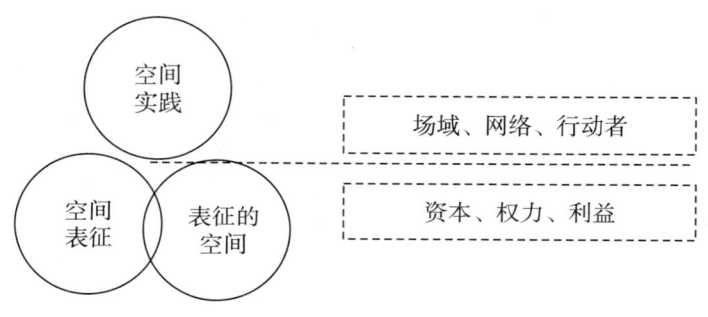

图3-3 空间生产三元一体社会理论框架

社会学的空间转向不仅给我们提供了分析当代社会空间发展的理论基础,而且向我们贡献了一种分析的方法论体系。空间生产理论的提出,将时间、空间、场所、社会等作为分析社会发展的主要因素,体现了空间的社会实践意义。空间既是生产的工具,也是消费的工具;既是统治的工具,也是反抗的工具。我国民族乡村正处在经济社会的转型期,空间生产思想为我们分析和研究当代民族乡村社会经济发展变迁提供了一个崭新的视角。

3.1.3 "三元空间辩证法"的"三元"关系之辩

关于"空间实践、空间表征、表征的空间"三元之间的辩证关系,列斐伏尔在文中提出"空间实践(我们的知觉)、空间的再现(我们的概念)以及表象性空间(生活空间)。每一方都各尽所能,在不同程度上有助于空间生

---

① 郭文:《"空间的生产"内涵、逻辑体系及对中国新型城镇化实践的思考》,载《经济地理》,2014年第6期,第33~39页。

产"①，三者之间具有辩证特性，但未对其辩证关系进行深入论述。自空间的生产概念及理论引起英语世界、法语世界哲学、社会学等学界极大关注之后，空间生产的三元辩证关系与三元在空间生产的过程之间的关系成为诸多学者对空间生产内涵的研究争议点。国内外诸多学者对空间生产的三元辩证关系（空间实践、空间表征、表征的空间）的内涵进行了诸多层面的理论解释，具有代表性的论断有：施米德（2008）②批判性地指出，列斐伏尔的空间三元辩证法实际上被许多研究者与运用者们误解。刘怀玉（2014）③指出：《空间的生产》中最具有原创性的、也最具有争议的问题是三元辩证法。

因此，本书以空间生产理论为视角进行分析和研究民族乡村文化空间生产及其演变，为深入理解空间生产三元在空间生产过程中的表现、作用和意义，有必要分析与辨别前人对空间生产三元辩证关系的研究成果。

3.1.3.1 三元并列关系

并列关系是一种形式逻辑，同为并列关系的要素之间呈并列状态，它们之间只有前后之分，而无主次之分。在对空间生产三元辩证关系的理解中，部分学者认为空间实践、空间表征、表征的空间三元之间是三元并列关系。爱德华·苏贾从后现代地理学的研究视角将三元辩证法解释为自然、精神、社会三种独立的空间，并直接把社会空间界定为第三空间。施米德（2008）④认为，必须把空间辩证法的三项理解为同时存在的、地位平等的关系，必须将其理解为永远不会终止的、持续不断的生产性的空间、时间的存在与过程。韩勇等（2016）⑤认为，三元之间是有区别的，没有任何一个概念优先于其他二者，本质上是"社会—空间"辩证统一的具体体现，存在共时性、兼容性，在实证研究中可相互融合。

从上述学者对空间生产三元之间辩证关系的理解看，较为明确地提出了三元在空间生产中同时存在、地位平等，共同作用于空间生产的理念。然而，列斐伏尔认为："如果空间有一段历史，空间若具有依据时代、社会、生产模式

---

① 包亚明：《现代性与空间的生产》，上海教育出版社，2003年，第87页。

② Schmid C: Henri Lefebvre's Theory of the Production of Space, Difference, Everyday Life Reading Henri Lefebvre, 2008.

③ 刘怀玉：《"空间的生产"若干问题研究》，载《哲学动态》，2014年第11期，第18~28页。

④ Schmid C. Henri Lefebvre's Theory of the Production of Space, Difference, Everyday Life: Reading Henri Lefebvre, 2008.

⑤ 韩勇、余斌、朱媛媛、卢燕、王明杰：《英美国家关于列斐伏尔空间生产理论的新近研究进展及启示》，载《经济地理》，2016年第7期，第19~26页。

与关系而定的特殊性,那么就会有一种资本主义的空间,亦即有布尔乔亚阶级所管理支配之社会的空间。"[①] 在这里,列斐伏尔认可了"时间—空间"的互证,以及在时间的跨度下,空间的性质与形态出现的变化。基于此,本书认为,空间辩证三元在并列关系之外,尚存在空间演进过程中的递升关系(从资本主义空间到社会主义空间)。

3.1.3.2 三元递升关系

递升关系是指事物之间是步步推进的逻辑关系,是按照由小到大、由轻到重、由少到多、由近到远、由浅到深、由低到高等顺序排列的,具有层次关系与递进关系。在对空间生产三元辩证关系的理解中,有学者认为列斐伏尔所描述的三元之间存在着递升关系:张子凯(2007)[②] 对空间生产三元辩证法进行了解析,认为:他(列斐伏尔)把自己的辩证法概括为"回溯式进步",从"空间的实践"到"表征的空间",并不是黑格尔目的论式的线性进步,也不是同质性的"自我否定之否定","而是目前最发达的现实当作出发点,而'回溯性的重建'自己过去和历史的过程"。赵海月等(2012)[③] 认为,真正的空间知识应该是空间的实践、空间的表征和再现性空间相互连接起来,使得任何社会个体在各种空间之间保持清醒并游刃有余。郭文(2014)[④] 认为,"空间的实践""空间的表征""表征的空间"三者根据自身不同条件在不同程度上作用于空间的生产,从一种生产方式过渡到另一种生产方式,伴随新空间的生产。

"目前最发达的现实"指的是在层次及内涵上所建构的最能体现时代进步的(社会)空间关系,以此为起点,体现的是发展过程中由低到高的递升关系。在"时间—空间"维度中,通过时间的延展、空间的建构,体现了空间生产三元递升关系(如图3-4所示),具有如下特征:

[①] 包亚明:《现代性与空间的生产》,上海教育出版社,2003年,第49页。

[②] 张子凯:《列斐伏尔〈空间的生产〉述评》,载《江苏大学学报(社会科学版)》,2007年第5期,第10~14页。

[③] 赵海月、赫曦滢:《列斐伏尔"空间三元辩证法"的辨识与建构》,载《吉林大学社会科学学报》,2012年第2期,第22~27页。

[④] 郭文:《"空间的生产"内涵、逻辑体系及对中国新型城镇化实践的思考》,载《经济地理》,2014年第6期,第33~39页。

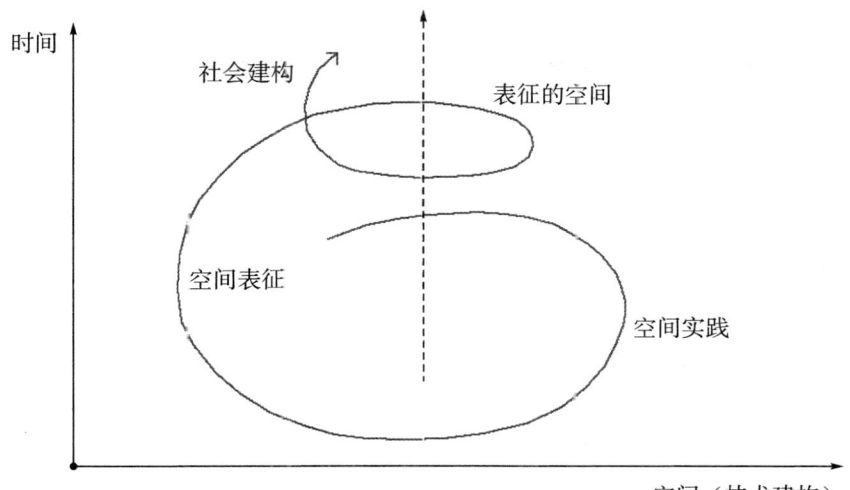

图 3-4　空间生产三元辩证的递升关系

①空间生产过程特征：递升关系侧重于描述三元之间具有顺承或递进的关系，三元之间是步步推进的发展关系，环环紧扣、层次分明。在三元层递关系中，空间的生产过程一直在持续发生，没有起点，也没有终点，是一项伴随着时间的纵向延展而展开的活动。

②三元关系特征：在三元递升关系中，空间实践对应于某一空间生产过程中的起始节点状态，具有可以被直接描述的物质空间状态；空间表征是空间生产过程中影响空间改变的重要过程，对应于诸多生产者对改造空间、重构空间的概念性设想及物化过程；表征的空间是属于使用者的空间，既具有物质空间的属性，又具有使用者反馈使用状况的社会空间属性。因此，从时间序列与事件发生序列关系上看，空间生产三元递升关系对应于空间生产的"时间—空间"转换是合理的解释。

③三元递升关系效应特征：参考对事件效应的评价，有正效应与负效应之分。较为明显的伴随空间生产过程产生的正效应是物质空间方面，随着社会经济的发展，人们的生活水平不断提高，在空间生产过程中，物质空间随着人们的审美要求、空间舒适度要求等（空间表征的结果）也在不断发展与提升，因此，通常情况下，物质空间呈现出明显正效应。伴随着空间生产的过程，在技术建构空间的同时，社会空间得以提升和发展。然而，对于精神空间的效应，有时呈现正效应，有时呈现负效应。如目前我国实施的旧城改造，旧城改造工程行为提升了物质空间的环境与品质，然而，不可避免地影响了城市的历史文

脉与居民之间的公平与公正等行为。因此，在三元递升关系中，将空间三元结合空间生产过程与案例进行分析、研究，尽量避免其负效应，发挥其正效应，在空间生产过程中对空间的生产形成持续的更新行为。

3.2 关怀与唤醒：从乡土中国走向新乡土中国

《乡土中国》一书对我国传统乡村社会的本质特征、运行机制、村落结构、文化内涵等方面做了深刻、全面、细致的研究，是我们认识和理解中国传统农村社会的最为重要的视角之一[①]，是对我国传统乡村及文化根基的认知与评价[②]。在某种意义上乡土中国是体现我国传统文化的符号[③]。费孝通先生描述了我国传统的乡村图景，同时也展现了对乡村的关怀与期盼。本书在空间视野下研究民族乡村文化空间生产及演变，重点触及民族乡村的文化本底关怀：乡土本色与乡愁人文两个方面。

3.2.1 民族乡村文化本底关怀：乡土本色与乡愁人文

费孝通先生在《乡土中国》中开篇即指出："从基层上看去，中国社会是乡土性的。"[④] 解析"乡土"一词："乡"可以衍生为"乡村、家乡、故乡、乡下"等词，是一个具有地理空间含义的词语；"土"可以衍生为"泥土、黄土、土地、土壤、土里土气"等词，是一个社会学概念的词语，兼有身份意义与形象意义。对国人而言，"乡土"一词总是让人唤起遥远的思绪，超越时空的记忆，触及一份踏实、厚重与安稳的情愫。

本书认为，费孝通先生对中国乡村的理解可以体现为两个方面：一方面对乡村乡土本色的认知与人文关怀，另一方面对乡村中乡愁的人文关怀。乡土性最为凸显的特征之一是人们在较长的时间段内均以安守故土的生活方式来维持乡土本色，是"原乡"产生的根本原因。从空间构成上看，乡村聚落之间的点轴化构成是乡村文化相对独立性的重要原因。

---

① 陆益龙：《乡土中国的转型与后乡土性特征的形成》，载《人文杂志》，2010年第5期，第161~168页。

② 徐新建：《"乡土中国"的文化困境——关于"乡土传统"的百年论说》，载《中南民族大学学报（人文社会科学版）》，2006年第4期，第5~10页。

③ 徐榕：《乡土中国与新乡土中国之比较》，载《宁夏师范学院学报》，2008年第2期，第158~160页。

④ 费孝通：《乡土中国》，北京大学出版社，1998年，第1页。

3.2.1.1 乡土本色的人文关怀

(1) 文字下乡中的文化隐忧。

乡村中的交流方式是基于熟人社会的"面对面的交流",是在彼此熟悉、长期信任、村规民俗等约束框架下的交流。因此,村民之间的交流采用的是特殊语言方式:非文字性的,可以用来传情达意的语言,如表情、肢体语言、行话等,是乡村文化的独特体现。然而,文字是现代性的工具,乡村文化的代际传承与乡村文化遗产的保护手段毕竟不能依靠口传心授,文字下乡仅仅是乡村走向现代文明的第一步。

以民族乡村非物质文化遗产保护为例,绝大部分非物质文化遗产传承缺少"白纸黑字"的文字描述,这是个非常危险的现象。一旦文化传承人离世或老去,"非遗"的代际传承就断绝了。

(2) 熟人制度与差序格局下的文化表征机制。

费孝通先生认为"乡土社会是因为在一起生长而发生的社会",是"有机的团结"。村民们彼此都是熟人,为了生活被土地所围,成了像植物在泥土中生根发芽一样依赖于泥土生活的人,生活在乡村中的人们,从容地熟悉着基于经验的乡土社会运转模式。这就是"土"气的一种特色。

在这样有机的、基于经验的乡土社会环境中培育的乡村文化遗产自然也就附着了"有机"与"经验"的意识形态,乡村事务的决策往往是在熟人制度、差序格局的影响下完成的(如图3-5所示)。在经年的乡村社会事务决策中,由乡村行政组织(当然,行政组织的首脑也是由本地村民精英组成)、长老及望族、乡村精英及村民公共决策形成,往往前三方是决策的主导力量。乡村空间及乡村文化空间的生成与营造就在这样的格局下逐步形成、发展。

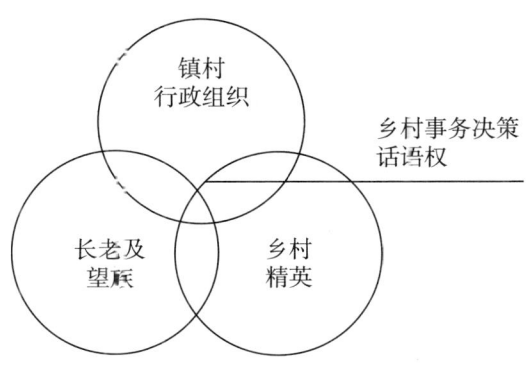

图3-5 乡村事务表征机制

伴随着乡村文明进程的加快，乡村力量重组，其决策机制将随之改变。在这样的冲突过程中，乡村社会组织也将发生明显的变化。

（3）乡村空间点轴分隔化、碎片化。

传统农耕社会中，生产力水平低下，农业经济是乡村的主要经济支柱。乡村的规模较小，乡村之间以及乡村内部的聚落之间以点状分布为主，乡村空间结构为"核心—外围"的空间结构。村民的活动范围围绕着土地展开，有地域上的限制，在区域间接触少，生产、生活相对隔离，村与村之间保持着相对孤立的社会圈子。在经年的较为封闭的生活模式中，乡村形成了以土地为核心、以乡道为链接通道、以周边集镇为活动半径的社会经济模式，"点—轴"式空间结构逐步形成（如图3-6所示）①，完成生产、消费、交换等日常活动。因此，其文化的影响半径较小，村与村之间的文化也表现为具有明显的碎片化特征，呈现出"十里不同风，百里不同俗"的文化现象。

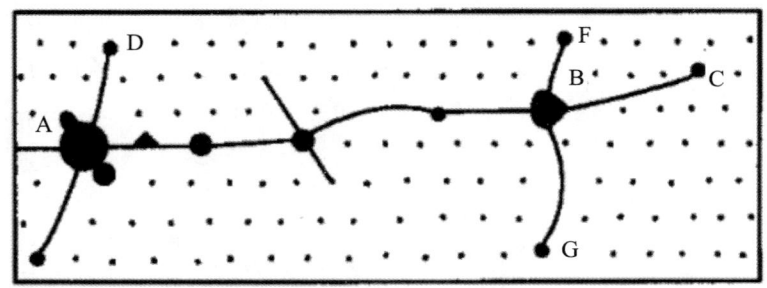

图3-6 "点-轴"空间结构系统的形成过程

3.2.1.2 乡愁的人文关怀

费孝通先生以中国人在异乡根深蒂固的行为方式形象地界定了表达乡愁的特殊方式：

"直接靠农业来谋生的人是粘着在土地上的。"

"乡土社会是一个生活很安定的社会。"

"土字的基本意义是指泥土……远在西伯利亚，中国人住下来，不管天气如何，还是要下些种子，试试看能不能种地。——这样说来，我们的民族确是和泥土分不开的了"②。

这是国人一致的行为习惯，国人的骨子里是不喜欢流动性的，即使是流动

---

① 陆大道：《区域发展及其空间结构》，科学出版社，1995年。
② 费孝通：《乡土中国》，北京大学出版社，1998年。

或迁徙的情况发生,也是带着原来的乡村文化一起流动,它既是一种文化行为,更是一种社会学行为。当代诗人余光中在诗歌《乡愁》中这样阐述着对祖国、故乡的眷恋之情:

> 小时候,乡愁是一枚小小的邮票,
> 我在这头,母亲在那头。
> 长大后,乡愁是一张窄窄的船票,
> 我在这头,新娘在那头。
> 后来啊,乡愁是一方矮矮的坟墓,
> 我在外头,母亲在里头。
> 而现在,乡愁是一湾浅浅的海峡,
> 我在这头,大陆在那头。

如今,"乡愁"已不仅仅是少部分异乡游子的情感表达,在我国从农业社会进入工业化社会、信息化社会的建设进程中,"乡愁"已经作为一种国家及民族文化情感的根基、一个敏感动人的时代热词,进入政府工作报告、大众话题、学术研究范畴①。李蕾蕾(2015)② 提出,"乡愁"构成的四大要素为故乡地理、童年历史、公共生活和情感记忆等(如图3-7所示)。从文化空间的角度理解,乡愁是包括时间、空间、场所与文化认同的一种后现代文化地理学概念。

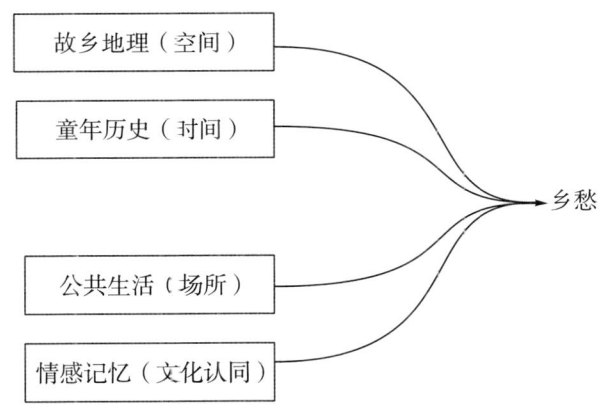

图3-7 "乡愁"的四大要素

资料来源:根据李蕾蕾(2015)阐述绘制。

---

① 2013年12月,中央城镇化工作会议明确提出:望得见山、看得见水、记得住乡愁。
② 李蕾蕾:《"乡愁"的理论化与乡土中国和城市中国的文化遗产保护》,载《北京联合大学学报(人文社会科学版)》,2015年第4期,第51~57页。

(1) 乡愁与故乡地理（空间）。乡愁的思念对象是有明确的地理空间界定的，具有"地方性"的特征，乡愁的情感根基也必须落实在具体的事物上，如对故乡空间的想象：一山一水、一草一木、一房一院、一人一狗等，是极其细腻的情感特征。从大卫·哈维等关于"希望的空间"的描述中，可以看出，乡愁的文化空间实际上属于一种差异化的空间，这种文化空间不能被其他的政治化、资本化的空间所取代，有其独特的空间场所及文化环境。

(2) 乡愁与童年历史（时间）。从乡愁产生的主体与客体分析，乡愁产生的主体往往是年纪较大的人群，而产生情感的对象也通常是其生活过的场所，曾经的光阴流逝引起了对过往的怀念之情。因此，乡愁具有时间的跨度，本质上是某种不可倒流的绝对时间意义上的地理历史。

(3) 乡愁与公共生活（场所）。人是社会性的动物，群体记忆是社会性的体现。公共空间承载了乡村的群体活动场景，赋予了曾经的情感与经历，包括对人与事的记忆，公共生活空间也就具有情感空间的含义。以清代的"湖广填四川"时期进入四川成都周边龙泉驿区、青白江区等地的客家人为例，他们选择了山区丘陵地带绵延生息达三百余年，形成了典型的客家移民文化、耕读文化、村域文化和山地文化，至今仍保留着客家的方言、饮食习惯和独特的民居建筑风格等，形成了独特的移民文化和土著文化结合的乡村文化遗产。

(4) 乡愁与情感记忆（文化认同）。费孝通先生认为："文化是依赖象征体系和个人的记忆而维护着的社会共同经验。"乡村文化的建构首先依托于个体对族群文化（含历史文化、民族文化、乡土文化等）的认同与遵守、延续并传承，是一种社会共同经验。依附了"有机"与"经验"的乡村社会环境造就了一群人的乡愁，成为一代人的思想情感。因此，乡愁与文化认同是紧密联系在一起的。

传统村落格局、民居是乡村文化认同的物质体现，人们在世代定居的过程中，传统民居及聚落历经数辈的选址、修建、增补、扩建，形成了具有族群认同的居住环境。以始建于宋元时期的浙江省兰溪市诸葛村为例，它是诸葛亮后裔一族的家族聚居地。乡村整体格局仿"八阵图"形态，聚落中有大量的历史建筑，是诸葛亮后裔历经数代对该地文化认同的集体建构（如图3-8、图3-9所示）。

3 理论基础

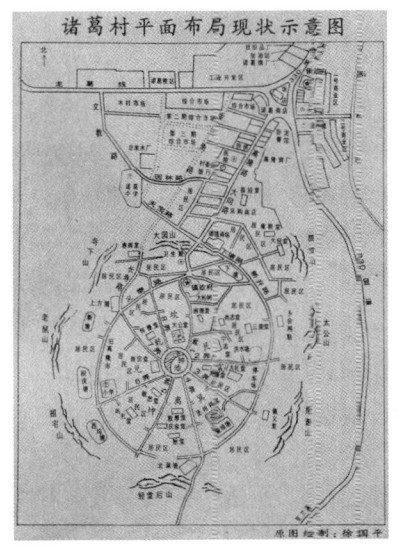 

图 3-8　浙江省兰溪市诸葛村平面格局

图 3-9　浙江省兰溪市诸葛村鸟瞰图

资料来源：网络

3.2.2　新乡土中国：乡村文化空间多元化

20 世纪 90 年代始，伴随着改革开放和市场经济体制的推进，我国乡村迈入快速转型期。乡村的变化引起了以苏力、贺雪峰、徐杰舜、陆益龙、赵旭东等学者为代表的广泛关注①②③④⑤⑥。2014 年，我国政府提出"城乡统筹、城乡一体"的新型城镇化战略，一系列政策措施的出台推动了乡村在空间模式、经济结构、社会治理、文化价值观念和村民社会心理等方面的历史性转型（如图 3-10 所示）⑦。我国的乡村成为常态流动性的乡村、走向开放性与公共性的乡村。

---

①　贺雪峰：《新乡土中国》，北京大学出版社，2013 年，序言第 1 页。
②　贺雪峰：《新乡土中国》，北京大学出版社，2013 年。
③　陆益龙：《后乡土中国的基本问题及其出路》，载《社会科学研究》，2015 年第 1 期，第 18～22 页。
④　赵旭东、张文潇：《乡土中国与转型社会——中国基层的社会结构及其变迁》，载《武汉科技大学学报（社会科学版）》，2017 年第 1 期，第 26～37 页。
⑤　谢丽旋：《解读人际关系理性化——读贺雪峰〈新乡土中国〉》，载《社会科学论坛》，2010 年第 9 期，第 196～203 页。
⑥　杨柳、刘小峰：《乡村社会巨变与农村研究进路——以〈乡土中国〉与〈新乡土中国〉为范例的比较研究》，载《内蒙古社会科学（汉文版）》，2016 年第 5 期，第 153～158 页。
⑦　王小章：《"乡土中国"及其终结：费孝通"乡土中国"理论再认识——兼谈整体社会形态视野下的新型城镇化》，载《山东社会科学》，2015 年第 2 期，第 5～12 页。

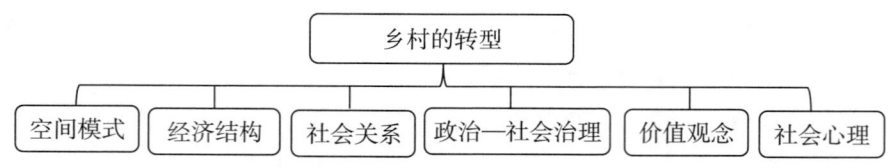

图 3-10　乡村深度转型的影响内容

3.2.2.1　常态流动性的乡村

在传统乡土社会，乡村稳定性是常态；在后乡土社会，乡村流动性成为常态。城市的引力、农村的斥力是城乡规划界公认的城市化进程中的动力机制。在后乡土社会，人口流动机制既有外向性，也有内生性。在新型城镇化战略的指引下，城乡统筹一体化发展取消了城乡之间的户籍，乡村人口大规模向大城市、周边城镇聚集；农村土地确权及土地流转、交易政策的实施，将农村宅基地、集体土地变成了可以交易的资源，为资本进入乡村提供了政策支持；乡村旅游蓬勃开展既有外来资本对乡村旅游的开发，也有回乡创业的村民，乡村旅游服务业吸引了部分当地村民就业；有机生态农业规模化、产业化发展成为趋势，其中一部分村民就地就业，同时由于乡村劳动力需求受到社会生产力发展趋势的挤压，乡村剩余劳动力将流向广大的城镇。

以四川省统计局发布的《四川统计年鉴 2016》数据分析，从 2005 年到 2015 年间，四川省乡村就业人员总数减少约为 192 万人。从该数据可以粗略得出，十年间，四川省内消失了多少个自然村、行政村，原有的流动的乡土社会正在变成流动频繁的后乡土社会（如图 3-11 所示）。

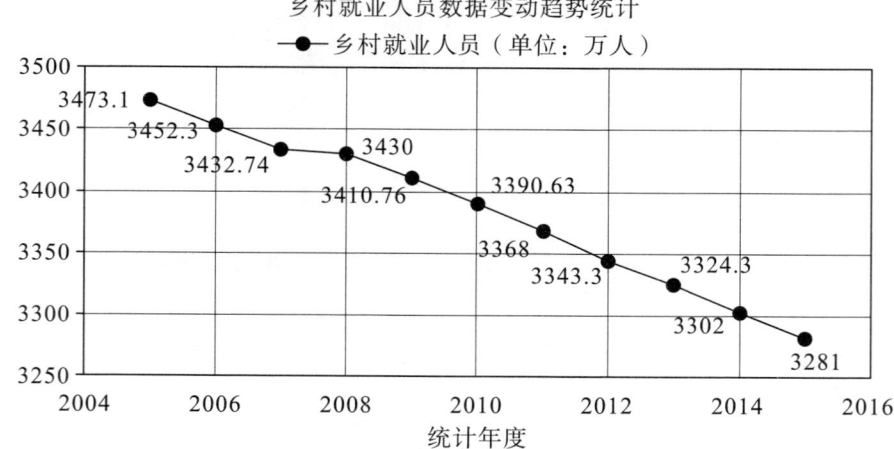

图 3-11　四川省近 10 年来乡村就业人员变动趋势统计分析

资料来源：根据《四川统计年鉴 2016》数据制作

乡村人口的大量流动对乡村文化的守护带来了负面的影响。一方面，大多数村民不愿意守旧而居，部分村落出现了空心化的现象，大部分传统村落人去楼空；另一方面，新村化与农业产业化在空间的需求上与乡村文化遗产的空间形成了冲突和矛盾，在乡村文化遗产的避让中，乡村文化遗产的空间受到了严重的挤压。此外，由于乡村旅游的发展，大多数地方没有意识到乡村文化遗产的开发价值，在保护与开发的平衡之间，受伤的往往是乡村文化遗产。

3.2.2.2 走向开放性与公共性的乡村

（1）从乡村人口职业分化与构成来看，传统的农民群体已经逐步分化成为农民、农民企业家、农民工、农村流动人口等，职业的分化将他们的阶层也划分开来，有的村民成为私人企业主、个体工商户、自雇用者和各行各业的务工者，职业范围包括农业、手工业、制造业、服务业等社会各行各业（如图3-12所示）[①]。

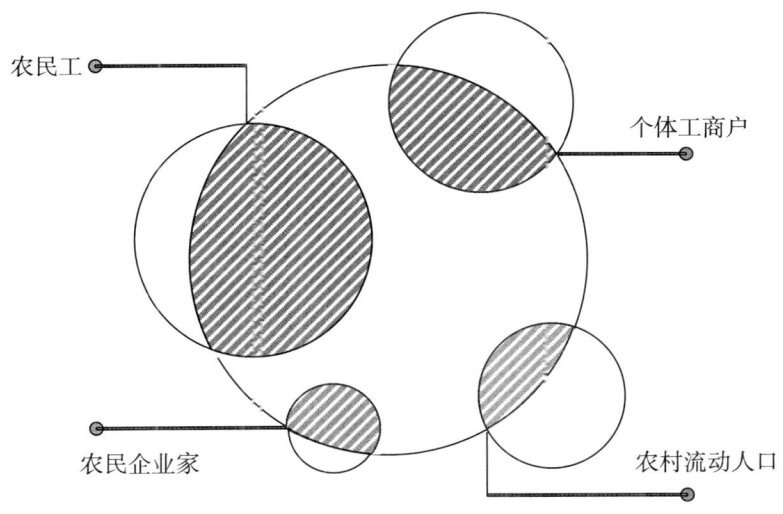

图 3-12　传统的农民群体分化

（2）从乡村社会治理角度来看，伴随着农业产业化进程的推进、民族乡村旅游的开发、农村土地确权及流转政策的落实，以及相关乡村建设措施的深入推进，公共权力和社会资源将逐步进入乡村。乡村将成为公共权力和社会资本的舞台，其乡土社会空间的地方性将被逐渐弱化。多方力量介入乡村空间，将

---

① 陆益龙：《乡土中国的转型与后乡土性特征的形成》，载《人文杂志》，2010年第5期，第161～168页。

改变乡村空间的传统社会治理制度,权力和资本、村民将共同成为乡村社会治理的主体。

(3)从乡村经济产业转型发展来看,自 20 世纪 80 年代开始,伴随着我国经济良好的发展态势,城乡居民生产、生活条件得到极大的提高,生活状态变得丰富多彩,旅游成为人们日常生活中最重要的一项活动,旅游业得到迅速发展。乡村旅游尤其是民族乡村旅游,满足了人们回归自然、返回原乡的旅游心理和环境需求,在旅游业和农业的结合下应运而生且蓬勃开展①,以民族乡村旅游为带动的产业转型为乡村经济社会转型提供了充足的发展动力。

3.3 和而不同:生态博物馆与民族旅游

生态博物馆和民族旅游是以民族文化保护与发展为共同研究对象、以可持续发展为共同理念的两种民族乡村文化空间生产模式。不同的是,在对民族文化保护与发展的行动路径上产生了差异:生态博物馆坚守以民族文化的保护为第一要义,文化遗产保护优先于旅游开发及经济发展;民族旅游强调旅游开发,文化保护处于从属地位②。行动路径的差异最终产生了不同的结果,即不同的民族乡村文化空间效应。

3.3.1 镜子、窗户还是展柜:生态博物馆的文化空间效应

3.3.1.1 生态博物馆理论在国外的实践

1971 年 8 月,"生态博物馆(Eco-museum)"一词在法国诞生并开始实践,随后风靡全球。理论界一致认为,生态博物馆理论是一种对文化遗产进行保护和保存的特殊形式。

生态博物馆理论在法国的实践。20 世纪 70 年代,法国人乔治·亨利·里维埃(Georges Henry Riviere)和雨果·戴瓦兰(Huguesde Varine)提出"生态博物馆"的观点。1971 年,诞生了以法国克勒索蒙特索矿区生态博物馆

---

① 《中国旅游发展报告 2016》公布的数据:2015 年,全国乡村旅游共接待游客约 20 亿人次,旅游消费总规模达 1 万亿元;2016 年 10 月,国家旅游局的数据显示,每年国内旅游人次已达 36 亿,其中 18 亿人次在乡村,农民直接接待的在 6 亿人次以上。目前,全国已有近 200 万家农家乐、10 万户以上的特色村镇。

② 张成渝:《村落文化景观保护与可持续发展的两种实践——解读生态博物馆和乡村旅游》,载《同济大学学报(社会科学版)》,2011 年第 3 期,第 35~44 页。

为代表的第一批生态博物馆。勒内·里瓦德（René Rivard）（1988）提出简洁的公式将传统博物馆与生态博物馆进行对比：传统博物馆＝建筑＋收藏＋专家＋观众，生态博物馆＝地域－传统＋记忆＋居民。这一公式也可以形象地以图表示（如图3-13所示）①。

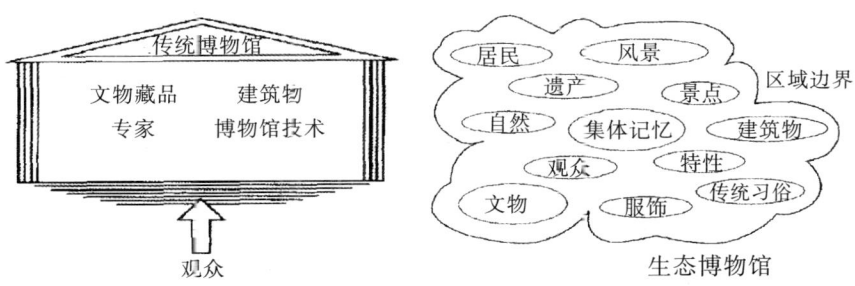

图3-13　传统博物馆与生态博物馆的对比图示
资料来源：潘守永《生态博物馆及其在中国的发展：历时性观察与思考》

在法国，生态博物馆涵盖乡村与都市，以遗产保护与文化传承为初衷，对社区加以保护、利用和开发。典型案例如法国克勒索蒙特索矿区生态博物馆（以下简称矿区博物馆）。1971—1974年，矿区生态博物馆将整个社区纳入保护范围，聚焦古堡的生态环境，被称为"没有围墙的露天博物馆"；1985年，矿区生态博物馆开始以施耐德家族史为展览主题，记忆逝去的历史，由于缺乏当地居民参与，最终变为一座展示传统器物的传统博物馆。

没有建筑物的日本生态博物馆实践。鹤田总一郎将生态博物馆概念本土化，称为"环境的博物馆"。1988年，日本农林渔部采用"乡野环境博物馆计划（田园空间博物馆）"，目的是保持自然环境、景观和传统文化②。乡野环境博物馆被认为是一种不需要建筑物的生态博物馆，其作为乡野环境改善计划的一部分，形成了三大结构要素与五大核心要点。其中，三大结构（形式）要素包括核心博物馆/设施、附属博物馆、体验的道路（如图3-14所示），五大核心要点包括文化观点、建设方式、展览方式、民众引导、政府职能。

---

①　潘守永：《生态博物馆及其在中国的发展：历时性观察与思考》，载《中国博物馆》，2011年第Z1期，第24~33页。
②　大原一兴、张佳明：《当今日本的生态博物馆》，载《中国博物馆》，2005年第3期，第58~62页。

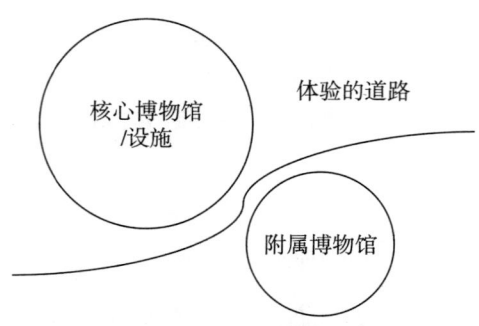

图 3-14 日本生态博物馆结构要素

针对日本生态博物馆的建设现状，日本学者大原一兴（2005）认为，日本大多数的生态博物馆仅仅是在"假扮博物馆"，需要培养生态博物馆的社会教育功能，培养对地方、社区负责任的居民。谢菲（2015）对日本平野、旭町生态博物馆和三浦半岛生态博物馆群做了对比研究，表明只有将生态博物馆置于社区与民众之中，发挥社区民众的地方归属感和自豪感，才能实现生态博物馆保护传统和发展地方的目标[①]。

3.3.1.2 生态博物馆理论在中国的实践

20世纪90年代，生态博物馆理念被引入我国，开启了在我国西部民族地区少数民族村寨的建设实践。1985年，经苏东海和安来顺先生等引介，我国学术界开始传播推广生态博物馆这一理念。1995年，在贵州六盘水市六枝特区梭戛长角苗地区启动我国首个生态博物馆建设项目——梭戛生态博物馆，开展以西南地区传统聚落生态及文化遗产保护为目的的生态博物馆实验性建设项目。目前，我国已经建成生态博物馆20余座，选址大多位于少数民族村寨，主要是对自然遗产和弱势文化遗产的整体性保护。因此，有学者认为我国的生态博物馆是一个"文化他者"的意象符号[②]。2005年，"六枝原则"[③] 的提出，被认为是中国生态博物馆建设的一个历程。

---

① 谢菲：《生态博物馆社区发展实践及其困境——基于意大利和日本生态博物馆的思考》，载《三峡论坛（三峡文学·理论版）》，2015年第5期，第74～79页。

② 韦祖庆：《生态博物馆：一个文化他者的意象符号》，载《广西民族师范学院学报》，2010年第4期，第17～20页。

③ "六枝原则"：村民是其文化的拥有者，有权认同与解释其文化；文化的含义与价值必须与人联系起来，并应予以加强；生态博物馆的核心是公众参与，必须以民主方式管理；当旅游和文化保护发生冲突时，应优先保护文化，不应出售文物但鼓励以传统工艺制造纪念品出售；长远和历史性规划永远是最重要的，损害长久文化的短期经济行为必须制止；对文化遗产进行整体保护，其中传统工艺技术和物质文化资料是核心；观众有义务以尊重的态度遵守一定的行为准则；生态博物馆没有固定的模式，因文化及社会的不同条件而千差万别；促进社区经济发展，改善居民生活。

3.3.2 和而不同：生态博物馆与民族旅游的文化空间效应

生态博物馆与民族旅游在理念建构及民族乡村实践过程中，对民族文化保护与发展的不同路径，形成了差异性的民族乡村文化空间生产效应。本书围绕二者在民族文化保护与利用侧重点、文化空间主导权、民族乡村文化空间涌现性方面所产生的正效应与负效应进行区别分析。

3.3.2.1 民族文化保护与利用侧重点区别

"六枝原则"明确提出"当旅游和文化保护发生冲突时，应优先保护文化"，在保护的方式上，强调整体保护与原真性保护，保护第一。在生态博物馆对民族文化保护的正效应上，体现为生态博物馆严格体现了尊重传统、保留传统、再造传统，对民族文化尊重与弘扬的核心思想；在其负效应上，由于坚持保护第一，将经济开发后置，使得村民的参与度不高，为了增加收入，"事实旅游"必然存在，然而未能获得市场规则的"事实旅游"不能指引经济发展。生态博物馆在村民作为"主人"的参与度及积极性不高、民族文化保护与传承主体地位不明确、文化保护项目缺少资金支持等不利情况下，处于文化保护与经济发展之间的尴尬境地[①]。

民族旅游以旅游开发活动为主，民族文化是民族旅游的最核心的旅游吸引物和动力要素，民族旅游开发对民族文化以开发利用的方式为主。在民族旅游与文化保护和利用正效应上：民族旅游开发活动必须兼顾民族文化的保护[②]。通过民族旅游的开发，乡村经济得到了发展与提升，极大地改变了村民的生产生活状况，民族旅游与文化保护开启了良性的互动关系。在负效应上：因游客涌入民族乡村，城市的文化及生活方式进入乡村，强势文化的影响力导致村民效仿，乡村文化呈现城市化趋势；由于旅游活动的开展，以吸引游客达到逐利为目的的文化旅游项目导致传统文化被修改、嫁接、演化，出现了传统文化商业化趋势[③]。

3.3.2.2 文化空间主导权区别——政府、村民、机构、专家

"六枝原则"提出文化的拥有者、解释权都归于社区居民，那么理论上生

---

① 唐孝祥、王东：《以生态博物馆为导向的传统村落保护研究》，载《昆明理工大学学报（社会科学版）》，2017年第1期，第102~108页。

② 王超：《民族文化视域下瑶寨乡村旅游发展的问题及对策——基于广西桂林红岩新村的案例研究》，载《广西师范学院学报（哲学社会科学版）》，2016年第2期，第60~65页。

③ 张机：《民族乡村旅游中文化展演的传统性与商业化冲突》，载《西北农林科技大学学报（社会科学版）》，2015年第6期，第130~136页。

态博物馆主导权归属也应该是村民或村集体组织。事实上，在我国生态博物馆建设过程中，存在着由政府和专家为主导的典型的"文化代理"现象[①]。以贵州省镇山村布依族生态博物馆为例，2006年，该生态博物馆建成后，政府退出对镇山村布依族生态博物馆的管理，管理权归属镇山村村级组织后，该村旅游业收入受到了较大的冲击[②]。生态博物馆项目的主导权之争，在理论和实践层面上反映出了事件的矛盾性，这对我国民族乡村文化空间表征制度的建立是一个极有意义的启示。理论上，民族乡村文化空间表征应以村民为主导，然而，在生态博物馆项目实践中，事与愿违，在村民的主导下镇山村的发展受到了明显的制约。因此，生态博物馆项目的文化主导权问题反映了多维表征的重要性。对此，潘守永（2011）提出，将生态博物馆作为镜子，政府、专家、相关机构和当地民众四种力量是镜像中的核心[③]，要实现生态博物馆的"文化代理"到"文化自主"尚需要较长的时间。

在民族旅游开发活动中，虽然政府、专家、村民、企业等多方共同介入，但大多数民族乡村经济发展水平滞后，对资本及项目具有较强的渴望，资本往往在开发活动中具有较大的话语权，占据了强势的地位。因此，文化开发方向的主导权往往由企业（资本方）掌握，政府、村民从自身的利益诉求角度出发，在开发过程中常常与资本方形成抗争与博弈的态势。

3.3.2.3 民族乡村文化空间涌现性区别

对民族乡村而言，发展是第一要义。在推动民族乡村经济社会发展过程中，空间不断以自身的方式继续着再生产，因此，空间的涌现性在一定程度上成为发展的风向标。

在生态博物馆保护模式下，文化原生地以整体保护为主，仍然坚持缓慢的自主发展路径，其空间属性是相对封闭的社会空间或被人为方式凝固的社会空间，空间涌现性虽表现较弱，但坚持了传统的民族文化空间发展方向。

在民族旅游开发模式下，资本的快速进入带动了项目的实施，促进了民族乡村生产关系的急剧变革，旅游经济在促进文化的保护与传承的同时，也引导文化空间走向多元化、快速化发展路径，文化的旅游功能开发使得民族文化被

[①] 单霁翔：《论生态博物馆的原生态环境保护（下）》，载《中国名城》，2011年第4期，第4~11页。

[②] 金露：《生态博物馆理念、功能转向及中国实践》，载《贵州社会科学》，2014年第6期，第46~51页。

[③] 潘守永：《生态博物馆及其在中国的发展：历时性观察与思考》，载《中国博物馆》，2011年第Z1期，第24~33页。

赋予新的功能与意义,包括正面效应和负面效应。

生态博物馆与民族旅游的文化空间涌现性效应对比见表3-1。

表3-1 生态博物馆与民族旅游的文化空间涌现性效应对比

	生态博物馆		民族旅游	
民族文化保护与利用方式	原真性整体保护,保护第一,经济社会旅游开发次之		开发为主,兼顾保护	
	保留传统、再造传统	事实旅游产生,经济发展欠缺	旅游经济促进文化的保护与传承	传统文化商业化,乡村文化城市化
民族文化空间涌现性	文化原生地的整体保护,自主发展		快速打破原有相对封闭的社会空间,生产出新的文化空间	
	相对封闭的社会空间		出现碎片化、异质化文化空间	文化空间走向多元化
民族文化空间生产过程	以历史积淀与代代相传的方式实现自主生产		文化成为符号,民族旅游开发过程成为对文化的符号提取、加工、销售生产过程	
	缓慢发展		快速涌现	

3.4 框架显现:旅游开发导向下民族乡村文化空间生产

3.4.1 旅游开发导向下民族乡村文化空间生产研究框架

传统理论对民族乡村文化均从某一角度进行了分析与研究,本书将其归纳如下:

(1)乡土中国理论对中国传统乡村文化本底进行了实质研判,文字行间透露了对乡村文化的关怀与期盼之情;新乡土中国论在乡土中国的认识基础上,结合时代变迁提出了对后乡土时代中国乡村制度变迁、空间变迁、文化变迁等多层面的认知。学者们对乡村的研究成果积淀成为我们认知乡村的理论基础,并展示了对乡村前景深切的关怀,然而,乡土中国及新乡土中国的研究结合的是我国传统乡村所呈现的共同情况,是一个"普适性"的话语,并没有明确针对特殊条件下处于弱势状态的民族文化保护、传承、发展及民族乡村文化空间生产问题进行深入论述,存在着描述系统对象不完备的风险。

(2)生态博物馆理论是发端于国外,针对我国少数民族乡村文化保护与发展的一次理论与实践结合、国外理论与我国少数民族乡村文化保护实践的尝试，是以保护民族传统文化为出发点的整体保护、原地保护、自我保护、发展中保护相结合的一项系统工程[①]。然而，在具体的操作过程中，生态博物馆项目存在着对文化空间表征机制、主体性利益诉求认知不充分的问题，忽视了对我国民族乡村村民的文化特征及对经济发展强烈的诉求，导致村民对生态博物馆项目的实践缺乏话语权，参与度不够，生态博物馆项目成为文化他者的话语权，未能从根本上实践生态博物馆理论的文化意义与社会意义。

对比生态博物馆理论及实践与民族旅游开发对民族乡村文化空间生产的效应发现：生态博物馆理论更侧重民族文化的保护，民族旅游更注重对民族文化的旅游业开发与利用，能代表或体现村民的经济利益诉求；由于对民族文化的出发点存在差异，在民族乡村文化空间的涌现性上，民族旅游开发导致民族乡村文化空间涌现性更为强烈，呈现出多元化发展趋势；从村民的利益诉求角度，村民更推崇民族旅游的开发带来的经济效益，次之为民族文化保护与传承。

（3）空间生产理论从"时间—空间"的关系中深化了对空间的本质认识，空间生产三元论建构了动态认识文化空间生产的视角。研究成果较多地集中于都市空间生产领域的研究，强调空间的社会性、政治性，乡村文化空间生产的研究成果较少，对乡村文化空间生产的研究领域、研究视角、研究内容尚不足。从空间生产理论视角研究民族乡村文化空间生产，有助于深入理解民族乡村文化空间的社会性、政治性，建构适合民族乡村文化空间生产的表征制度、发展路径。

（4）建筑学研究领域对我国民居建筑也做了深入的研究，运用了诸如"有机更新理论""符号学理论"等进行民居建筑创作演绎研究；旅游界对我国乡村旅游、民族旅游开发等方面做了深入的理论与实践研究；地理学研究领域对乡村、乡村旅游地等进行了研究。这些研究成果都是本书参考和学习的资料。

基于上述相关理论对民族文化、民族乡村文化保护与发展的研究和实践成果分析，本书提出由乡村及民族乡村文化保护走向旅游开发导向下民族乡村文化空间生产的研究框架（如图3—15所示）。本书认为，乡土中国理论及新乡土中国研究成果为我国乡村文化研究提供了价值论与认识观，其所阐述的我国（民族）乡村的文化本质、新乡土变迁对于研究我国（民族）乡村文化仍具有

---

① 单霁翔：《论生态博物馆的原生态环境保护（下）》，载《中国名城》，2011年第4期，第4～11页。

深刻的指导意义；生态博物馆理论对于民族乡村文化的保护与发展，是针对性较强的指导理论，结合其在我国民族地区乡村实践的成功经验与教训，对于我们寻求特定文化生态环境下民族乡村文化空间发展与演变的合情、合理、适当途径，具有积极的借鉴意义；民族旅游开发在我国民族地区乡村有较多的实践成功案例，对于推进民族乡村经济社会发展起到了正面的效应，同时也对民族文化形成一定的负面影响和冲击。因此，生态博物馆理论与民族旅游开发实践的结合有助于我们寻求在民族文化保护中促进经济社会发展、在民族乡村经济社会发展中促进民族文化保护的合理途径；空间生产理论奠定了我们对空间本质的认知，为我们提供了研究民族乡村文化空间的视角，利于我们对民族乡村文化空间进行系统性的分类阐述与研究。

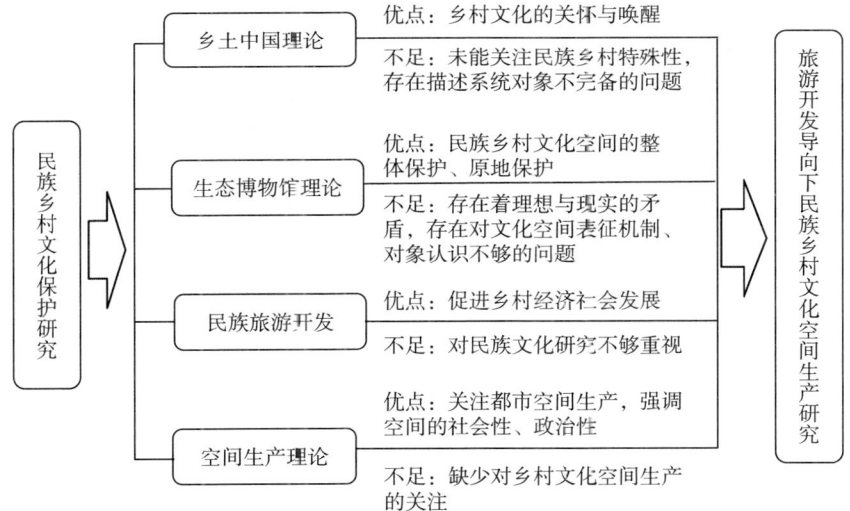

图 3-15　旅游开发导向下民族乡村文化空间生产研究框架显现

3.4.2　民族乡村文化空间生产的研究内涵

3.4.2.1　民族乡村文化空间生产的"三元"辩证关系

空间生产的核心理论体系是空间本体论的三元一体"空间实践、空间的表征、表征的空间"社会理论框架，分别对应感知空间、构想空间和生活空间。

龚伟（2014）①②、明庆忠等（2014）③④ 分别对乡村旅游社区空间、古镇旅游景观空间和空间生产三元一体进行了描述。本书认为，在民族乡村社会空间中，文化空间是众多空间类型中的一种兼具物质形态与非物质形态的独特空间类型，是空间的文化生产与再生产，具有自身的建构与循环建构的体系。在民族乡村文化空间生产要素建构上，结合空间生产理论对"时间—空间"的辩证理解，以空间生产三元辩证的递升式关系为纽带，以本书研究样本为案例，建立民族乡村文化的空间实践（民族乡村文化感知空间）—空间表征（民族乡村文化构想空间）—表征的空间（民族乡村文化生活空间）的递升关系（如图3-16所示）。

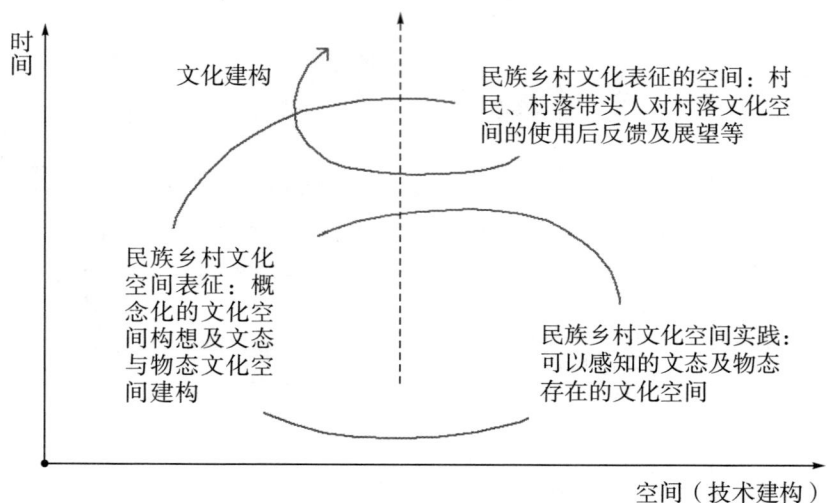

图3-16　民族乡村文化空间生产三元辩证的递升关系研究框架

3.4.2.2　民族乡村文化空间生产的"三元"内涵与外延

在文化空间生产三元递升关系的辩证分析过程中，遵循以"时间"为纽带，以"文化空间生产"为研究对象，以民族村落文化遗产保护与创造性开发

---

① 龚伟：《空间视野下的乡村旅游社区演化研究》，华东师范大学博士学位论文，2014年。
② 龚伟（2014）将乡村旅游社区空间所对应的物质空间、社会空间和精神空间相应的隐喻为"景观空间""社会空间"和"制度空间"，将乡村旅游社区空间分为景观空间、社会空间和制度空间。
③ 明庆忠、段超：《基于空间生产理论的古镇旅游景观空间重构》，载《云南师范大学学报（哲学社会科学版）》，2014年第1期，第42~48页。
④ 明庆忠等（2014）将古镇旅游景观空间生产划分为第一空间（人文景观）、第二空间（文化景观）、第三空间（自然景观、古镇景观）三种空间维度及类型，分别对应空间生产理论的空间实践、空间表征、表征的空间。

利用为目标，寻求实践空间生产理论指导下特定对象和特定空间的文化传承、保护、弘扬的途径。民族乡村文化空间生产从文化空间生产的角度可以分为民族乡村文化空间实践、民族乡村文化空间表征、民族乡村文化表征的空间三个维度（见表 3-2），其分别对应列斐伏尔空间三元辩证法中的空间实践、空间表征与表征的空间。

（1）民族乡村文化空间实践是可以感知的物理空间，是客观存在的空间，主要形态包括乡村的物质文化遗产与非物质文化遗产、乡村聚落景观、特色民居建筑景观、特色民族民俗文化景观等。

（2）民族乡村文化空间表征是概念化的空间及其物化的过程，是政府决策者、技术官员、规划设计师、建筑设计师、学者等构想出来的文化生产空间，主要形态包括民族乡村的文化生产空间构想与决策机制、文化形象策划、文化空间建构、文化符号建构等。在民族乡村文化空间生产的概念化构想阶段及其物化的过程中，民族乡村文化空间完成了文化空间演变的过程。

（3）民族乡村文化表征的空间是村民和使用者的空间，是体验式的空间，是使用后的文化空间反馈，包括村民、村落带头人对乡村文化空间的使用后反馈及展望等。

表 3-2　民族乡村文化空间生产的维度与主要内涵

空间维度	列斐伏尔的空间三元辩证法	对应的空间类型	主要内涵	外延
民族乡村文化空间实践	空间实践	文化感知空间	可以感知的文态与物态存在的文化空间	乡村的物质文化遗产与非物质文化遗产、乡村聚落景观、特色民居建筑景观、特色民族民俗文化景观等
民族乡村文化空间表征	空间的表征	文化构想空间	概念化的文化空间构想及文态与物态文化空间建构	民族乡村的文化生产空间构想与决策机制、文化形象策划、文化空间建构、文化符号建构及其物化过程等
民族乡村文化表征的空间	表征的空间	文化生活空间	体验式的文化空间	村民、村落带头人对乡村文化空间的使用后反馈及展望等

在民族乡村文化空间生产三元体系的辩证关系理解上，可以划分为"时间—空间分析"阶段和"时间—过程"两个维度。在"时间—空间"维度上，以时间为序列，民族乡村文化感知空间是空间的存在，民族乡村文化构想空间

是空间的展望与发展，民族乡村文化生活空间是体验与回顾。在"过程—事件"维度上，以事件发生的过程为序列，民族乡村文化感知空间是文化空间生产的基础，是事件发生的存在载体；民族乡村文化构想空间是整个体系的核心，是过程与事件的结合体，既包括概念构想的过程，也包括空间物化的过程；民族乡村文化生活空间是文化空间生产的结果，是体验式的文化空间，是一种空间体验与使用后的反馈，同时，也是下一时间序列开始后空间生产的另一个发端。

3.4.3 研究历程

本书所选择的研究对象是在作者"扎根"的关注下，在"自上而下"大力推行的乡村建设进程中，经历了一定时间段内（2013—2017年）、较为完整地反映了"当前现状（民族乡村文化空间实践及民族旅游资源价值认知）—政府主导、多方参与、共同构想（旅游开发导向下的民族乡村文化空间表征）—建设后村民使用反馈、媒体反馈、外界反馈（民族乡村文化表征的空间）"这一阶段性民族乡村文化空间生产的全过程（如图3-17所示），是在当前社会主义生产关系的指引下，依靠"自上而下"的生产方式完成空间生产的一个过程。因此，调查研究的历程具有较长的时间跨度，调查研究的对象具有一定时间段内的生长过程，调查研究的结果具有逻辑归纳的反思意义。

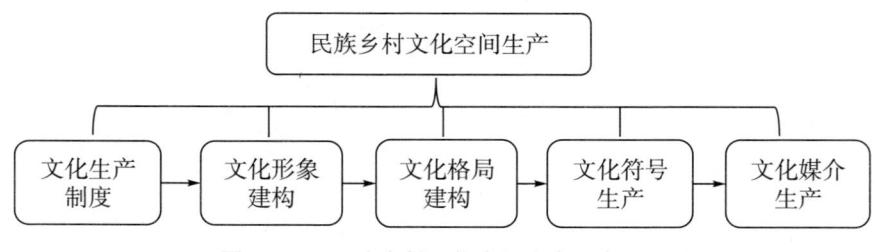

图3-17 民族乡村文化空间生产层次关系

3.4.3.1 "从哪里来"——案例地田野调查（2013年）

社会科学的研究必须基于社会实践与追踪反思。本课题的研究起源于作者对西藏隆子县斗玉村生态文明小康示范村的建设项目实地考察—建设方案的编制过程中与政府职能部门官员、斗玉乡政府官员、村委会、村民多次沟通及思考—建设过程中对建设项目的关注与反映跟踪—项目建设完成后的各方反馈与实地回访（见表3-3）。

表 3-3 历次田野调查与思路历程

调查阶段	调查内容	时间
初识	笔者有幸走进生态文明小康示范村建设之前的斗玉珞巴族村,对斗玉珞巴族村落进行实地考察,了解斗玉村的建设现状、社会经济发展状况、民族文化存续状况、非物质文化遗产项目保护与传承状况、民族旅游资源价值状况	2013年10月
多维思路碰撞与双向目标导向	在了解和搜集大量涉及珞巴族民族文化、历史文化资料后,形成了以民族文化活化表达、村落民众生产生活改善为核心的规划建设思路及方案,目标以实现民族乡村可持续发展指引下的民族乡村建设与民族旅游开发"双向"为导向,与政府官员、民众、建设实施者进行多次沟通	2014年3月—2014年8月
过程调查	在斗玉珞巴族特色村落建设项目实施阶段,以空间概念的物质投射为主要表达形式,进入现场进行跟踪调查	2014年8月—2015年6月
回访调查	斗玉珞巴族特色村落建设完成,在村落精英的带动下,乡村非物质文化传承活动展开,村民开始参与民族手工业产品制作、售卖等活动,出现了民族旅游的雏形,民族乡村文化空间得以多层次性发展,民族旅游导向下的民族乡村文化空间生产对民族文化保护、传承与发展起到了正面的效应,引发了笔者的思考	2016年10月—2017年9月

在调查研究的过程中,笔者选取了以质性分析为主的研究方法。2013年10月至2017年6月期间,笔者十余次进入西藏自治区山南市隆子县斗玉村进行实地调研,通过文献查阅、现场体验等方式了解珞巴族民族民俗文化;以正式访谈调查、非正式访谈与深度访谈的方式,共访谈山南市地委工作人员6人、山南市隆子县工作人员6人、斗玉乡及斗玉村工作人员4人、当地村民203人,对斗玉村民族旅游开发导向下的民族文化保护与传承、民族乡村建设、乡村文化空间生产的发展演变与空间构建进行了深入的思考,为进一步对斗玉村民族旅游开发、民族文化保护与传承奠定了坚实的基础(如图3-18所示)。

基础设施勘测

居民意愿调查

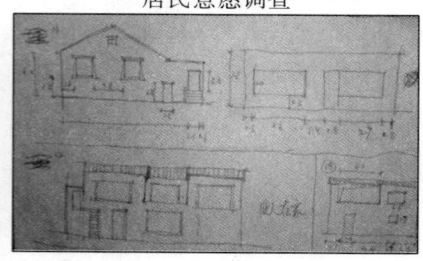

逐户调查及测量

图3-18 斗玉村田野调查

3.4.3.2 "到哪里去"——社会责任思考（2014年）

社会科学研究必须具有强烈的社会责任感。笔者初次接触"西藏""隆子县""珞巴族"等字眼时，就产生了强烈的敬畏之心，尤其是在逐步深入了解"珞巴人口较少民族"的社会、历史与文化之后，开始小心谨慎地对待这一片土地、这一群民众、这一脉文化。"到哪里去"首先需要解决的是斗玉村发展的方向性问题，而斗玉村的发展方向取决于对斗玉村的核心资源研判——独特的地理区位、久远且稀缺的民族文化保护与传承。在此背景下，斗玉村民族乡村文化空间生产研究的命题呼之欲出。紧接着思考的第二个问题是"通过什么途径去实现民族文化的保护、传承与发展"，通过对生态博物馆理论与民族旅游开发的实践对比分析发现，民族旅游开发是促进民族文化保护、传承与发展的重要途径。

3.4.3.3 "发生了什么"——空间生产过程（2014年—2017年）

2013—2014年期间，在国家对人口较少民族扶持政策主导下、西藏自治区兴边富民行动指引下，西藏自治区山南市选择隆子县斗玉村作为山南市生态文明小康示范村建设试点。在以山南市、隆子县为主体的政府主导下，西藏山南市斗玉珞巴族生态文明小康示范村建设项目启动，开启了以民族旅游开发为导向，以民族文化保护、传承与发展为核心思路的斗玉村民族乡村文化空间生产。因此，在四年的乡村建设过程中，斗玉村经历了一个完整的民族乡村文化空间生产过程。其间，政府主导力量、村民参与、咨询机构介入等多维介入，历时四年，斗玉村完成了"自上而下型"生态文明小康示范村的建设从空间的概念构想到物化过程的空间生产。

3.4.3.4 "经历与希望"——民族乡村文化空间再生产（2017年回顾）

与诸多民族乡村一样，斗玉村既具有独特的自然生态环境、民族文化、历史文化，丰富的民族旅游资源，也存在位置偏远、社会经济文化发展水平较低、民族文化在全球化进程中岌岌可危等弱势条件。就现存状况而言，斗玉村有其普遍性；就其地域特性和民族特性而言，斗玉村地处我国边境一线、西藏高原独特的地理环境中，珞巴族是人口较少民族，斗玉村具有其典型性。

在乡村建设的大力推动下、在民族旅游开发的展望中，涵盖了社会经济文化内涵的民族乡村文化空间如何实现民族文化保护与开发、社会经济文化和谐发展的目标，应该走什么样的途径？这是一个值得审视与展望的课题。

本章小结

本章对乡土中国理论、生态博物馆理论、空间生产理论进行了深入分析与研究，从民族乡村文化的"关怀与唤醒"、民族乡村文化空间建构实践"镜子、窗户还是展柜"、民族乡村文化空间生产"时—空互证"理论支撑的角度为本书的研究做了铺垫；通过对比生态博物馆理论与民族旅游开发实践对民族文化保护、传承及社会效应方面的实践成果，提出以民族旅游开发为导向进行民族乡村文化空间生产研究的思路，建立本书"旅游开发导向下民族乡村文化空间生产研究"的理论框架与研究历程。

基于乡土中国理论和新乡土中国研究成果对我国乡土文化特征、民族乡村文化空间多元化发展的认识，提出民族乡村文化本底关怀与唤醒：乡土本色与乡愁人文；基于新乡土中国研究成果对我国乡村文化空间发展的研判，提出乡村文化空间多元化走向：走向常态流动性、开放性和公共性的乡村。

基于国内外生态博物馆理论发展及实践研究，着重对生态博物馆理论在我国西南少数民族地区的实践指导分析，提出生态博物馆理论与民族旅游开发导向下民族乡村文化的保护与利用方式之争、参与项目建设各方（政府、村民、机构、专家）主导权之争，以期作为我国民族乡村文化空间生产理论及实践探索的借鉴。

基于对时—空互证的空间生产理论深入研究，进一步辨析空间生产理论三元的辩证关系，提出三元之间存在的并列关系、递升关系，并以三元辩证关系之递升关系作为本书实证研究的指导思想。

在上述理论基础的支撑下，建立本书关于民族乡村文化空间生产的研究框架，明确民族乡村文化空间生产三元关系的内涵与外延，对本书的研究历程（从哪里来—到哪里去—发生了什么—经历与希望）进行梳理，为后续研究打下理论与实践基础。

4 时—空互证：斗玉村文化空间实践及旅游价值认知

郭文（2014）[①]认为，空间实践是指具有物质形态的社会空间，属于感知层面，可以用观察、经验或支术手段直接把握，担负着社会构成物的生产与空间的再生产职能。可以认为，空间实践是以物质形式存在为主的空间形态。亨利·列斐伏尔提出存在的三元辩证法，认为空间本体论与空间认识论相结合才能更好地诠释空间（如图4-1所示）[②]。

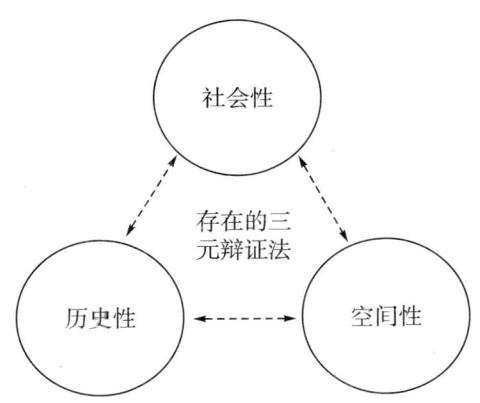

图 4-1 存在的三元辩证法

资料来源：王圣云（2011）

对民族乡村文化空间实践的认识是了解斗玉珞巴族村落人们文化生产、生活领域的视窗。结合存在的三元辩证法，从"空间性—历史性—社会性"的角度描绘空间存在、人的存在、社会存在之间辩证的平衡关系，揭示三者之间相

[①] 郭文：《"空间的生产"内涵、逻辑体系及对中国新型城镇化实践的思考》，载《经济地理》，2014年第6期，第33~39页。
[②] 王圣云：《空间理论解读：基于人文地理学的透视》，载《人文地理》，2011年第1期，第15~18页。

互联系的辩证统一关系，有助于理解民族乡村文化空间生产。

西藏自治区山南市隆子县斗玉村是以珞巴族为主、与藏族群众共同聚居的民族乡村，其独特的文化空间由世代生活在这里的少数民族群众所积累、创造，兼具物质空间与社会空间的形态，其空间实践侧重感性经验层面的物质文化景观空间生产，包括村落形态与结构、民居建筑、生产生活方式与民族习俗等，可以通过感知的方式，以观察、经验或技术手段等进行把握。对于斗玉珞巴族村落而言，在历时性的发展过程中，民众创造了丰富的民族文化遗产，具有丰富的民族性与人文性；在空间的转换与建设过程中，留下了丰富的乡土性与地域性文化遗产。因此，这是一个在"时—空"转换过程中，民族性与人文性共存、乡土性与地域性共生的乡土记忆场所。乡土视域中斗玉珞巴族村的空间形态（2013年之前）以农业、畜牧业和小手工业为主，属于典型的传统乡村聚居空间。其民族乡村文化空间实践对应民族村落文化景观空间维度，既有原生空间，也包括经过村民世代形成的可以被直接感知的文化空间与社会空间。集中体现乡村文明的民族乡村遗产，作为一种历经岁月沉淀并发展于乡村地区的文化遗产类型，是中华文明文化认同的重要组成部分，具有乡村地区生产生活"时—空"互证的乡土记忆。

4.1 斗玉村文化特性认知

4.1.1 民族性：珞巴族民族共同体

珞巴族有本民族的语言，但由于没有文字，没有形成关于珞巴族自身的相关历史文献记载。在藏文、汉文文献相关记载中，关于珞巴族的文字资料也极为缺乏，珞巴族的民间传说与相关的藏、汉文献就成为我们探寻其族源及民族文化的重要资料。

4.1.1.1 关于族源

关于珞巴族的发源地，有两种传说。墨脱东部地区的珞巴族，传说其祖先是从浪错湖边的岩洞中出来的；达额木部落传说他们的祖先是从宫堆颇章的山洞里出来的。这两种传说都反映了珞巴族祖先穴居的历史。

关于珞巴族的族源关系，民间传说都与藏族具有同源关系。《珞巴族简史》① 中记载，博嘎尔部落的民间传说中有关于藏族、珞巴族民族关系的内容：珞巴族始祖阿巴达尼与藏族祖先阿巴达洛是两兄弟，珞巴族始祖是弟弟，藏族始祖是哥哥。老大阿巴达洛自幼好学，有文化，占据了很大的地盘，后代发展成了现在的藏族；老二喜欢在山林中活动，居无定所，四处迁徙，后代发展成了现在的珞巴族。迦龙部落关于珞巴族起源的民间传说也认为珞巴族与藏族是兄弟。传说中，阿巴达尼的儿子们成家后分别向外迁移，形成不同的部落，主要有崩尼（Bengni）、博嘎尔（Bokar）、纳（Nga）、米新巴（Misinba）、德根（Tagin）、希蒙（Shimong）、巴达姆（Padam）、民荣（Minyong）、尼西（Nishi）、迦龙（Gallong）、登尼（Tanii）。其他部落有崩如（Bengru）、布瑞（Puroik）、苏龙（Sulung）、义都（Idu）、哈飞（Hahfe）、米利（Mili）、把依（Pahyi）、次地儿（Tsidiri）、永郎木（Yonglam）等。

　　从珞巴族各部落的民间传说中可以看出，珞巴族在西藏珞瑜地区一带活动，是西藏高原的世居民族。李坚尚（1992）② 认为，丰富的民间传说佐证了珞巴族的民族来源和迁徙等问题。这从某种角度佐证了珞巴族是从喜马拉雅山北侧向南迁移的。

4.1.1.2 关于族称

　　相关文献考证，珞巴（藏文：ཝེལི, lhopa，即藏语"南方人"的意思）族称，源于其居住地"珞瑜"，主要分布在西藏东起察隅、西至门隅之间的珞瑜地区，是藏族人对居住在广大珞瑜地区的人的称呼。其族称在藏文记载的历史中已有一千多年，如西藏著名史籍《红史》《贤者喜宴》等③，这说明珞巴族与藏族一样，早在远古时期就已经存在。到吐蕃王朝时期，对珞巴族有了明确的文献记载。公元7世纪初，松赞干布统一了吐蕃各部，包括位于西藏高原南部的珞瑜地区，史料记载"南方之'珞'与'门'等，均被收为属民"④。汉文对珞巴族记载的历史文献主要见于清代，如《卫藏识图》《西藏志·卫藏通志》《清实录》《西南野人山归流记》，驻藏大臣的奏牍如《联豫驻藏奏稿》《赵尔丰川边奏牍》等⑤。有史可查的关于珞巴族的最早记载见于《敦煌本吐

---

① 珞巴族简史编写组：《珞巴族简史》，西藏人民出版社，1987年。
② 李坚尚：《珞巴族的社会和文化》，四川民族出版社，1992年。
③ 巴卧·祖拉陈哇（著），黄颢（译）：《贤者喜宴》，载《西藏民族学院学报》，1980年第4期。
④ 巴卧·祖拉陈哇（著），黄颢（译）：《贤者喜宴》，载《西藏民族学院学报》，1980年第4期。
⑤ 陈立明：《我国门巴族、珞巴族研究的历史回顾》，载《西藏民族学院学报（哲学社会科学版）》，2008年第6期，第27~32页。

蕃历史文书·大事记年》①。在珞瑜墨脱地区，考古采集到的石斧、石锄、石凿等磨制石器也从科学的角度证明，远在三四千年前，喜马拉雅山林中就有珞巴族先民在此繁衍生息。

1951年，西藏和平解放，散居在米林、墨脱、隆子等地的珞巴族各部落人民获得了新生，随后在党的领导下进行了民主改革，引导珞巴族群众进行生产生活，珞巴族群众彻底告别了原始落后的生存状态②。1965年8月，根据实际情况和本民族意愿，国务院批准了珞巴族族称，珞巴族正式被确认为单一民族，成为中华民族大家庭的成员。

4.1.1.3 民族习俗

珞巴族是一个游猎民族，有语言，没有文字，喜马拉雅山南麓的垂直型气候使这里的高山峡谷区具有丰富的动植物资源，生活在这里的珞巴族民众主要以在丛林中打猎为生。珞巴族作为世居高原的古老民族，在历史的长河中，形成了神秘、独特的民族习俗文化，包括服饰、饮食、住房、交通等物质文化方面和非物质文化方面，如珞巴族史诗、民间文学、神话传说、民歌及民族舞蹈等民族民俗文化，蕴含了珞巴族民众深厚的民族历史记忆与文化认同，引起了民族学者的广泛关注③④。

4.1.1.4 关于现状

根据《2010年全国第六次人口普查公报》，珞巴族共计有3682人，其中男性1803人，女性1879人，是我国人口第二少的民族⑤。他们分别居住在米林、隆子、墨脱等10个县38个乡151个行政村，呈大杂居、小聚居分布状况，其中墨脱县达木珞巴族乡、米林县南伊珞巴族乡、隆子县斗玉珞巴族乡最

---

① 《敦煌本吐蕃历史文书·大事记年》文中记述："乃至鼠年（高宗永徽二年，壬子，公元652年），赞普驻于辗噶尔。大论东赞服'珞'、'赞尔夏'。是为一年。"
② 珞巴族简史编写组：《珞巴族简史》，西藏人民出版社，1987年，第4页。
③ 李坚尚：《珞巴族的社会和文化》，四川民族出版社，1992年。
④ 王明利：《珞巴族非物质文化遗产研究综述》，载《哈尔滨学院学报》，2014年第12期，第114~117页。
⑤ 《扶持人口较少民族发展规划（2011—2015年）》中指出：人口较少民族是指全国总人口在30万人以下的28个民族。这些民族是珞巴族、高山族、赫哲族、塔塔尔族、独龙族、鄂伦春族、门巴族、乌孜别克族、裕固族、俄罗斯族、保安族、德昂族、基诺族、京族、怒族、鄂温克族、普米族、阿昌族、塔吉克族、布朗族、撒拉族、毛南族、景颇族、达斡尔族、柯尔克孜族、锡伯族、仫佬族、土族。根据全国第五次人口普查，28个人口较少民族总人口为169.5万人。

为集中①。隆子县斗玉珞巴民族乡提供的文字材料《斗玉珞巴民族乡概况》说明：隆子县境内的珞巴族主要聚居在斗玉珞巴民族乡和扎日乡。

随着全球化、信息化的推进，珞巴族民族文化的传承与发展受到严重挑战。主要表现在：其一，珞巴族只有语言没有文字，珞巴族的民族文化保护与传承需要借助外来文字（如藏语、汉语）等记载、传播，由于中间有译介的过程，文字信息的流失必然影响珞巴族文化体系传播的效果；其二，知晓本民族文化、神话传说、民族诗歌、民族舞蹈等民族习俗的老人及非物质文化遗产的传承人，如东娘、达牛、亚茹等珞巴老人相继离世，珞巴族民族文化的传承出现了"断代"的现象；其三，伴随着我国"兴边富民行动"和扶持人口较少民族发展的"十二五规划""十三五规划"的深入实施，极大地推动了当地的社会经济发展，同时加快了珞巴族村民的生产生活方式、思想观念、民族习俗等发生变迁；其四，在珞巴族与藏族、汉族等民族及外部环境的交往活动中，珞巴族的年轻一代更容易接受外来文化，例如，村落中的大多数珞巴族青年一代基本不会说"珞巴语"，对本民族习俗也并不关注和热心，却非常推崇一些时代新潮的歌舞文化。因此，珞巴族民族文化的多样性保护与传承成为学者广泛呼吁、紧急关注的问题②。

4.1.2 乡村性：斗玉村乡村共同体

虽然藏、汉相关文献有关于珞巴族的记载，但珞巴族居住地理环境处于高原地带，高山峡谷的地理条件使得珞巴族乡村与外界的交通联系极为不便，长期以来，珞巴族为外界所少知。也正因如此，在信息与交通的双重阻隔下，斗玉珞巴族村保留了较为完整的地域性特征。

隆子县地理位置为东经91°52′~94°10′，北纬28°05′~28°48′，位于西藏南部、山南地区中北部，喜马拉雅山东段北麓，县域面积为9894平方公里。隆子县为我国重要的边境县。

隆子县政府驻地日当镇，距离拉萨约326公里，距离山南市泽当镇约147公里。隆子县境内居住有藏、珞巴、汉、回等民族，是一个多民族聚居县。相关人口调查数据显示，2010年年底，全县有人口35248人，其中藏族占99%以上。

---

① 朱玉福、伍淑花：《西藏实行民族区域自治50年的生动实践：人口较少民族的发展进步——兼论门巴族、珞巴族扶持效果》，载《西藏民族大学学报（哲学社会科学版）》，2015年第5期，第9~15页。
② 陈立明：《门巴族、珞巴族的历史发展与当代社会变迁》，载《中国藏学》，2010年第2期，第86~95页。

4.1.2.1 "点状、线性"的乡村聚落空间分布特征

由于高山峡谷的地理地貌特征、高原气候特征，隆子县呈现出地广人稀的特征，按最近（2010）统计数据，人均占有国土面积为 0.28 平方公里。县域内乡镇、村之间呈现出"点状、线性"分布特征（如图 4-2 所示），即乡村聚落、乡镇沿主要国道、省道、县道、乡道或河流分布，由于交通条件较差、天气影响，大部分乡村聚落处于山脉隔阻、半封闭的状态，具有典型的乡土性特征。

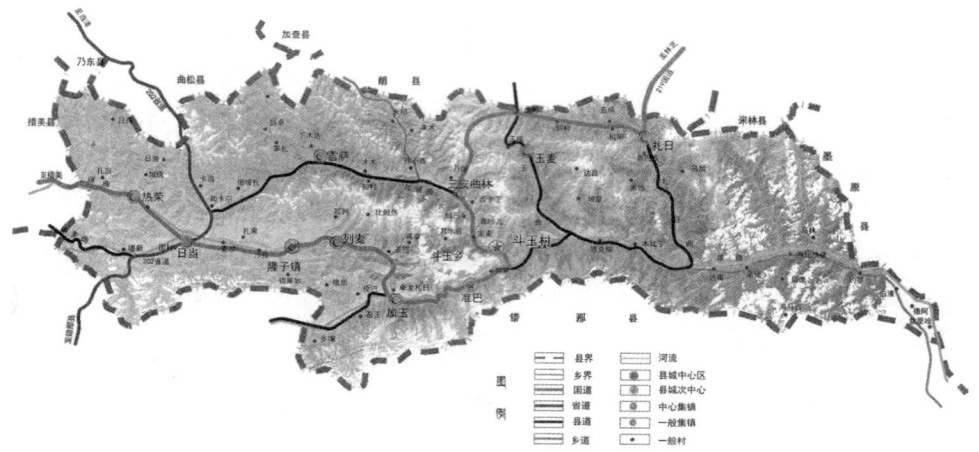

图 4-2　线性、点状分布的聚落形态

1959 年以来，隆子县一直是山南地区珞巴族人口聚居最多的一个县，珞巴族主要分布在斗玉乡和准巴乡一带。2014 年 10 月，经实地统计，斗玉乡斗玉村珞巴族人口为 203 人，56 户；准巴乡珞巴族人口不足 20 人。斗玉乡斗玉村是珞巴族行政村，是全县珞巴族主要聚居地，位于隆子县城东北 100 公里，面积 333 平方公里，是隆子县的 6 个边境乡之一，有边境通道 3 条。

4.1.2.2 "大杂居、小聚居"的聚族而居特征

新中国成立以来，隆子县有记载可查的人口数据统计资料共有五次（见表 4-1）。从该数据来看，隆子县民族结构以藏族为主体，人口较少民族为珞巴族和门巴族，且人口基数非常小。随着生活条件、医疗条件的改善，近年来隆子县的人口自然增长率较平稳，1999 年人口自然增长率为 9.18‰，2000 年人口自然增长率为 8.47‰。其人口的机械增长变动主要因素为家居外县、外地人员户籍转入隆子县，结婚嫁出和结婚迁入，升学或外出参加工作迁出，毕业分配迁入等。随着社会经济等各项事业的全面发展，人民生活水平不断提高及

医疗条件的不断改善，珞巴族出现人口逐年递增的势头（如图4-3所示）。

表4-1　隆子县各民族人口统计数据

年份	汉（人）	藏（人）	珞巴（人）	门巴（人）	回（人）	总人口（人）
1959	56	19856	34	—	—	19856
1980	345	23670	96	1	—	24112
1982	267	24422	103	4	4	24800
1990	113	28652	105	3	3	28950
2000	233	—	136		4	32103

资料来源：数据来源于隆子县人民政府《隆子县志》，2010

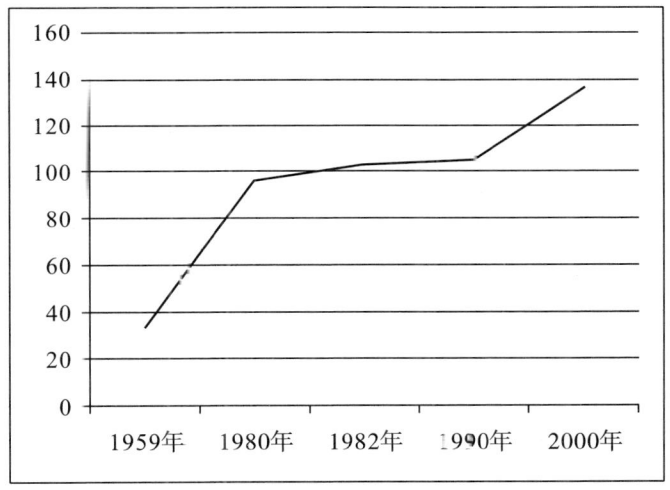

图4-3　隆子县珞巴族人口年度增长

资料来源：数据来源于隆子县人民政府《隆子县志》，2010

在居住形式上，珞巴族以氏族、部落的组织形式分散居住，一个聚落往往包括珞巴族的多个部落，聚族而居是珞巴族分布的特点。在村落中，珞巴族部落又往往与藏族、门巴族、回族、汉族等民族聚居在一起。

据2013年入户调查数据，斗玉村总人口为203人，其中珞巴族154人，藏族49人，珞巴族群众数量占比为71%，藏族群众数量占比为29%（如图4-4所示）。其中，珞巴族的部落由崩尼、纳、玛雅、布瑞、巴依五个部落组成，有珞巴族与藏族通婚的情况。多民族聚居一方面实现了民族团结与融合的良好愿望，增进了民族之间的友谊；另一方面，从珞巴族民众的生活习俗上来看，较多地受到藏族习俗的影响。

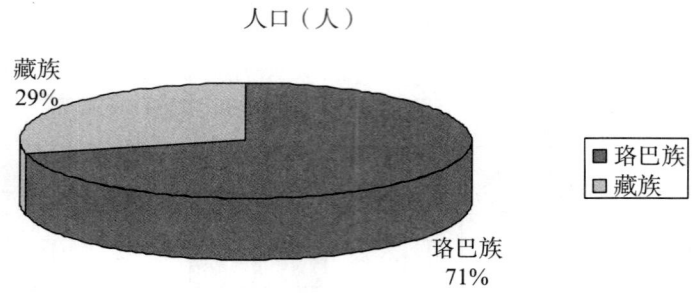

图 4-4　斗玉村人口的民族构成图（2013 年）

4.1.2.3　聚落空间功能复合型

隆子县与印度有 163 公里的边境线，边境地区是维护国家主权和领土完整的战略重地、国家对外开放的重要门户，在改革、发展、稳定大局中具有非常重要的战略地位。珞巴族、门巴族等是长期以来生活在我国西藏漫长边境线上的人口较少民族，其聚落具有区位典型性、功能复合性、文化稀缺性等重要特征。

（1）区位典型性。

隆子县斗玉珞巴民族乡斗玉村有边境通道 3 条，设置有一个公安边防派出所。珞巴族村民与境外珞巴族民众语言相通、风俗习惯相同，互有姻亲关系，具有血缘关系，民间交往及走动较为频繁。

从聚落的位置来看，他们居住在边境地区，其生产生活状况直接关系到边境稳定和国家安全，其聚落发展直接影响到民族团结、社会稳定、国土安全，是重要的国家安全屏障。

（2）功能复合性。

从自然条件来看，人口较少民族聚落多分布在西藏边境高原高寒高海拔地区，自然条件恶劣，基础设施薄弱，经济发展落后。隆子县斗玉珞巴族村位于高山峡谷地区，海拔约 3100 米，山高谷深，与外界的交往很少。

其聚落承担了居住生活功能，种植生产、养殖业生产功能，民众的日常社会活动也主要在聚落内村民之间开展，具有功能复合性特征（如图 4-5 所示）。

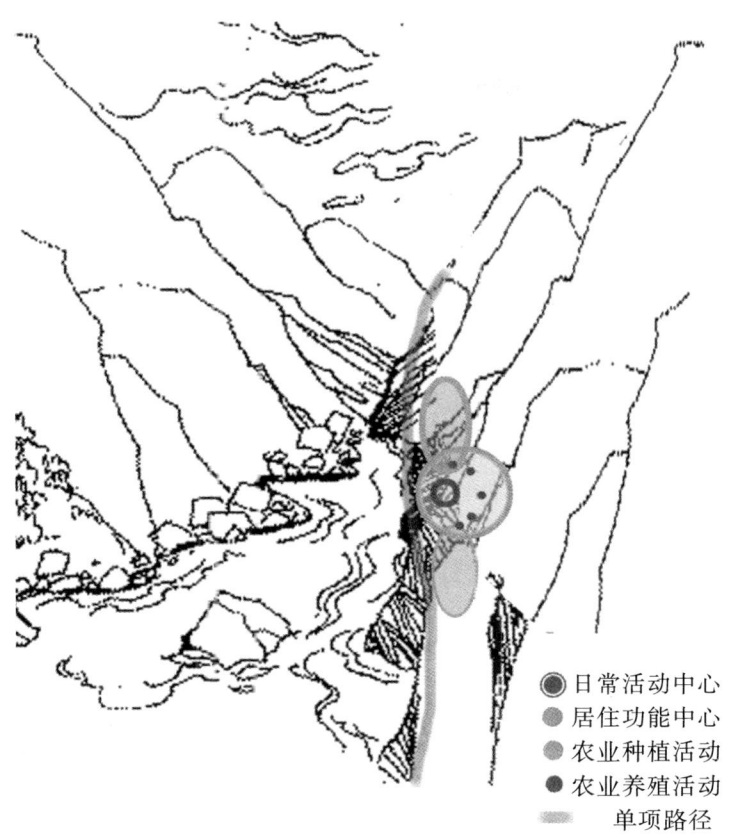

图 4—5 功能复合性空间

由于地处西藏高原,植被生长环境脆弱,斗玉村村民的生产生活用水主要来自泉水、雪山融水和降水补给,生态环境脆弱。因此,该地域既是珞巴族的生活家园,从宏观战略意义上看,也是我国重要的生态安全屏障。

(3) 文化稀缺性。

"稀缺性"一词来源于经济学术语,是指在某一特定"时—空"里,人们的需求总是超过了能用于满足该需求的资源[1]。根据文化圈理论,文化的发展方式主要是以传播为途径,文化的发展变迁,如同水波一样形成一个个同心圆,越是边远偏僻的地方,受到横向文化传播方式的影响越小;文化发展与变迁以纵向传播为主,社会经济文化发展变迁过程越缓慢,保留的文化原真性内涵就越丰富。

---

[1] 颜家水、黄贵新:《经济学基础》,中国传媒大学出版社,2009 年。

斗玉珞巴族的文化稀缺性体现在独特性、原真性、濒危性。物以稀为贵，在较少人口传承的民族文化面前，具有较强民族文化符号的珞巴族民族文化成为我国中华文化大家庭中一个重要的分支。

文化的纵向传播受阻。珞巴族是游猎民族，有语言，没有文字，本民族文化消失现象严重。有关本族历史、传说的传承仅仅依靠一代一代的口口相授，在仅存的说唱老人去世之后，其历史文化真实性的传承岌岌可危。

文化的横向传播受到外来文化影响。在长期与藏族、汉族、门巴族等民族交融过程中，珞巴族生活习俗受藏族文化影响最深，斗玉村珞巴族的民居建筑风格、村民的日常饮食及食品制作方法基本上与藏族相同。在此情况下，珞巴族民族文化在本地文化圈内受到藏族文化的影响及现代文明的渗透，其文化的原真性成为一种稀有的文化资源。

4.2 斗玉村珞巴族非物质文化遗产

珞巴族在漫长的民族形成与历史发展过程中，积淀并形成了独具特色的民族文化，其优秀的民族文化遗存被国家及地方文化保护部门确定为各级文化遗产与非物质文化遗产，其文化价值获得了学术界肯定。目前，斗玉珞巴族乡（村）在非物质文化遗产方面，已获得各级政府立法保护的文化遗产项目类型有珞巴服饰、珞巴钢刀、珞巴刀舞等（见表4-2）。

2008年6月，由西藏自治区隆子县、米林县两县联合申报的"珞巴族服饰"项目经国务院批准，被列入第二批国家级非物质文化遗产名录（遗产编号：X-112），珞巴族服饰获得了良好的保护与传承。如今斗玉珞巴民族乡有珞巴服饰非物质文化遗产传承人2名。

斗玉珞巴民族乡出产的珞巴钢刀源于珞巴族群众的狩猎工具，是山南地区级文物保护手工艺品。其源头可以追溯到吐蕃时期。

"珞巴刀舞"被列为隆子县县级非物质文化遗产。

珞巴民族历史上是游猎民族，弓箭为其主要狩猎工具，珞巴族男子具备高超的箭术。射箭比赛是珞巴族民间传统习俗。射箭比赛作为竞技类项目被列入区级非物质文化遗产保护名录。

由于斗玉乡珞巴族文化艺术特色浓厚、项目类型丰富多彩，《西藏自治区人民政府关于命名西藏自治区民间文化艺术之乡的决定》将隆子县斗玉乡（珞巴艺术）命名为"西藏自治区民间文化艺术之乡"。

4 时—空互证：斗玉村文化空间实践及旅游价值认知

表 4-2 获得各级文化部门立法保护的斗玉珞巴族文化遗产

项目名称	认定机构	等级
珞巴钢刀	西藏山南地区	地区级文物保护手工艺品
珞巴服饰	文化部（2008 年）	第二批国家级非物质文化遗产名录（遗产编号：X-112）
珞巴刀舞	隆子县人民政府	县级非物质文化遗产
射箭比赛	西藏自治区	区级非物质文化遗产保护名录

4.3 民族乡村文化资源及旅游价值认知

民族乡村文化资源是具有文化价值的物质或非物质形态存在的民族乡村文化。从文化遗产价值认定与保护的法定程序上看，它是一个动态发展的过程，建立在我们对文化资源的价值判定基础之上，同时也需要经历时间的检验。因此，暂时未获得国家认定其价值的民族乡村文化资源虽然不具有"身份"的意义，但其文化价值同样值得我们重视。对此，黄明玉（2015）提出，目前我国现行文物保护法中的遗产概念尚需要在定义和价值认识上做进一步修正与补充①。

乡村文化、文化遗产、世界遗产等概念由来已久。对于绝大多数尚未认定为世界遗产，但具有一定文化价值、深藏于乡村之中的文化遗产，或者未能入选文物保护范畴的大量民族乡村文化资源，要进行深入的追根溯源，分析其承载的文化价值内涵，避免在乡村建设中受到无意识的损毁。

基于对民族乡村文化资源价值的审慎认知，本书从珞巴族先民遗址、农牧业生产文化、乡土聚落及民居建筑文化、民族民俗文化四个方面对斗玉珞巴民族乡村文化资源进行考察与价值分析。

4.3.1 珞巴族先民遗址

4.3.1.1 历史文化研究价值

作为中华大家庭的一员，珞巴族文化是中华文化宝库的重要组成部分。其

---

① 黄明玉：《文化遗产概念与价值的表述——兼论我国文物保护法的相关问题》，载《敦煌研究》，2015 年第 3 期，134～140。

聚落是民族文化的物质载体，是具有中华民族特色文化的保护地。先民遗址是乡村文化遗产的重要组成部分，它的保护和开发要遵从历史遗产原则。《威尼斯宪章》中关于古迹保护与修复的部分就曾经有针对性地讨论了这一问题，"世世代代人民的历史古迹，饱含着过去岁月的信息留存至今，成为人们古老的活的见证。"遗址本身贮存着大量的历史文化信息，是其宝贵的历史文化研究价值所在。

在斗玉村距离现村落聚居点约2公里的半山腰上遗留着珞巴族聚落遗址，具体年代待考证。现在通往遗址的山路仍然存在，仅能容一人通行，遗址内仍能见到原民居的残存的石墙，历经风雨之后，诉说着当年的故事（如图4-6所示）。

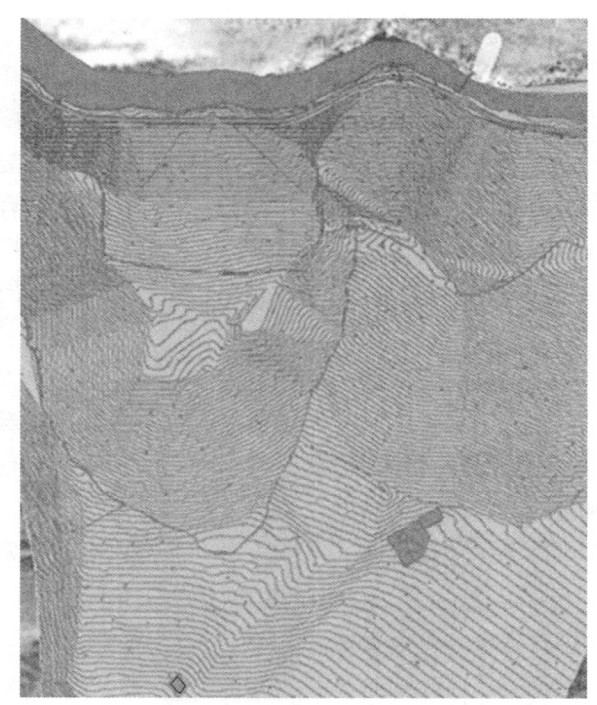

图4-6　斗玉村珞巴族先民遗址位置

来源：张子琪绘制

人口较少民族的重要特征是本民族人口数量少，其文化影响力较弱，在强势文化的包围下，更显孤独与弱势，容易受到强势文化的辐射。斗玉珞巴族聚落在藏文化的影响区范围内，随着社会观念、生活方式的快速变化及信息化的影响，其民族文化面临着被同化的危险。

4 时—空互证：斗玉村文化空间实践及旅游价值认知

从田野调查的资料看，原珞巴族先民遗址坐落在色曲河流域的南山腰平地，占据向阳的地理优势，形成地势高爽、背山面水的居住环境。由于山腰的平地建设空间有限，选址建房形成了小聚居的形态，形成了3~5户小规模的聚居空间。遗址地距离河谷的垂直高差约200米，沿山势蜿蜒的山间小道形成了与外界唯一的交通途径（如图4-7所示）。

图 4-7　山南斗玉村珞巴族先民遗址

来源：张子琪拍摄

有关文献记载，大约在15世纪，今隆子县扎日一带，就有珞巴人居住。但这些古代的珞巴人是否就是现在各部落珞巴人的祖先，已无从考证。《珞巴族简史》记载，珞巴族与藏族之间的贸易交往，最迟在一百八十多年前，其中在珞瑜北部与藏区交界的地方，就形成了几个较大的交易点，包括隆子县的三安曲林乡（斗玉时属三安曲林乡）[①]。

4.3.1.2　民族文化研究价值

通过对斗玉珞巴族先民遗址的测量，对比建筑空间的尺度可以发现，在同等规模的遗址周围存在一栋尺度大数倍的建筑遗址，呈"一"字形排列（进深22米×面宽11米），可以推测较大体量的遗址为该聚落的公房[②]，又称为"长屋"。长屋的存在反映了斗玉村珞巴族先民氏族家庭和家长奴隶制的存在。陈

---

① 珞巴族简史编写组：《珞巴族简史》，西藏人民出版社，1987年。
② 注：公房为仪式、受教育、娱乐和氏族议事的场所。

立明（2009）考证，目前我国珞巴长屋已消失①。由此，能实物考证珞巴族部落生活制度的物质遗存显得更加珍贵。在正房一侧有一间搭接的耳房，推测为仓库、厕所或猪牛圈舍等，反映了当时先民已经具有较强的生产能力（如图4-8、图4-9所示）。

 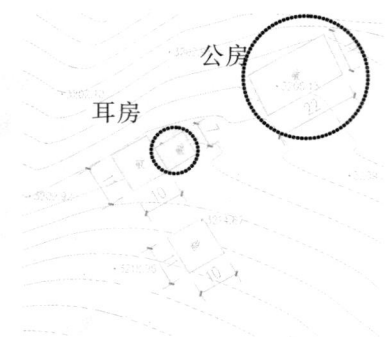

图4-8　山南斗玉村珞巴族先民遗址　　图4-9　珞巴族先民遗址的建筑猜想

来源：张子琪拍摄

从建筑材料来看，均为当地所产的片石。陈立明（2009）考证，无论是长屋或小栋房，珞巴族建筑式样均为干栏式，适应珞瑜多雨潮湿的气候和环境②。斗玉村珞巴族先民遗址的建筑材料选择及构造方式，反映了珞巴族先民在迁徙定居的过程中，建房技术水平和认识从干栏式、地居式到夯墙式的进步，加强了遮风避雨的建筑功能，提高了建筑的坚固性与舒适度，是适应自然、改造利用自然过程中的进步。

国际古迹遗址理事会《乡土建筑遗产宪章》指出：本土建筑是社区居民安置自己的传统与自然之道。它是一项持续的过程，包括必要的改变以及对于社会与环境限制回应而不停的调适。

郭文（2015）提出"原生空间"的概念，即是以土地为根基的自然空间，具有鲜明的物理性③。在笔者看来，2013年之前笔者进入斗玉珞巴族村落时所观察到的村落存在空间可视为村落的原生空间，首要条件是2013年之前的斗玉珞巴族村落处于相对封闭、隔离的乡土村落自然存在状态，是村民与当地政

---

① 陈立明：《珞巴族的传统文化与环境保护》，载《西藏大学学报（社会科学版）》，2009年第4期，第6～12页。

② 陈立明：《珞巴族的传统文化与环境保护》，载《西藏大学学报（社会科学版）》，2009年第4期，第6～12页。

③ 郭文：《旅游空间生产：理论探索与古镇实践》，科学出版社，2015年。

府营造的自在之物,包括自然环境空间、生产生活环境空间,属于文化基因和文化遗产的基底,具有特殊的地域性。

4.3.2 农牧业生产文化

历史上珞巴族是以游猎为主的民族,长期在丛林中以采集、打猎、刀耕火种为生产方式。在漫长的石器时代,农业生产几乎处于原始状态。在铁器农具未进入之前,当地村民的传统农具有木犁、木耙、耙机、草叉、连枷等。木犁用来犁地,一般只能耕地两亩就得更换;木耙用来平地、分畦、翻晒粮食;耙机用来除草、松土;连枷用来脱粒。这些传统农具工效低、质量差,处于原始状态,耕作粗放,收成很少。1959年,西藏和平解放后,隆子县人民政府为广大农户无偿发放了大批铁制农具,如犁头、锄头、镰刀、铁锹、十字镐等,用以代替传统的木制农具。

由于高山峡谷的地形限制,斗玉村耕地少,土壤贫瘠,受传统农牧业的束缚,农业机械化水平低,以家庭为单位"小而全"的经营模式比较普遍。现在的斗玉珞巴族村民以农牧业生产为主,农作物主要品种有冬青稞、冬小麦、油菜、荞麦等。因此,珞巴族农业生产方式简单,生产规模小,农业生产薄弱(见表4-3)。

农业生产是与农业文化、农业文化遗产直接相关的活动,是乡村的基础性活动,农业生产及农业文化缺失也是珞巴族作为人口较少民族发展过程中的典型特征。

表4-3 珞巴族农牧业生产状况

类别	图片示例	解读	备注
农业生产		在村落外围有限的河滩地种植,有冬青稞、小麦、油菜、荞麦等品种	农业生产用地有限,效益低
畜牧养殖		部分村民以户为单位,在院落内部空间养殖牛、羊、家禽等	居住空间人畜未分开

续表4-3

类别	图片示例	解读	备注
经济采伐林		用于冬季取暖的薪柴	实行公益林保护工程后，村民砍伐采伐林木材用于生活取暖

4.3.3　乡土聚落及民居建筑文化

4.3.3.1　从珞巴族民居的发展演变说起

从珞巴族的大量传说、一些生活习俗以及零星的古籍记载说明，珞巴族的祖先经历过穴居与巢居的过程。珞瑜地区山高谷深、多雨潮湿，特殊的自然环境和气候条件造就了珞巴族民众对住屋形式的选择。早期珞巴族住宅按照建筑形式可以分为干栏式和地居式。

（1）干栏式。

干栏式是竹木结构的两层建筑，一般位于半山腰的缓坡上，平面呈矩形。按照崩尼部落的叫法，这种干栏式住宅称为"南塔"。底层架空1~2米，用于堆放柴火、畜养牲口，称为"那贡"；二层住人，称为"郭基"，二层地面接近山坡，门设在背山坡，门外有阳台，不设窗户；屋顶为四坡或双坡顶，用竹席搭铺，上覆盖茅草、稻草、秸秆、棕叶等乡土建筑材料（如图4-10所示）。

图4-10　姆热部落干栏式住宅

图片来源：https://tieba.baidu.com/p/2139698176?pn=2

（2）地居式。

地居式，也称"风篱式"，仍然存在于珞巴族其他聚落中。苏龙部落称之为"纠塔"，意为不像房子的草棚。"纠塔"为竹木结构，一般位于半山腰的平缓地段，平面呈矩形，四壁无窗，屋顶上铺设茅草。地居式住宅容易搭建，反映了珞巴族的游猎习俗（如图4-11所示）。

图4-11 地居式住宅

图片来源：刘晶：《西藏米林县琼林珞巴村空间特征图示化研究》，中国建筑设计研究院硕士论文

4.3.3.2 变迁中的珞巴族民居

2011年，隆子县斗玉村实施安居工程项目、网围栏工程、基础设施建设、环境绿化等"八到农家"工程，极大地改善了村落的人居环境。汉藏式住宅是西藏近年来在安居政策下普遍采用的住宅形式，它从建筑材料、建筑结构以及内部空间上都遵循了汉族的建筑方式，只是在建筑细部和生活习俗上还保留藏族或珞巴族传统的特征。在平面布局演变的过程中，斗玉珞巴族民居融合了壁桁式与汉藏式风格的共同特征。

（1）民居的平面形态及功能演变。

在当地政府的帮助下，斗玉村珞巴族民众在完成从山腰择址居住到色曲河谷地带集中聚居的过程中，生产方式得到了转变，生活类型也丰富起来。这些变化直接影响到民居的形态。

> 乡长扎西央金讲述过去村民们的生活方式：
> 以前，群众家里没有吃的、用的，他们才会上山砍伐树木，下山之后，大部分群众都是用木材换来生活费用。2003年国家实施公益林保护工程以来，斗玉珞巴民族乡里的树木被禁止砍伐，群众突然失去了生活来源，这使许多群众的思想转不过弯来，感情上也难以接受。

2011年，政府实施安居工程项目，引导村民改厨、改厕，基本实现了人畜分离。此外，还新建了大门、仓库、晒谷场、垃圾收集站、洗澡房等公共设施，村民的生活条件得到了改善。村民的主房和侧房之间不同的空间组合形成了"凹凸形""一字形""L形"三种基本类型，建筑普遍比周边道路地势略低，周围以片石围墙进行庭院空间的围合，用以存放农具、堆放木材、饲养牲畜等。院落围墙高度约为1.2米，透过围墙可以看见院落内景，具有半开放空间的特征（如图4-12所示）。

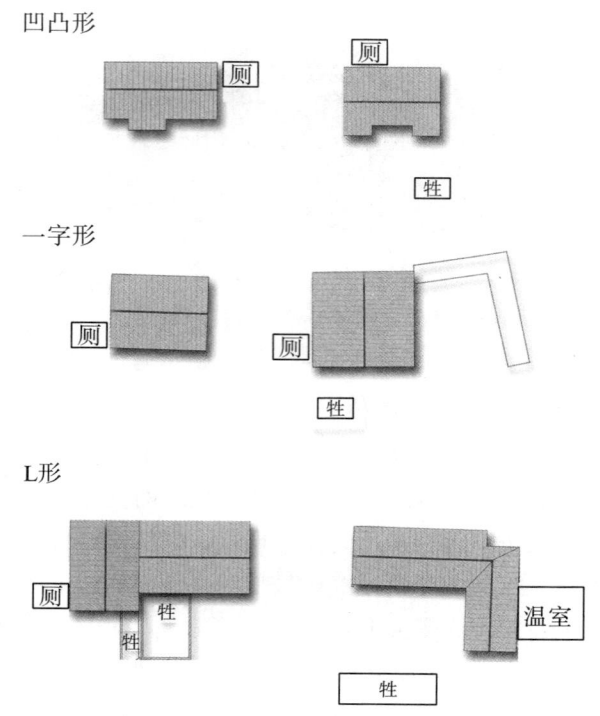

图4-12　斗玉珞巴族民居的平面形态

资料来源：《斗玉珞巴族生态文明小康示范村建设规划》，2013

在民居布局上，房屋一般为两层，底屋堆放柴火和作猪圈，二层住人。二层分主室和偏室，主室设火塘，是家人白天活动和夜晚睡卧之所，偏室平时堆放物品，有客人时供客人居住。一般人家在主室外都建有阳台，阳台与楼梯相接，人们进二层房间时需经楼梯到阳台后才能进入主室。阳台既是进主室的通道，又是夏日纳凉谈天的场所，还是晾晒粮食的场地。

（2）民居的建筑装饰演变。

汉藏式民居保留了珞巴族村民的民族信仰与生活习惯，这些文化元素主要表现在建筑装饰艺术上。如将兽骨（牛首等）装饰于正门檐口下，彰显珞巴族男人狩猎的勇武与祈求获得更多猎物。日月（珞巴族的图腾崇拜中以太阳为父，月亮为母）图腾用在门、窗的装饰图案上，其中，门是重点装饰的部位，由布满彩画的斗拱托起门上的檐口，以标识突出入口；窗户上也有彩绘装饰，围绕窗子形成一圈方形单色彩绘,窗洞较小。

多数汉藏式住宅都有主房和附属用房之分,并通过直角围合成院子。住房正中为门、对称两侧为窗,白色墙面,屋顶为蓝色或红色铁皮的四坡屋顶,住宅室内为平顶,开窗尺寸较小,整体感觉比较封闭(见表4-4)。

表4-4 斗玉村珞巴族乡土民居建筑特色表

建筑部位	示意图	特征描述
建筑与场地		建筑下沉,内部形成局部半地下庭院空间
建筑结构		墙体承重,片石砌墙,略为收分
屋顶形式		悬山双坡或歇山,蓝色铁皮
院门宅门		院门是装饰的重点,由彩绘、斗拱托起檐口
窗		开窗尺寸较小,具有防御与保暖的功能,窗套为黑色收分外檐;窗口上部有装饰(窗楣、彩绘过梁、香布等)

续表4-4

建筑部位	示意图	特征描述
装饰符号		兽首装饰，彰显珞巴族男人狩猎的勇武与祈求获得更多猎物；日月图腾
特殊构造		二层中柱，具有结构的作用，也寓意家庭的顶梁柱；雀替具有一定的承重作用，也可构图装饰

4.3.3.3 珞巴族民居的文化符号思考

传统的珞巴族民居是珞巴族民众在生产力低下的情况下适应自然、改造自然的认知与人力体现。建筑材料取材于当地，其民居形态特征具有强烈的地域特征，平面布局反映了当时的社会家庭组织制度和珞巴族的生活文化。

在安居政策的推动和影响下，现代建筑材料的使用和建造方式使珞巴族的传统民居风格几近消失，新建的汉藏式民居采用了诸如蓝色彩钢瓦等现代建筑材料，割裂了传统珞巴族民居的外观风格，不得不说这是对珞巴族民居建筑文化的建设性破坏，如何找寻珞巴族民居的风貌，是值得深刻思考的问题。

4.3.4 民族民俗文化

民族民俗文化是民族乡村文化的重要组成部分，是民族文化的核心与灵魂。乡村民俗文化是与乡村精神生活紧密相关的，以"非物质"或"无形性"为主要存在形式的乡村文化类型[①]。斗玉珞巴族村的民俗文化特色，主要体现在珞巴族民族文化的发展、民族性的形成、民俗文化的乡村性等类别，包括民族信仰与崇拜、民族传统节庆、民族音乐舞蹈、民族服饰、乡村生活用具等方面。这些富有魅力的古老民族民俗，是珞巴先民生产生活的再现，富有深刻的

---

① 佟玉权：《农村文化遗产的整体属性及其保护策略》，载《江西财经大学学报》，2010年第3期，第73～76页。

民族文化魅力。

4.3.4.1 民族信仰与崇拜

珞巴族信仰原始宗教,相信万物有灵和灵魂不死,崇拜的对象种类繁多、无所不在,崇拜方式多种多样(见表4-5)。陈立明(2009)[①] 将珞巴族的民族信仰划分为自然崇拜(日月星辰、风雨雷电、山川大地、巨石怪树等)、图腾崇拜(虎、豹、野牛、熊、鸽子、蛇等)、鬼魂信仰与祖先崇拜、生殖崇拜、天体崇拜等。据推测,珞巴族的崇拜对象与其生产力低下有关,所崇拜的对象都关系到珞巴族人的经济生产与日常生活,体现了珞巴族人对自然环境的朴素的世界观、人生观的认识,表达了对平安、美好生活的祈盼。这些信仰与崇拜都物质化地反映在斗玉珞巴族人的生活环境中。如他们对村落中大树的信奉与保护,大树下被村民挂上很多的祈福消灾的红色布条;动物兽骨则作为一种文化符号进入村民的民居重要位置,如门头等。

表4-5 斗玉村珞巴族图腾崇拜一览表

类别	崇拜对象	图片示例	解读
自然崇拜	日月星辰、山川大地、江河湖泊等自然万物和各种神秘的自然现象		斗玉珞巴族村落中的大树被奉为"神树"
图腾崇拜	各部落所崇拜的图腾物达百余种之多,主要有动物、植物和无生物三类		珞巴族男人日常佩戴的钢刀与飘带的图案组合

[①] 陈立明:《珞巴族的传统文化与环境保护》,载《西藏大学学报(社会科学版)》,2009年第4期,第6~12页。

续表 4—5

类别	崇拜对象	图片示例	解读
生殖崇拜①	住所内和田地中陈设男性生殖器"卡让欣"		祈求人丁兴旺，以男性为中心的父系氏族社会制度
鬼魂信仰与祖先崇拜	祖先的魂灵是氏族和村寨的佑护者，是子孙后代的保护神	（无图片）	对超自然神秘力量的敬畏
天体崇拜	太阳崇拜		太阳是正义的使者和化身，带来光明和温暖

珞巴族群众在长期的生产生活中形成了对万物的崇拜、敬仰与敬畏，杀鸡占卜是珞巴族的主要宗教活动，如婚丧嫁娶、祭祀、修房、狩猎、出远门等都要通过巫师杀鸡占卜来判断吉凶祸福。

4.3.4.2 民族传统节庆

民族节庆是文化风俗的传承，蕴含着丰富的文化内蕴，既表现出一个民族对于生活的热爱、对于未来的祈望，又展示出一个民族的伦理、礼仪、交往和行为方式，具有很强的联络情感的作用和凝聚社会群体的功能。珞巴族的很多节日与自然界季节相关，或祈求丰收，或崇拜神灵，或赞颂英雄，或载歌载舞……节日是民族历史的活化石，是民族生活方式的集中体现，也是民族传统生产生活与文化的生动展示。

珞巴族的传统节日有尼波布节、昂德林节、尼乌节、旭独龙节、笼德节、安地若木节。其中，旭独龙节为年节；尼波布节是崩尼部落为夏收作物准备的节日；昂德林节为丰收节，是珞巴族传统农祀节日；尼乌节为播种节，具体日期各户自定；笼德节是为祈求幸福、富裕，在氏族范围内举行的庆祝活动，三

---

① 冀文正：《珞巴族男性生殖崇拜趣闻》，载《西藏文学》，2000年第2期，第15页。

年左右举行一次，具体日期由巫师杀鸡看肝确定；安地若木节为庆祝割完早稻的丰收节日。

4.3.4.3 民族音乐舞蹈

才旦卓玛（2012）[①] 认为，珞巴族音乐受环境和生活习俗的影响，在休闲、劳动、远足、婚娶、丧葬、祭祀时，触景生情，即兴创作歌曲，珞巴族民歌主要分"夹依""百力""月""亚里"等。珞巴族舞蹈中各种动作大多来源于生活，粗犷豪放，集中体现了老百姓生产劳动情境。男子多用"刀""弓箭"来做一些在生活中打猎的舞蹈动作，如珞巴族男子在狩猎活动中的挥、砍、刺等一些形象生动的动作；女子的舞蹈动作大多以收割玉米、捡玉米、装玉米、戳玉米等劳动生活形象为题材。

乌丙安（2007）[②] 指出，凡是按照民间约定俗成的古老习惯确定的时间和固定的场所举行的传统大型综合性的民族民间文化活动，就是非物质文化遗产的文化空间形式。由此可见，珞巴族的民族传统节庆与民族音乐舞蹈的有机结合，在固定的时间段、固定的场所，就形成了典型的民族特色文化空间。

4.3.4.4 特有交通方式

由于珞巴族生活的珞瑜地区处于山林茂密、岗峦起伏的高山深谷地带，人烟稀少，且河谷地带河流湍急，村落之间的距离较远，在交往和运输的过程中，珞巴人选择了简单而实用的交通方式，采用竹或藤篾编制的背篓作为运输工具。在逢山开路、遇水搭桥的过程中，形成了栈桥、天梯、藤条、竹木桥、溜索、藤网桥等独特的交通建筑。

藤网桥（如图4-13所示）[③] 是一种用藤索编织搭建的管状悬空网桥，多架设在水流湍急、河面宽阔、地形险峻的交通要道上，形成了珞瑜地区独特的景观，反映了珞巴族民众高超的筑桥技艺与智慧的头脑，是珞巴族人所特有的建筑。

[①] 才旦卓玛：《浅谈西藏山南隆子县斗玉乡"珞巴族"的音乐文化特征》，载《城市建设理论研究（电子版）》，2012年第32期，第1~3页。

[②] 乌丙安：《民俗文化空间：中国非物质文化遗产保护的重中之重》，载《民间文化论坛》，2007年第1期，第98~100页。

[③] 冀文正、李跃平：《20世纪50—60年代西藏墨脱县珞巴族老照片与民风民俗》，载《民族学刊》，2012年第2期，第48~62页。

图 4—13　奇特的藤网桥

资料来源：冀文正　拍摄

随着政府基础设施建设的实施，藤网桥成为历史，逐步消失在人们的视野中。现在山南斗玉珞巴族的天梯、藤网桥等宝贵遗迹已不见踪影，只有在冀文正先生五六十年代于墨脱工作期间记录下来的珞巴族民俗珍贵照片上，能够让人一睹珞巴族人取材于当地特有藤条编制而成的，凝聚珞巴族民众智慧的独特桥梁。

然而，藤网桥的记忆始终在珞巴族老人的心中。斗玉村现年 56 岁的村党支部书记边久回忆道：

> 改革开放前，我们珞巴族除了有供人行走涉渡的小道、桥梁及供人攀缘的木梯、藤索外，没有车马舟船等交通工具，全靠徒步行走。

4.3.4.5　传统手工技艺——石锅与竹编

西藏和平解放之前的珞巴族基本处于"刀耕火种、刻木结绳记事"的原始生活阶段。珞巴族人凭借智慧，充分利用自然界的材料制造生活用具，如石器、竹、木。冀文正先生详细地记录了石锅的制作过程，珞巴族人凭借精美的雕刻手工技艺，将一块整石雕刻成精美的石锅[①]（如图4－14、图4－15所示）。

图4－14　珞巴族人在造石锅

图片来源：冀文正拍摄

图4－15　珞巴族人精造的石锅

图片来源：冀文正拍摄

珞巴族生活的珞瑜地区，雨量充沛、气候温和，生态环境较好，适合竹、木等生长，有充裕的竹、木资源。木碗、竹编器具成为珞巴族人民日常生活中必不可少的盛物、运输的用具。如今，木碗加工、竹编工艺在斗玉珞巴族乡（村）得以传承，并成为部分村民主要的收入来源（如图4－16、图4－17所示）。

图4－16　制作竹编的珞巴族村民

资料来源：张子琪拍摄

图4－17　村民家中的竹编用具

资料来源：张子琪拍摄

---

① 冀文正、李跃平：《20世纪50—60年代西藏墨脱县珞巴族老照片与民风民俗》，载《民族学刊》，2012年第2期，第48～62页。

据斗玉珞巴族乡政府统计数据，2013年斗玉珞巴民族乡从事木碗加工的有8人，属于单人加工类，暂未形成规模化生产，木碗市场价格约40元/个，年产量约700个，产值约2.8万元；从事竹器编织的有10人，有意向从事竹器编织的有65人左右。

4.4 斗玉村旅游资源价值评估及旅游开发导向

由于历史原因，斗玉村与国内其他民族乡村一样，地理区位较差、经济发展水平较为落后，虽然自然环境较为良好，但生态及民族文化较为脆弱。在民族乡村社会经济发展与民族乡村文化资源价值开发的路径探寻中，民族旅游业成为大多数民族乡村的发展方向。在此背景下，斗玉村的民族文化与乡村旅游资源价值评估成为斗玉村民族旅游发展的基础条件。

4.4.1 旅游资源价值的定量评估

对斗玉村旅游资源进行评价，主要根据国家旅游局、技术监督局颁布的《2003年旅游资源分类、调查与评价》。在资源要素评价因子中，突出了观赏游憩使用价值，历史文化科学艺术价值，珍稀奇特程度，规模、丰度与概率、完整性，知名度和影响力，适游期或使用范围等，结合斗玉村的文化旅游资源现状，从民族文化修复、保护与传承的角度，参考各类文字描述资料，对斗玉村旅游资源进行评价。如珞巴民居，参照旅游资源分类表，理论上应被列入主类F/亚类FD居住地与社区/基本类型FDA传统与乡土建筑，然而，珞巴民居受藏族民居影响比较明显，因此从旅游资源价值考察的角度对其进行评价，利于从保护的角度引起人们对珞巴民居文化的重视。

笔者对斗玉村旅游资源进行分数量化，珞巴服饰、珞巴音乐为四级旅游资源，珞巴刀、珞巴刀舞、民族信仰、传统节庆为三级旅游资源，民族手工艺、传统民居为二级旅游资源，先民遗址、藤网桥为一级旅游资源（见表4-6）。

4 时—空互证：斗玉村文化空间实践及旅游价值认知

表4-6 斗玉村旅游资源价值评价列表

评价项目	资源价值要素					资源影响力		附加值	总分	级别
分值	85					15		-5~3	100	
评价因子	观赏游憩使用价值	历史文化科学艺术价值	珍稀奇特程度	规模、丰度与概率	完整性	知名度和影响力	适游期或使用范围	环境安全与环境保护		
分值	30	25	15	10	5	10	5	-5~3		
珞巴服饰	25	18	13	6	4	6	2	2	76	四级
珞巴刀	21	16	12	5	4	5	2	2	67	三级
珞巴刀舞	21	15	12	4	3	4	2	-3	60	三级
先民遗址	12	12	8	4	2	1	2	-3	38	一级
民族信仰	18	17	9	5	4	5	2	2	62	三级
传统节庆	21	15	12	5	3	5	3	2	66	三级
传统手工艺	12	13	8	4	3	4	2	2	48	二级
传统民居	12	19	9	7	2	6	2	-3	54	二级
珞巴音乐	24	18	13	6	4	7	3	2	76	四级
藤网桥	21	18	0	0	0	6	2	-3	44	一级

备注：依据旅游资源单体评价总分，将其分为五级，从高级到低级：五级旅游资源，得分值≥90分；四级旅游资源，得分值≥75~89分；三级旅游资源，得分值≥60~74分；二级旅游资源，得分值≥45~59分；一级旅游资源，得分值≥30~44分。

4.4.2　斗玉村民族旅游开发导向

珞巴族是人口较少民族,其文化影响力很弱,在强势文化的包围下,容易受到强势文化的辐射。斗玉珞巴族聚落在藏文化的影响区范围内,随着社会观念、生活方式的快速变化及信息化的影响,其民族文化面临着被其他文化渗透的危险。因此,在有限的地域空间和漫长的时空跨度面前,斗玉珞巴族聚落成了珞巴族民族文化最后的守护阵地,是珞巴族民族文化重要的基因库。

因此,本书提出以"旅游先导"的思路促进斗玉村社会经济文化全面发展,以可持续发展为指导思想,实现以多方面、全方位的发展带动斗玉村乡村发展。在民族旅游开发导向下,以民族文化的保护和传承为核心,通过民族旅游开发,强化民族文化特色,提升生产生活水平。

4.4.2.1　通过民族旅游开发,强化民族文化特色

(1) 民族旅游开发促进文化本真性、整体性保护。

民族旅游作为一种重要的旅游市场类型,体现了旅游消费者对异质文化消费的需求,具有较为特殊的客源对象群体特征。邓永进等(2010)[①]从地理分布特征、人口特征、文化特征、行为特征四个方面对我国少数民族客源市场进行了细分研究。从民族旅游客源市场的地域、人口、文化、行为等方面分析可见,民族乡村独特性、异质性、原真性、整体性的人文景观与自然景观环境,是对客源群体最具吸引力的旅游资源要素(见表4-7)。

表4-7　民族旅游客源对象特征表

民族旅游客源对象特征			
地理分布特征	人口特征	文化特征	行为特征
汉族聚居区为主	汉族人口为主	受教育程度较高	观赏领略型、感悟探索型、重游率高
长江三角洲、珠江三角洲、京津唐区域和东北三省地区	年龄:20~70岁,大多属于城市人口;性别:男性旅游者较多	公务员、教师、科研人员、作家、艺术家、公司职员和企业职工	了解少数民族文化及风情,购买原生性少数民族旅游产品

资料来源:作者根据邓永进等(2010)整理

[①] 邓永进、谯丹:《我国民族旅游细分市场特征分析》,载《学术探索》,2010年第6期,第30~34页。

（2）斗玉村民族旅游开发核心要素。

通过民族旅游开发，从游客需求的角度强化珞巴族物质形态和非物质形态的文化环境，传承和发展民族特色文化。通过对珞巴族民族文化的深入研究、发掘与利用，形成斗玉珞巴族文化形象建构，在民族旅游形象推广的同时兼顾民族文化自信的树立，走向民族文化自觉、自强。通过对斗玉珞巴族乡村文化资源的培育、利用，建构斗玉珞巴族民族乡村文化空间、文化符号，形成民族乡村文化环境，建立斗玉村文化"金字塔"，既符合民族旅游的吸引物要素营造，也利于民族文化的保护与传承、发展。

通过民族旅游开发，启动斗玉村珞巴族文化遗产保护与传承。族源源于民间故事和传说，其真实性无法从实物考证，先民遗址是斗玉村珞巴族先民在地球这个自然环境中、在人类社会发展这个人文环境中留下的具有真实性、完整性和表现性的足迹。从这个意义上讲，守护先民足迹就是留住了一定时间段内珞巴族先民的阶段性印迹，就是守护族源。对长期生活在丛林中的珞巴族而言，先民遗址是其民族从游猎生活走向定居生活的标志，反映了民族生活进步的一个重要进程，且是真实记录的具体表现。因此，斗玉村珞巴族先民遗址的价值可以定性为：作为珞巴族历史发展中环境演变和人与自然关系的真实记录，具有一定的科学文化底蕴，不仅是考古学研究的对象，也是政治、经济、文化、环境、艺术、建筑、生态、地理等领域直接或间接研究的对象；不仅是构成珞巴族文物博物馆事业的基础，也是未来我国边境地区珞巴族乡村发展重要的文化旅游资源；不仅以直接或间接的历史教育、文化教育和科学教育的功能作用于现代社会，而且对增强民族凝聚力、培养爱国主义精神、促进旅游经济的发展都具有重大的现实意义和深远的历史意义[①]。可见，守护斗玉珞巴族先民遗址不是将其封存，而是对其进行价值评估、现状调查记录、确定适当的保护办法和管理措施[②]。

通过民族旅游开发，引导珞巴族文化发展演变。珞巴族这个古老而年轻的民族具有深厚的民族传统文化资源，包括已经获得各级政府认定的非物质文化遗产和民族乡村文化资源，以物质形态和非物质形态的方式存在，共同构成了斗玉村的民族乡村文化空间。随着斗玉村社会经济的发展，珞巴族的先民遗址历史文化、农牧业生产文化、乡土聚落及民居建筑文化、民族民俗文化等方面

[①] 陆建松：《中国大遗址保护的现状、问题及政策思考》，载《复旦学报（社会科学版）》，2005年第6期，第120~126页。

[②] 苏伯民：《国外遗址保护发展状况和趋势》，载《中国文化遗产》，2005年第1期，第104~107页。

发生了深刻的变化：珞巴族先民遗址被废弃，裸露于山腰之间，原石砌墙体在风吹雨打中逐步风化，宝贵的历史文化空间未得到及时的保护与管理；在藏族文化的影响下，安居工程项目明显地反映出珞巴族民居具有藏族建筑的元素；在藏族群众的生产生活习俗、民族之间通婚的影响下，珞巴族民众的生产生活习俗也呈现出藏族的元素。通过民族旅游开发，引导村民认识珞巴族文化的独特性，并进行珞巴族文化旅游价值的发掘与呈现，追根溯源，使村民回归到对珞巴族民族民俗文化的保护与传承上。

（3）民族旅游开发促进民族文化产业发展。

旅游纪念品及商品开发能够促进斗玉村珞巴族民族手工艺品生产、制作保护与传承。相关研究及实践已经证明，原生性的民族旅游产品对游客具有极大的吸引力。已经被认定为各级非物质文化遗产的传统手工技艺，可以从旅游产品研发与制造的角度进行深入的民族手工艺文化空间培育。如珞巴服饰、珞巴刀等在农民合作社的组织带领下进行制造与加工，以改善村民收入、发展乡村经济。尚未获得各级政府认定的珞巴族文化资源，如藤网桥、石锅、早期珞巴族民居建筑等，具有极高的民族文化价值、地域乡土文化价值，通过旅游商品、纪念品的生产制作获得经济效益，能不断唤起传统技艺传承人的工作热情，并由此引导培育传承人。

旅游活动策划促进珞巴族音乐舞蹈、节庆民俗的研究与传播。旅游活动是一种介质，通过对珞巴族音乐舞蹈、节庆民俗的开发，将民族民俗文化的保护、传承与研发利用有机结合起来，形成具有观赏性、参与性的旅游项目，引导村民的民族文化认同与文化自觉。民族旅游开发，以文化空间的保护和培育为主体目标，同时带动村民致富；以生产活动提高村民的生产生活水平、以文化水平的提高带动村民的文化认知水平，促使村民自觉形成民族文化意识、民族文化的觉醒；以文化空间表征机制、文化形象建构、制度建构、文化空间建构、文化符号建构、文化媒介生产建构等为实施路径，依靠国家战略扶持发展为驱动引擎，以自身造血功能培育为目标，以兴边富民行动计划、边贸振兴、文化扶持、少数民族人才培养为结合点，实践推动聚落文化空间拓展组合、聚落文化空间自然增长、复合型功能性文化空间有机植入，植入文化空间的表现性与真实性、民族性与主体性。

4.4.2.2　通过民族旅游开发，提升基础设施水平

民族旅游地可达性是影响民族旅游决策行为的主要因素，也是民族旅游地

可持续发展的重要依据①。其中，民族旅游地可达性包括外部可达性、内部准入性、经济可达性和信息可达性四个方面。通过民族旅游开发，道路交通、通信网络等基础设施建设，将大幅完善和提升斗玉村的可达性。在保护民族乡村文化核心实质的基础之上，基础设施的建设将使乡村融入现代产业，村民可以通过以工代赈、投工投劳等方式参与基础设施建设，提高乡村自身生产能力。同时，推进乡村各项基本生产生活设施建设，将极大地改善少数民族村民的生产生活条件。

在基础设施建设中，采用当地材料与传统工艺精心设计施工，不仅能够提升村民的生产生活水平，更能明显地提升村容村貌，增强村落民族文化氛围。经过这一番改造和提升，使更多的村落具备大力发展民族旅游的潜能，也能促进包括旅游在内的各项产业的整体发展。

本章小结

本章从斗玉村文化空间实践构成要素入手（社会空间，属于感知层面，可以用观察、经验或技术手段直接把握，担负着社会构成物的生产与空间的再生产职能），具体分析了斗玉村文化特性：民族性（珞巴族民族共同体）与乡村性（斗玉村乡村共同体）；对斗玉村非物质文化遗产项目（珞巴服饰、珞巴刀、珞巴刀舞等）、斗玉村民族文化资源（珞巴族先民遗址、农牧业生产文化、乡土聚落及民居建筑文化、民族民俗文化）等进行文化资源分析及旅游价值认知。

通过对斗玉村旅游资源价值定性与定量评估，提出斗玉村民族旅游开发导向；通过民族旅游开发，强化民族文化特色保护，提升基础设施水平与村民生产生活水平。

---

① 郑文俊：《乡村旅游地可达性评价——以广西柳州市7处典型乡村为例》，载《浙江农业学报》，2013年第2期，第392~398页。

5　过程—事件：旅游开发导向下斗玉村文化空间表征

5.1　"过程—事件"与文化空间表征

5.1.1　"过程—事件"分析策略

结合孙立平等（2005）[①] 提出的"过程—事件"，分析旅游开发导向下斗玉村文化空间表征：以典型事件作为切入点，着重考察事件的"过程、机制、技术和逻辑"。民族乡村文化空间的生产是一个长期的过程，在民族旅游导向下的斗玉村民族文化空间表征过程中发生了以民族乡村建设与民族旅游开发并行的典型事件，该"过程—事件"的结果，使斗玉村发生了明显的乡村社会转型。因此，"过程—事件"对行动过程和策略的强调，与本书案例地斗玉村民族乡村文化空间表征过程中所对应的文化空间构想及其物化过程在理论上产生了共鸣，是福柯、布迪厄等学者的前沿理论与研究方法的有机结合。

5.1.2　文化空间表征的内涵与外延

5.1.2.1　文化空间表征的内涵

列斐伏尔认为，三元辩证法中的空间表征属于概念的层面。同时，列斐伏尔提出空间三元辩证法的理论本质是"把各种不同的空间及其生成样式全都统一到一种理论之中，从而揭示出实际的空间生产过程"[②]。可见，列斐伏尔认同空间表征属于概念中的空间类型，不同的空间及样式（含空间表征）都会参

[①] 孙立平：《迈向对市场转型实践过程的分析》，北京大学出版社，2005年。
[②] 包亚明：《现代性与空间的生产》，上海教育出版社，2003年，第86页。

5 过程—事件:旅游开发导向下斗玉村文化空间表征

与实际的空间生产过程,空间样式的生成是动态变化的。

在学者们探讨空间表征的内涵方面,形成了两个明显的观点:部分学者认为空间表征属于社会空间的意识形态①;部分学者认为空间表征除了概念性内容之外,存在着对物质空间的概念投射②,这些空间在现实的生活情境中能动地建构关系,它既可以是环境性的空间,也可以是关系性的空间③。本书认为,从"时间—空间"的形成与演变角度思考,空间表征既包括概念化的空间构想活动,又包括空间概念的物质空间投射,产生了物质空间的生产过程与事件。在文化空间生产三元辩证关系中,民族乡村文化空间表征包括概念层面的构想与物质投射的内容,处于三元辩证关系的"核心部分"。因此,斗玉村民族乡村文化空间表征过程,包括多维度概念化的空间构想过程和民族旅游开发导向下的民族乡村建设中的物质投射事件(如图5-1所示)。

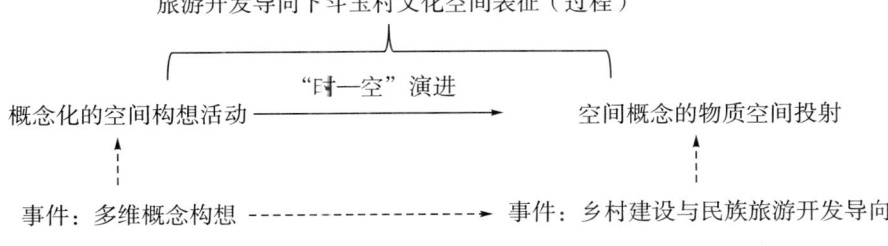

图5-1 斗玉村文化空间表征的内涵

5.1.2.2 文化空间表征的外延

在空间表征的生产关系中,生产的目的是维护统治者各种利益的知识、意识形态和权力关系。生产工具主要是一切社会的主要空间和认识论的力量来源。生产者群体主要是掌握生产关系权利建构的政府技术官员、科学家、规划师等。生产对象主要分为两个层面:一方面是属于意识形态领域的生产关系维护与建构,重点在制度设计层面,内容体现在对生产者和生产对象的分析、研究与生产力的提升上;另一方面是介于意识形态与物质形态之间的生产对象,体现为通过概念化的语言、文本、知识、符号、代码等组成的符号体系,将构想中的概念体现在物质空间的生产过程中,包括空间中的意识形态部分与物质形态部分。

---

① E W Soja: Third Space. Oxford: Blackwell, 1996.
② 郭文、黄震方:《基于场域理论的文化遗产旅游地多维空间生产研究——以江南水乡周庄古镇为例》,载《人文地理》,2013年第2期,第117~125页。
③ 李春敏:《列斐伏尔的空间生产理论探析》,载《人文杂志》,2011年第1期,第62~68页。

少数民族的发展一直是我国各级政府、专家学者高度关注的问题。政府的扶持发展政策推动了斗玉村的建设，既改善了公共基础设施与生活服务设施条件，也促进了当地生产力的发展，同时也促进了空间的涌现与转向，在空间关系、生产关系、社会关系三者之间呈现出了社会—空间辩证关系的发展。

斗玉村文化空间表征是以珞巴族、藏族群众长期聚居所积淀形成的民族文化空间实践为基础，在民族乡村建设中提出以民族旅游为发展导向的空间表征，按照对空间表征的"过程"理解，该过程分为两个阶段：首先是对空间的构想性、观念性和象征性的概念构想阶段，属于意识形态空间，侧重象征想象的精神性空间；其次是把实际可感的文化空间概念呈现出来，通过语言、文本以及意识形态来支配空间的生产，由知识、符号、代码组成的符号体系，具体表现为民族聚落文化空间、民族文化艺术空间、民族风俗文化空间等。

在重构空间的过程中，地方政府技术官员、规划师、科学家占据了文化空间表征的主导地位，村民参与文化空间构想，共同提出了斗玉村发展民族旅游的导向，发挥着各自的影响力，构成了文化空间生产的动力机制。通过对民族文化艺术、民族风俗、礼仪习惯等物质形态演绎，构成了以知识、符号、代码等为空间信息的表征工具，体现为对社会空间的建构，包括民族乡村文化空间的文化制度建构、文化形象建构、文化格局建构、文化符号生产、文化媒介生产等方面的内容。这些（社会）空间要素的组合形成了斗玉村民族旅游开发导向下的民族乡村文化空间生产的完整形态（如图5-2所示）。

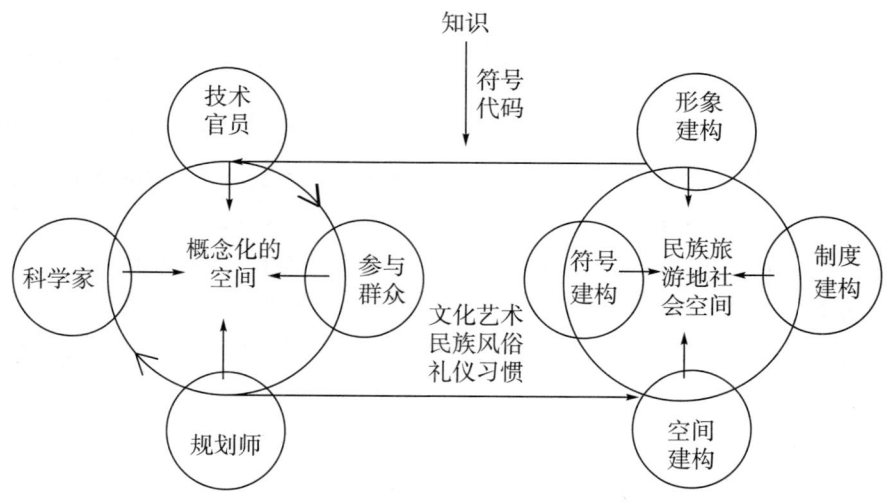

图5-2 民族乡村文化空间表征的外延

5.2 "1+N":文化空间表征制度建构

民族乡村聚落作为民族共同体与乡村共同体,依靠文化表征制度得以延续,文化表征制度作为乡村文化已经融入乡村文化体系,正如费孝通先生所描述的"差序格局""长老治村"模式是中国传统乡村的一种文化制度。对此,李东(2005)[①] 提出制度分为两种:一种是"官方的制度",另一种是"非正式的制度"。

斗玉珞巴族村的发展涉及各方面力量的参与。一方面,各级政府对于人口较少民族的政策扶持代表了"官方的制度",即列斐伏尔所认为的"技术官员"所构想的空间概念,是来自"官方的解释",是"官方的制度"的空间概念表征。另一方面,是来自乡村级组织的"非正式制度",乡村领导介于官方制度与非官方制度之间。在日常的乡村生活中,乡村领导既是村民,也与村民之间具有血缘和地缘关系,归属于村民组织中,遵守传统乡村决策制度;同时,乡村领导在上级乡镇所代表的官方制度的领导下,又体现了一定意义上的官方意志。因此,斗玉村的文化空间表征制度的两种主导力量就呈现出来了。

在"自上而下"方式主导的斗玉珞巴族村生态文明小康示范村建设过程中,形成了"1+N"多维的文化空间表征制度。其中"1"是指斗玉村村民,包括斗玉村的珞巴族、藏族村民,即使村民的文化程度不高,认知水平有限,也是乡村真正的主人,是乡村的使用者和管理者,乡村的所有活动必须以村民为中心进行展开,征集村民的意见,从村民的角度进行近期和长远思考。"N"是指由当地各级政府代表"官方的制度",以技术官员为代言人所形成的公共"政策维";由斗玉乡政府和斗玉村组织共同形成的"执行维",具体完成斗玉村建设的实施程序组织;由文化研究团队和规划设计团队等专业技术团队提供技术支撑所形成的"文化维、空间维";由工程施工公司参与项目实施的"技术维、利益维"等共同组成了多维空间表征制度(如图5-3所示)。

[①] 李东、许铁铖:《空间、制度、文化与历史叙述——新人文视野下传统聚落与民居建筑研究》,载《建筑师》,2005年第3期,第8~17页。

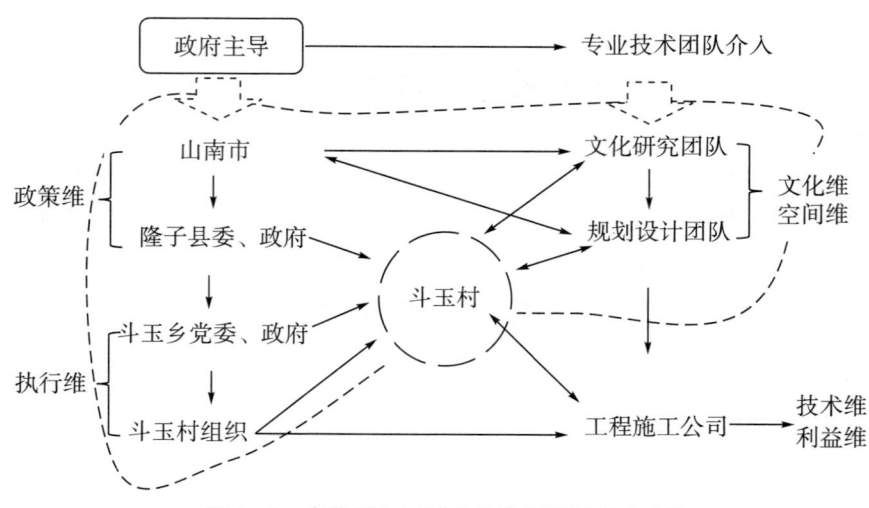

图 5-3　多维导向下的文化空间表征制度建构

5.2.1 空间表征的时间段（2013—2016年）

对斗玉村民族乡村文化空间表征的政策扶持，始于国务院批准发布的《扶持人口较少民族发展规划（2011—2015年）》，提出对我国人口较少民族的扶持发展目标：2015年达到"五通十有"①、"一减少、二达到、三提升"②。西藏自治区山南市结合《兴边富民行动规划》，按照"突出藏南特色、功能齐全、设施配套、30年不落后"的要求，制定了山南市创建生态文明村指标体系，该指标体系成为主导山南市生态文明小康示范村的建设指导思想。

在"自上而下"的边境地区人口较少民族扶持政策指导下，政府决策层面以改善人口较少民族地区民众的生产、生活条件为初始目的，2013年秋，山南市选择了基础条件较好的乃东县克松村、错那县麻玛村、隆子县斗玉村实施生态文明小康示范村建设。在山南市、隆子县政府的主导下，以及社会经济专家、规划建设专家、民族文化专家等支持下，在当地乡、村级组织与村民的参与配合下，开始了长达三年的民族乡村文化空间表征行动，以实现文化空间的构想变为物质形态层面的落地行动。

---

① "五通十有"是指：通油路、通电、通广播电视、通电话和宽带、通沼气，有安全饮用水、有安居房、有卫生厕所、有高产稳产基本农田地或增收产业、有学前教育、有卫生室、有文化室和农家书屋、有体育健身和民族文化活动场地、有办公场所、有农家超市（便利店）和农资放心店。

② "一减少、二达到、三提升"是指：人口较少民族聚居区贫困人口数量减少一半以上；农民人均纯收入达到当地平均以上水平，一半的人口较少民族农民人均纯收入达到全省平均以上水平；基础设施保障水平、民生保障水平、自我发展能力大幅提升。

5.2.1.1 概念的构思与形成

2013年10月—11月，笔者分别在山南市政府会议上、斗玉珞巴族村落进行斗玉珞巴族村落建设问卷调查，共收回136份有效问卷。当地政府领导、村民对斗玉珞巴族村落发展的形象描述和定位包括以下几方面。

第一，当被问及"斗玉村是什么样的村寨"时（双选题），80%的问卷答案认为斗玉村是"珞巴族为主的村寨"，15%的问卷答案认为斗玉村是"珞巴族、藏族共同组成的村寨"。这说明在当地村民的心目中，珞巴族是村落的主体民族，但仍然深受藏族文化的影响，这与山南市、隆子县处在西藏高原藏文化圈的腹地有关，同时也反映了藏民族主流文化对珞巴族民族文化的形象遮蔽（如图5-4所示）。

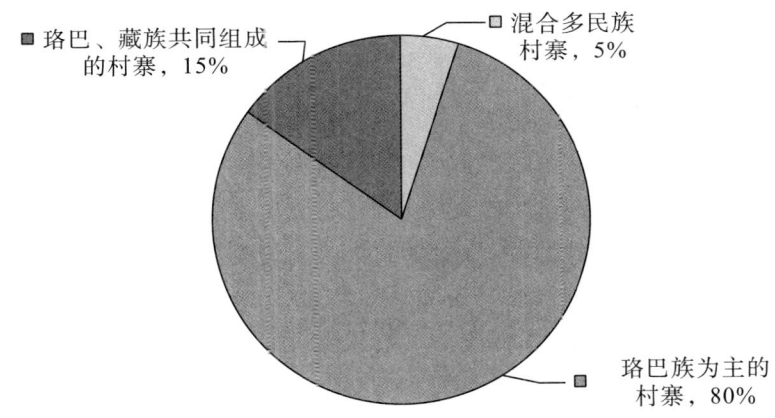

图5-4 当地领导及群众心中的斗玉村印象

第二，当被问及"未来斗玉村以发展何种产业为主"时（多选题），40%的问卷答案选择"边境贸易及旅游业"，30%的问卷答案选择"少数民族特色旅游业"，25%的问卷答案选择"民族手工艺品生产及销售"，5%的问卷答案选择"高原特色农牧业生产"。将上述选项与答案进行分析可知，无论是"边境贸易及旅游业""少数民族特色旅游业""民族手工艺品生产及销售"，还是"高原特色农牧业生产"都与民族旅游具有较大的关联度，或可以纳入民族旅游业的产业链。可见，对于斗玉村发展何种产业以达到增收致富，村民及当地政府领导都经过了深入思考。不论是斗玉村未来发展边境贸易业、少数民族特色旅游业、民族手工艺品生产及销售，还是高原特色农牧业，都可以看出，他们的选择既具有强烈的务实性，也具有对未来村落特色产业可持续发展的思考

（如图5-5所示）。

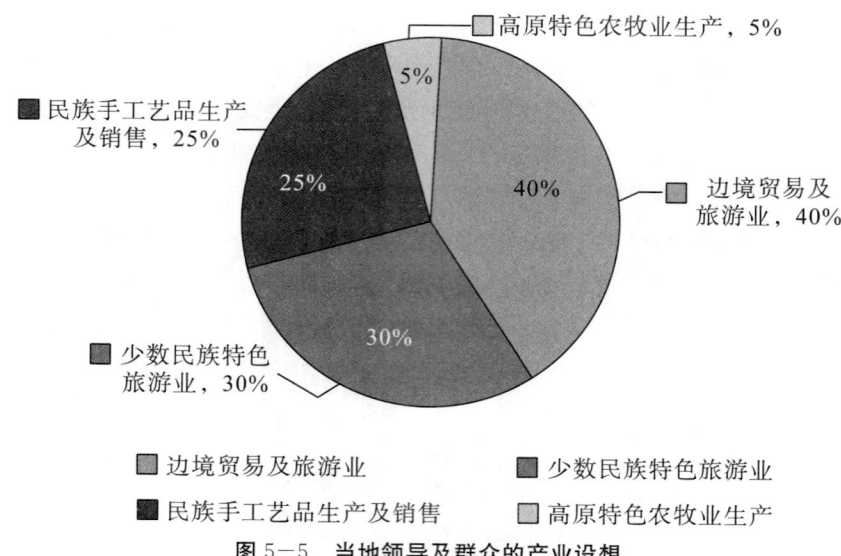

图5-5 当地领导及群众的产业设想

第三，当被问及"您希望的斗玉村整体及民居建筑呈现什么样的风貌特色"时，60%的问卷答案选择"传统珞巴族民居整体风貌"，30%的问卷答案选择"汉藏式整体风貌"，10%的问卷答案选择"由上级政府确定"。可见，在民居建筑及整体风貌特色的选择上，大部分村民有自己的主见，并且对传统的珞巴族民居报有一定的期待（如图5-6所示）。

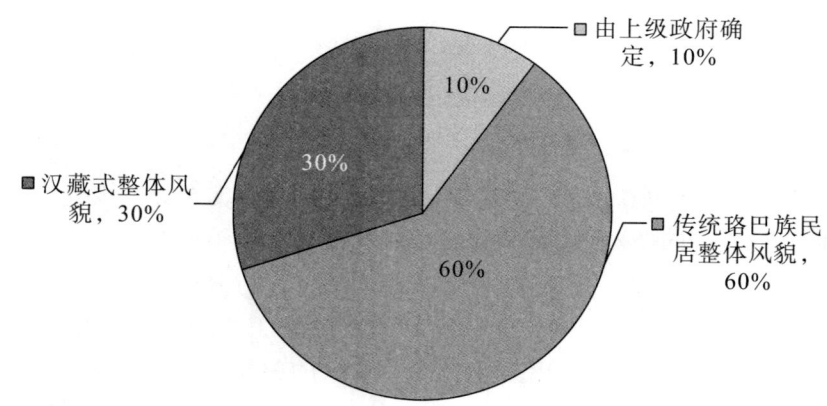

图5-6 当地群众对未来村落风貌的设想

第四，当被问及"您是否会参与乡里、村里组织的农民合作社"（含农副产品加工合作社、民族歌舞表演队、民族手工艺品制作生产合作社、民族竹艺品制作合作社等村级经济合作组织）时，尽管村民们当时对农民合作社的组织形式和营收模式尚不完全了解，但90%的村民选择愿意参加这些合作社，出工出力，共同增收致富，反映了他们对组织及乡村精英的信任，同时也带有对本民族文化资源的自信，以及将文化资源转化为文化产品的期待。

5.2.1.2 多维空间概念构想

（1）公共政策维——民族乡村建设与民族旅游的融合。

列斐伏尔指出了空间的政治性，其中资本、权力、利益是空间生产场域的三大角逐力量，技术官员代表了权力的力量，作为公共政策管理者、制定者，体现了公共政策对空间塑造的影响力。对斗玉村这样的民族偏远地区乡村而言，先期的发展主要依靠国家公共政策的资金扶持、政策扶持，权力的影响力不言而喻，只有形成公共政策的正确导向，斗玉村的发展才具有长远和可持续的意义。

在公共政策的导向上，地方技术官员表现了良好的文化素养与对斗玉村负责的态度，都较为一致地提出了以乡村建设为契机，结合民族旅游发展的乡村可持续发展构想。

时任山南地区地委书记其美仁增（2014）[①] 阐述了他对斗玉村的空间构想：

> "斗玉是全国4个珞巴民族原乡之一，一定要把斗玉生态文明小康示范村建成一个民族特色鲜明、基础设施完善、面貌焕然一新、群众称心满意，物质、精神、生态文明同步协调发展和最具代表性的新珞巴原乡，使示范村逐步建设成为珞巴群众的幸福生活聚居地，成为传承保护濒临失传的珞巴文化的传习展示中心。"

时任山南地区行署常务副专员云丹（2015）[②] 阐述了他对斗玉村的空间建构及对斗玉村民族乡村建设与民族旅游融合发展的构想：

> "珞巴民俗村建设是塑造珞巴民族文化品牌的重要战略部署，是现阶段珞巴文化传承保护和品牌建设的主要任务之一。建设旨在保留原有珞巴族文化元素的基础上，按照原真性、完整性、科学性、发展性原则，对斗

[①] 张梅丽、其美仁增：《把斗玉建成最具代表性的珞巴民族原乡》，山南网，2014年12月。http://www.chinatibetnews.com/2014/1204/1369312.shtml.

[②] 赵书彬、肖涛：《两位人大代表的"珞巴情"》，载《西藏日报》，2015年3月8日第4版。

玉村现有的风貌进行保护、设计、规划和改造,把斗玉村建成名副其实的具有浓郁民俗文化特色的珞巴族生态村落。努力实现珞巴民俗村文化与旅游相融合、品牌与效益相统一。"

时任隆子县斗玉珞巴民族乡副乡长、第十二届全国人大代表西藏代表团成员扎西央金(女)是在斗玉乡出生的珞巴族优秀儿女,她怀着对家乡深切的民族感情与乡土依恋,大学毕业之后主动回到斗玉乡工作。谈起斗玉珞巴族村的发展,她表达了自己以及村民对民族旅游业发展的诉求:

"说是民族乡啊,我想里外都应该体现出民族乡的特点。珞巴没有文字、只有语言,但我们有自己的文化、建筑和服饰等,我想下一步就是从这些方面争取一个统一的挖掘保护规划,从内有文化、从外有特色,这样才能配得上民族乡的名称,这也是我作为人大代表今年带来的一个建议。"[①]

"珞巴族有很多传统节日,现在不少村民希望发展旅游业,开设家庭旅馆。她认为,更多地挖掘民族文化,向外界推介,吸引游客来观光,不仅可以拓宽村民增收的门路,也让民族文化传承更有动力。"[②]

以上是当地政府部门三位技术官员关于斗玉村空间概念的具有代表性的构想,总体反映了对于斗玉村珞巴族原乡性质的定位、斗玉村当前及长远建设的文化保护与传承总体目标和原则、对于斗玉村发展民族旅游的展望等。

(2) 文化空间维——非物质文化遗产保护与边贸旅游。

福柯认为,权力和知识是直接相互连带的,知识是权力的一种来源[③]。在社会文明程度进一步提高的过程中,知识的地位越来越明显,"权力—知识"复合体的形成是现代化信息社会文明的标志。在斗玉村民族乡村文化空间生产形塑过程中,民族文化学者、历史学者、规划建筑学者等掌握知识的专业技术人员,参与斗玉村的文化空间生产与思考,具有建议、咨询、审查、监督、评判的权力,具有某种影响斗玉村文化发展走向的权力。

西藏大学扎西教授(2014)[④] 认为,应大力发展边境贸易、结合边贸市场

---

① 中国民族广播网:《希望民族乡名副其实》,2013年3月12日。
② 中国新闻网:《走出深山待客来》,2015年3月11日。
③ 米歇尔·福柯(著),刘北成、杨远婴(译):《规训与惩罚》,生活·读书·新知三联书店,2007年。
④ 扎西、刘玉:《西藏边境人口较少民族分布区传统贸易及其特点分析》,载《西部发展研究》,2014年第1期,第15~22页。

或边贸点加强口岸城镇化建设,打造一批高质量的边境旅游景点。西藏民族大学马宁副教授(2015)[①]提出珞巴族非物质文化遗产保护的"斗玉—准巴"模式。斗玉珞巴民族乡和准巴乡位于隆子县东南部,生活着1100多名珞巴族民众,在物物交换的过程中,斗玉乡和准巴乡的珞巴族民众能够有机会选择性地学习和交流,最终实现了非遗的跨界传承[②]。王明利(2015)[③]倡导应把珞巴族的非物质文化遗产的研究作为独立的课题进行研究,具有广阔的前景。相关领域专家学者的文化学术观点通过新闻媒体、报纸杂志、会议宣讲等渠道向受众传播,影响着上至权力机构,下至平民百姓,专家咨询的意见也影响了斗玉村的文化研究团队、规划设计团队,知识作为权力的来源体现在对斗玉村文化空间发展方向上。

(3)核心体验维——民族文化保护、民族乡村建设与民族旅游。

斗玉珞巴民族乡党委、乡政府和斗玉村委会、村民是基层的力量,是斗玉村文化生活的核心体验者。在斗玉乡党委、乡政府提交上级政府的2013年乡政府工作报告中,笔者归纳了他们集中阐述的四个问题。

第一,民族身份认同的建立。通过确定珞巴族民族节日建立民族认同。目前珞巴族基本上同藏族一起过节,没有自己单独的节日,确定珞巴族的节日,可以增强民族的向心力。

第二,珞巴族民俗村建设(可以理解为:斗玉珞巴族乡村文化空间建构)。斗玉村作为全乡珞巴族集中地行政村,珞巴族民居、服饰、语言等特色还没有完全显现出来。建议在项目资金上予以倾斜,将斗玉村作为民俗村进行建设,发挥其社会效益和经济效益。

第三,文化抢救和保护。珞巴族是有语言没有文字的民族,文化传承只能通过口口相传。因此,一旦知道民族历史的老人去世,民间传说、语言、歌舞等珞巴文化随之就会失传。建议加大文化抢救和保护的力度。

第四,产业发展导向。珞巴族居住地资源较少,经济发展相对困难,因此,需要投入更多的资金。建议:一是调整农牧区经济结构,发展现代农牧业,在常规农牧业基础上,以引进优良品种为切入点,在提高品质和单产上下功夫,确保粮、油、肉等农畜产品自给,逐步走向市场。二是发展特色产业。

---

① 马宁:《门巴族珞巴族非遗保护及旅游开发研究》,中山大学出版社,2015年。
② 马宁:《西藏人口较少民族——非物质文化遗产保护和旅游开发》,载《西藏日报》,2015年9月30日第1版。
③ 王明利:《珞巴族非物质文化遗产研究综述》,载《哈尔滨学院学报》,2014年第12期,第114~117页。

将天麻种植、食用菌栽培作为主攻方向，同时建立分工明确的专业合作组织，延长产业链条，提高产品的附加值。三是发展旅游业。将民族特色和旅游相结合，在传承民族文化的同时，让游客充分了解珞巴族文化，宣传少数民族文化，从而增加群众收入。四是在非农产业上，着重加强群众就业技能培训，引导群众进城务工，增加群众收入。

斗玉珞巴民族乡政府在长期领导斗玉村建设工作的实际体验中，形成了上述四点核心工作诉求，涉及文化、产业、乡村建设三个方面，实际上可以归纳为一个总体目标：将斗玉村建设成为民族旅游导向下的珞巴族文化保护与传承地。

斗玉村村民的诉求主要集中在住房建设、改善人居环境的问题上（见表5-1）。笔者对斗玉村部分住户（34户：其中珞巴族28户、藏族6户）关于住房建设意愿进行了入户调查，选择原址重建或进行民居风貌改造的有13户，选址重建的有11户，需新建住房的无房户（因家庭中儿子长大需要自立门户的原因而认定为无房户）有9户，需迁建的有1户；在民居的风貌选择上，28户珞巴族群众选择了传统珞巴族民居风格，6户藏族群众选择了藏式建筑风格，体现了各民族的民居建筑文化认同，力图通过住屋文化标识自己的民族身份。可见，民居作为物质形态的民族文化形式在村民的民族认同中具有非常重要的意义。

表5-1 斗玉村村民住房建设意愿统计表（部分）

序号	原民居编号	户主姓名	民族	家庭人口	民居风格	户型	所属村名	备注
1	1	猛发	珞巴族	3	珞巴式	户型A	斗玉村	原址重建
2	10	大布琼	珞巴族	2	珞巴式	户型A	斗玉村	原址重建
3	12	琼达	珞巴族	4	珞巴式	户型B	斗玉村	原址重建
4	17	格桑罗布	珞巴族	3	珞巴式	户型A	斗玉村	原址重建
5	19	小布琼	珞巴族	4	珞巴式	户型B	斗玉村	原址重建
6	20	扎西平措	珞巴族	3	珞巴式	户型A	斗玉村	原址重建
7	22	嘎发	珞巴族	3	珞巴式	户型A	斗玉村	原址重建
8	24	朗木珠	珞巴族	3	珞巴式	户型A	斗玉村	原址重建
9	29	兄弟	珞巴族	5	珞巴式	户型B	斗玉村	原址重建
10	36	大格桑	珞巴族	3	珞巴式	户型A	斗玉村	原址重建

续表5-1

序号	原民居编号	户主姓名	民族	家庭人口	民居风格	户型	所属村名	备注
10	K	亚梦	珞巴族	1	珞巴式	户型A	顶江村	原址重建。生活不能自理，需一人陪护
12		索朗益西	珞巴族	4	珞巴式	户型B	斗玉村	选址重建
13		美朵	珞巴族	3	珞巴式	户型A	斗玉村	选址重建
14		次旺	珞巴族	2	珞巴式	户型A	斗玉村	选址重建
15		男达瓦	珞巴族	3	珞巴式	户型A	斗玉村	选址重建
16		扎西顿珠	珞巴族	4	珞巴式	户型B	斗玉村	选址重建
17		根基	珞巴族	4	珞巴式	户型B	斗玉村	选址重建
18		达瓦卓玛	珞巴族	5	珞巴式	户型B	斗玉村	选址重建
19		次旺平措	珞巴族	3	珞巴式	户型A	斗玉村	选址重建
20		次仁德吉	珞巴族	3	珞巴式	户型A	斗玉村	无房户
21		格桑卓嘎	珞巴族	2	珞巴式	户型A	斗玉村	无房户
22		女达瓦	珞巴族	4	珞巴式	户型B	斗玉村	无房户
23		押贡	珞巴族	2	珞巴式	户型A	斗玉村	无房户
24		金珠多吉	珞巴族	5	珞巴式	户型B	顶江村	无房户，需迁至顶江村
25		达瓦白玛	珞巴族	3	珞巴式	户型A	斗玉村	无房户
26		巴桑旺堆	珞巴族	5	珞巴式	户型B	斗玉村	无房户
27		加白	珞巴族	1	珞巴式	户型C	斗玉村	无房户
28		扎西次仁	珞巴族	3	珞巴式	户型A	斗玉村	无房户
29	3	次仁旦增	藏族	2	藏式	户型A	斗玉村	原址重建
30	18	索朗拉姆	藏族	1	藏式	户型C	斗玉村	原址重建，需要设置院落
31		次仁旺扎	藏族	4	藏式	户型B	斗玉村	选址重建
32		尼玛次仁	藏族	4	藏式	户型b	斗玉村	选址重建
33		次仁多布杰	藏族	3	藏式	户型A	斗玉村	选址重建
34		加央仁青	藏族	3	藏式	户型A	斗玉村	无房户

总的来说，来自公共政策维度、文化空间维度、核心体验维度三个方面的力量从不同角度展开对斗玉村空间概念构想，都较为一致地提出了保护和传承珞巴族民族文化、发展斗玉村民族旅游业的愿望。

5.2.2 宏观层面的空间战略构想

进入 21 世纪，随着中国经济实力的不断增强和扶贫开发、西部大开发的不断深入，以及全面建设小康社会和构建和谐社会战略目标的提出，人口较少民族的发展问题引起了国家和社会的广泛关注，中央和地方政府相继制定了一系列专门扶持人口较少民族发展的政策，集中力量帮助这些民族加快发展步伐。

5.2.2.1 国家层面的战略构想

进入 21 世纪，特别是 2005 年以来，国家加大了扶持人口较少民族的力度，实施了加快人口较少民族经济社会全面发展的一系列政策。2005 年，国务院批准实施《扶持人口较少民族发展规划（2005—2010 年)》，明确提出到 2010 年扶持人口较少民族的发展目标是改善基础设施，基本解决温饱问题；2011 年，国务院批准实施了《扶持人口较少民族发展规划（2011—2015)》，提出到 2015 年对人口较少民族聚落扶持目标是"五通十有""一减少、二达到、三提升"，明确近期国家对人口较少民族发展扶持的核心任务是提升其自我发展能力；2017 年 1 月，国务院批准实施《"十三五"促进民族地区和人口较少民族发展规划》，提出确保到 2020 年少数民族和民族地区与全国人民一道迈入全面小康社会的总体目标。

为进一步推进边境地区和人口较少民族地区民族聚居区经济社会发展，西藏自治区出台了《西藏自治区兴边富民行动"十二五"发展规划》《西藏自治区人口较少民族"十二五"发展规划》。2015 年 12 月 13 日，中共西藏自治区第八届委员会第八次全体会议通过《中共西藏自治区委员会关于制定"十三五"时期国民经济和社会发展规划的建议》，提出"十三五"期间，努力建设重要的中华民族特色文化保护地；实施文化和自然遗产保护工程、世界记忆保护工程，加大文物、档案、非物质文化遗产和藏文古籍保护力度，推动优秀传统文化创新发展；扩大对外文化交流，深化文化体制改革，促进文化产业发展（如图 5-7 所示）。

5 过程—事件：旅游开发导向下斗玉村文化空间表征

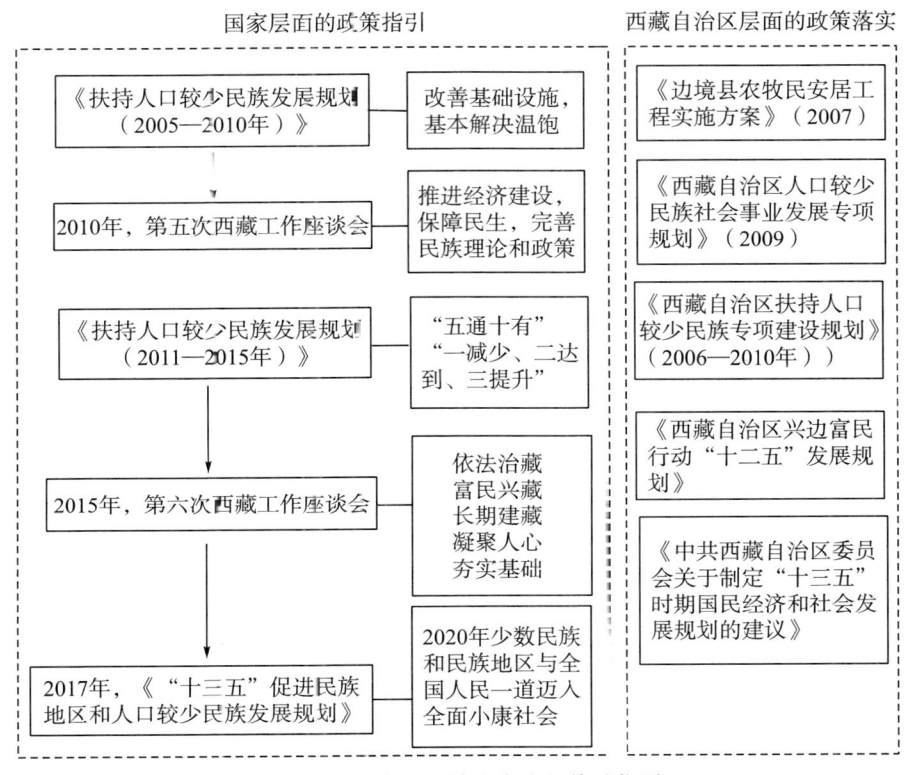

图 5-7 国家层面的宏大空间战略指引

国家层面的战略构想给予西藏自治区人口较少民族极大的政策关注。在全面实现小康社会的政策引领下，边境地区的人口较少民族乡村在精准扶贫等国家重大战略的实施过程中，必将迎来新一轮的社会经济发展机遇。伴随着城镇化、全球化步伐的加快，民族乡村文化空间在政策的介入、资本的介入过程中，也将面临更大的冲击，一定文化空间的形成既依赖于当下的文化创造，更需要从时间的演进中获得支持和培育[①]，如何承接国家宏大战略布局下民族乡村文化振兴及乡村文化空间生产演变，是摆在斗玉村全体村民面前的重要课题。

5.2.2.2 地区及县级层面的空间构想

县域总体发展规划是由当地县级人民政府组织编制，报请西藏自治区人民政府批准的法定规划，是一定时间段内县域政治经济社会文化发展的总指针，建构了县域发展的总体空间格局。《山南隆子县城市总体规划（2012—2030）》

---

① 苗伟：《文化时间与文化空间：文化环境的本体论维度》，载《思想战线》，2010年第1期，第101~106页。

明确提出县域交通体系：规划国道 219 线在隆子县境内经隆子县城（日当镇）—隆子镇—加玉乡—准巴乡—斗玉乡—扎日乡，形成隆子县境内主要的交通干道。干道交通是区域发展的骨架，乡与乡之间交通状况的改善将加强乡与乡之间的互动，加快新型城镇化的建设步伐，吸引更多的村民产生流动，乡与县城的交通顺畅将更利于乡所在地接受县城的辐射与带动。交通流的引入将极大改变区域内的人流、物流、信息流、资金流等状况。斗玉乡斗玉村是隆子县这一交通环线上的重要节点，将形成链状节点上的聚集效应。

西藏是重要的国家安全屏障、重要的生态安全屏障、重要的高原特色农产品基地、重要的中华民族特色文化保护地、重要的世界旅游目的地、面向南亚开放的重要通道。西藏自治区发展战略定位将指引全区的发展方向，高原特色原生态文化旅游业一直是西藏各地市州的重要产业，《山南隆子县城市总体规划（2012—2030）》中明确了县境内的高原原生态文化体验线（如图 5－8 所示）。高原原生态文化体验线是隆子县域旅游发展的重要环线，环线构成：俗坡—雪萨（牦牛舞、酥油茶、高原牧场）—三安曲林寺—三林藏族人家体验—斗玉乡（珞巴民俗村落、珞巴舞蹈、珞巴文化节点）—准巴乡（以物换物原始贸易）—加玉藏刀制作参考—隆子县城（丢热寺）—日当（新农村建设示范点宗那村、藏族人家体验）—俗坡。可以看出，隆子县高原原生态文化体验线串联起了隆子县境内具有极强吸引力的原生态文化旅游体验项目，具有极高的旅游观光、原生态民族体验、多元化文化艺术科考价值，旅游业的发展将带动隆子县县域经济的飞速发展。斗玉乡斗玉村作为隆子县高原原生态文化体验环线上的一个重要节点，以珞巴民俗村落、珞巴舞蹈形成珞巴文化节点，是隆子县旅游业发展对斗玉村的民族旅游发展、文化空间战略定位。

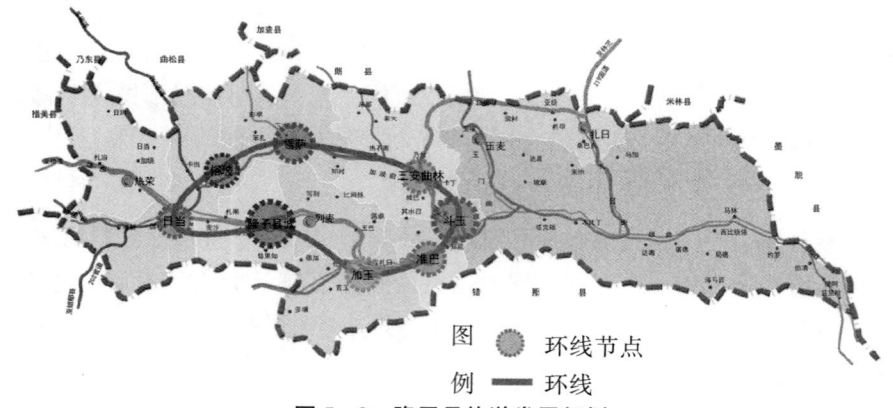

图 5－8　隆子县旅游发展规划
资料来源：《山南隆子县城市总体规划（2012—2030）》

5.3 文化形象建构：多重逻辑下的民族旅游地形象

地处青藏高原、交通不便、信息不畅的斗玉珞巴族村落，在大众的心目中，这是一块处于神秘净土覆地、具有神秘文化人类学基因的神秘民族所营造的民族乡村，既具有世外桃源幽境的向往，又具有神奇民族风情的探秘。因此，针对该地域特色，构建具有强大吸引力的民族旅游地文化形象，是文化空间生产的顶层设计，将指引该地域的长期发展。

研究斗玉珞巴族的民族历史、民族文化，将文化大发展、大融合过程中的"民族乡村文化碎片化"进行整理、分析，提炼其民族文化特色符号，从容易被外人认知、接受、解读、推广的文化符号去标记斗玉珞巴族的地域形象，建构外人对斗玉珞巴族最直观想象的民族旅游地文化形象，以此来统领斗玉村珞巴族当地的民族地域特色文化体系，形成斗玉珞巴族在民族文化传承、演变、解构、生产过程中的核心凝聚力，在民族旅游开发中最具吸引力的旅游资源要素。

政府技术官员、专家学者、规划师三方在民族旅游开发导向下、在民族文化保护与传承核心思想指引下，围绕民族文化保护与传承、民族乡村社会经济发展、抽象符号特征的民族旅游地形象提炼三个方面，进行了多重逻辑下的斗玉村民族旅游地形象构想。

5.3.1 多重逻辑下的民族旅游地文化形象构想

旅游地形象是旅游地对客源市场产生吸引力的关键，是旅游地的象征，旅游目的地之间的竞争在很大程度上是形象的竞争[1]。很多地方能够成为旅游目的地都是来源于游客对其空间的想象[2]，对游客而言，旅游地形象是将"真实"与"想象"的体验交织在一起。民族旅游是游客对异域风情文化的想象与真实交织在一起的旅游行为，其文化形象构想需要深入挖掘民族文化的核心资源，蕴于内而形诸外。

---

[1] 李巍：《象征符号视野中的民族旅游策划与旅游体验》，载《西北民族大学学报（哲学社会科学版）》，2008年第4期，第141~144页。

[2] Chronis A: Between Place and Story, Gettysburg as Tourism Imagination, Annals of Tourism Research, 2012.

5.3.1.1 文化传承角度的民族旅游地文化形象

区域是乡村的基础,乡村是区域的组成部分,乡村是城市的腹地。研究斗玉村的文化形象定位不能脱离对西藏高原自然文化生态的分析研究。甘露(2015)[①] 提出,在西方旅游指南中西藏形象可以分为"神圣"西藏和"世俗"西藏两个构成部分,分别指向"神秘的佛教王国"与"现代化进程中魅力不断消失的西藏"。甘露教授从旅游文化影响的角度建构了"神圣"西藏的区域形象定位,针对同处西藏高原腹地、深处藏文化圈影响下的珞巴族村落文化形象的构建也应通过一系列形象传播工程,借助西藏建设世界旅游目的地的区域背景,实现斗玉珞巴族乡村走向可持续的旅游开发目标。

回归到珞巴族历史文化传承,落实到斗玉村民族旅游地文化空间构想,四川大学历史学院王挺之教授希望斗玉村建设成为世界珞巴族的"原乡"。王挺之教授这样描述其关于斗玉村民族旅游地文化空间建构的概念:

> 所谓"原乡"即原色本乡,意味着传承祖先的历史记忆和原味生态环境。从华夏文明早期的易文化、道家"天人合一"的思想,到今天市场所希冀的绿色、原味、回归,皆传达了对原真自然的热爱,这是华夏子孙的本能,在便捷的物质环境下,享受原真自然之美。人的形体不管迁徙流离得多远,心灵总有本能回溯的趋向。乡愁不完全是对"家"的依恋或对"故地"的追忆,是一种与生命同来、俱在的愁思,既是空间的延伸——由客居之地到"故乡",再由故乡延伸到"原乡";也是时间的延绵——它的方向是遥远的过去,可以是你的出生之初,甚至可以是历史的源头。

在王挺之教授对"珞巴原乡"的斗玉村民族旅游形象建构中,不仅仅针对珞巴族民众的故乡,更广泛地指出了在城市化、现代化的快速进程中,大多数人离我们的"本心""精神家园"越来越远的现实问题。因此,斗玉村"珞巴原乡"不仅建构了珞巴族的原生之地,更建构了城市化、现代化进程中中国人的"精神家园",体现了广博的人文关怀。从旅游客源的角度来看,该定位不仅对珞巴族民众具有"乡愁与回归"的吸引力,对于我国广大城市游客更是具有"精神家园"意义找寻下的诗意栖居地的文化形象吸引力。

---

① 甘露、卢天玲:《西方旅行指南中的西藏形象构建》,载《旅游学刊》,2015 年第 7 期,第 91~99 页。

明跃玲(2007)[①]指出,文化重构始终处于不断调适的过程中,它并不是简单的大改组,它是一种有意识的、动态的文化再生产过程。斗玉村民族乡村文化形象建构是阶段性的,伴随着社会经济发展,是动态调整的过程,本阶段的任务首先是在旅游开发导向下对斗玉村珞巴族文化的关爱与唤醒,建立民族文化自信。因此,呼唤将"珞巴原乡"作为斗玉村民族旅游地文化形象建构的目标,是结合了珞巴族文化本底的文化地域概念构建与结合民族旅游开发的乡村社会经济发展的契合点。

5.3.1.2 社会经济角度的民族乡村形象

农村地区生态文明小康示范村建设的指导思想是围绕党的十六大提出的建设物质文明、精神文明和政治文明全面进步,人民生活更加殷实的小康社会目标。其方式是以农民投入为前提,以政府补贴为支撑,以多元化融资为手段,整合资源要素,提高资金使用效益,把农村产业开发、生态环境建设、扶贫开发建设、社会事业建设与农村小康建设有机地结合起来,改善农村生产、生活条件和社会发展条件,壮大集体经济,增加农民收入,逐步实施建设全面小康社会的目标。

在地方政府行为的指挥棒作用下,斗玉珞巴族乡被选择为2014年山南地区实施打造的生态文明小康示范村。"生态""文明""小康"成为本次政府行为的目标考核与主要关注点(见表5-2)。其中,"生态"的环境目标含义体现在自然生态与人文生态两个方面,自然生态是对乡村自然生态环境保护、保育的要求,人文生态是对乡村人文环境保护与延续方面的要求,看得见山、望得见水,记得住乡愁。文明是社会发展方面的目标,包括乡风文明、乡村环境整洁。小康是经济发展目标(如图5-9所示)。

---

① 明跃玲:《文化重构与民族传统文化的保护——以湘西民族旅游文化为例》,载《中央民族大学学报(哲学社会科学版)》,2007年第1期,第71~76页。

表5-2 斗玉村现状与《扶持人口较少民族发展规划（2011—2015年）》目标比对

类别			现状情况
五通十有	五通	通油路	已有四级砂石公路连通县城及周边村镇，村内道路已硬化
		通电	有斗玉电站、其玛普电站及国家电网联合供电
		通广播电视	基本实现通广播电视
		通信息（电话、宽带）	有卫星电话、电信宽带、移动电话
		通沼气（清洁能源）	沼气供应困难
	十有	有安全饮用水	人畜饮水工程
		有安居房	安居工程，进行了屋顶改造
		有卫生厕所	修建了公用厕所
		有高产稳产基本农田（草场、经济林地、养殖水面）或增收产业	全乡草场26.6万亩，耕地面积484亩，农作物播种面积579.4亩，含复种面积95.45亩
		有学前教育	在校生总数110名，有一处教学点，满足适龄学生的教学要求
		有卫生室	有卫生所，但缺医少药
		有文化室和农家书屋	建有乡镇文化站、珞巴文化陈列室
		有体育健身和民族文化活动场地	建有村文化活动室、小型体育健身场所
		有办公场所	建有村委会
		有农家超市（便利店）和农资放心店	农贸基础设施场所缺乏
一减少		人口较少民族聚居区贫困人口数量减少一半或以上	2013年，中国贫困线标准人均年纯收入2300元。斗玉村人均年纯收入8926元
二达到	一达到	农牧民人均纯收入达到当地平均或以上水平	城镇居民人均可支配收入8926元，增长7.4%。城镇新增就业1283人，零就业家庭动态消零，城镇登记失业率降至2.1%
	二达到	二分之一左右的民族的农牧民人均纯收入达到全国平均或以上水平	
三提升	一提升	基础设施保障水平	至2009年，不通公路的村占42.2%，不通电的村占11%，没有安全饮用水的村占35.2%
	二提升	民生保障水平	基本保障制度覆盖面窄，保障水平不高
	三提升	自我发展能力	基层组织建设较为薄弱，自我发展能力仍然不强

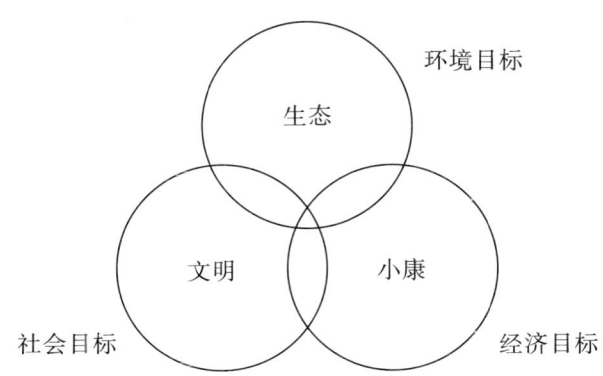

图 5-9 生态文明小康示范村建设内涵分解

2013年，西藏自治区山南地委、行署以生态文明小康示范村建设为出发点，以落实《扶持人口较少民族发展规划（2011—2015年）》中提出的"五通十有、一减少、二达到、三提升"为基础目标，根据所选择的生态文明小康示范村建设对象的地理人文特点，充分尊重群众意愿，将隆子县斗玉村打造成为"传承和保护珞巴族特色文化"的民族乡村，按照"以人为本、特色鲜明、布局合理、设施配套、环境优美"的建设要求，在建设规划上切实做到科学合理、适度超前和美观实用[①]。斗玉村是2013年山南地区实施的三个生态文明小康示范村之一（其他两个是山南市乃东县克松村、错那县麻玛村）。

5.3.1.3 抽象符号特征的民族旅游地形象

符号是把人与文化联结起来的中间媒介物。从符号学意义上讲，符号是反映事物特征、代表事物核心意义的标识，因其形式简单多样、内涵丰富而容易被记住且容易获得广泛传播。符号与被反映事物之间起着指代和交流的作用，既可以是被感知的客观实体，也可以是某种意义的载体。因此，成功的符号形象不仅能够引起人们的兴趣与关注，更能够体现其所承载的核心意蕴。在旅游地文化形象的符号建构上，Culler J[②]认为，大部分游客更关心去寻找某一文化吸引物或活动所代表的符号或印象。王林（2016）[③]认为黄洛瑶寨和岜沙苗

---

① 蒋姬：《山南地区将再建三个生态文明小康示范村》，山南网，2014年2月26日。http://www.xzsnw.com/gov/ldhd/74994.html.

② Culler J: Semiotics of tourism. American Journal of Semiotics, 1981 (1), pp. 127–140.

③ 王林：《"发髻"与地方形象：民族旅游地的文化符号建构分析——以广西黄洛瑶寨和贵州岜沙苗寨为例》，载《旅游学刊》，2016年第5期，第64～71页。

寨利用容易被认知、接受和解读的文化符号"发髻"标识了其旅游地形象,重构了当地民族文化体系。

案例一:黄洛瑶寨。这里住着三百多位红瑶瑶民,因拥有六十多位头发在一点四米以上的女性,被誉为"天下第一长发村",创造了吉尼斯世界纪录。黄洛民众认识到民族文化的丰富内涵不应仅限于"天下第一长发村"这一外显的文化,更应立体地展现民族音乐、舞蹈、美术、工艺等独具特色的艺术形式。围绕"天下第一长发村"这一地方形象,黄洛瑶寨构建了一系列的红瑶文化符号。

案例二:岜沙苗寨。号称"阳光下最后一个枪手部落"的贵州岜沙苗寨,苗族男子蓄发挽髻,肩扛着火枪,构建了一幅"阳刚""坚毅"的苗族部落形象。至今,岜沙苗寨获得了"贵州最具魅力村寨"、苗族文化"活化石",以及"中国单身者十大旅游胜地""人一生必到的55个地方""神秘岜沙"等旅游形象。

从黄洛红瑶"天下第一长发村"、贵州岜沙苗寨"阳光下最后一个枪手部落"等形象宣传语可以看出,独特稀有性是最抢眼的字眼,具有唯一独特性;长发与火枪是物质形象特征,具有真实朴实性,二者的结合构成了上述两个地方形象推广成功的经验(见表5-3)。

表5-3 符号特征的地域形象建构案例

案名	形象宣传语	符号形象	位置
黄洛瑶寨	天下第一长发村	黄洛红瑶女的"长发"	广西龙胜县
岜沙苗寨	阳光下最后一个枪手部落	岜沙男子的"蓄发挽髻"	贵州从江县

5.3.2 文化形象基本概念的提出

通过网页百度设置关键词搜索"斗玉村""珞巴族"(时间段:2013年—2017年),网页、新闻、贴吧等对斗玉村珞巴民族旅游地的形象描述可以归纳为如下关键词:"大山深处""珞巴风情""珞巴民族原乡""边境线上的文明之花""珞巴族聚居地"等,其中上述关键词的出现频率相对较多。从上述描述斗玉村的关键词分析可见,均强调了"珞巴"的民族属性,对乡村地理环境的描述词语也有出现,强调了边境、大山等与世隔绝、神秘的地理环境特征。

同时,从外界媒体对斗三珞巴族民族村的宣传报道中也可以看成,斗玉村对外形成了较为统一的文化形象认知,其旅游地形象建构初步具有一定的成效。本书认为,结合黄洛瑶寨和岜沙苗寨的成功经验,斗玉珞巴族村寨可自称为珞巴族民族旅游地抽象符号特征的民族文化资源有珞巴服饰、珞巴钢刀、珞巴弓箭、藤网桥等,上述事物本身既具有鲜明的形象特征,也具有民族文化的独特内蕴。然而,鲜明的民族旅游地形象构建尚需遵从斗玉村珞巴族民族文化体系,在游客的凝视中进一步提炼与完善。

5.4 文化格局建构:民族旅游地空间形态与功能

对村落空间格局的研究成果多集中在城乡规划与民居建筑研究领域,基于村落空间形成、演变发展的实际情况,村落文化空间格局的形成过程被分为"自组织"发展与"被规划"形成两种途径。我国传统乡村文化空间格局的形成多数基于"自组织"发展模式,其空间所反映的文化格局是一个自然形成的社会历史过程,历经数百年的代际传承,形成了具有凝聚力的物理空间,以及反映村民集体无意识的空间伦理秩序与乡村文化价值。因此,"自组织"状态下的乡村文化空间有其独特性。旅游活动的文化属性决定了旅游地本质上是为旅游者提供一个文化空间[①],在民族旅游开发导向下,从文化空间的构成层次及内容组成上看,可以将民族旅游地文化空间建构分为文化结构建构、尺度规模建构、功能类型建构、场所空间建构四个方面。

---

① 李星明、朱媛媛、胡娟、时朋飞、LIU Juanita C:《旅游地文化空间及其演化机理》,载《经济地理》,2015年第5期,第174~179页。

5.4.1 斗玉村民族旅游地文化结构建构

郑宇（2011）[①]认为，传统少数民族村寨经济是植根自然聚居或者是血缘与地缘的群体联合，置身特定的自然、社会和文化边界中，并具有相对自足性和整体性的共同体经济体系。传统少数民族乡村因"自组织"状态，经济自足性与乡村空间整体性呈现出乡村空间内聚性，缺乏外向性、表现性空间。在外来经济和文化的刺激下，乡村文化空间必然走向外向性发展和内向性重构的趋势。因此，从结构形态上的疏密关系角度可以将乡村文化结构分为村域文化结构重建与聚居组团结构模式重建。

5.4.1.1 村域文化结构重构

乡村与乡村之间是有明确边界的。乡村的边界在传统农业社会是土地资源占有的象征，由于土地资源的宝贵性，村民们往往非常重视乡村边界的划定，乡村的整村结构就是以乡村边界为空间范围内的结构重构。和诸多传统村落一样，斗玉珞巴族乡（村）是缺乏"文化空间""生产空间"这一概念的。原斗玉村空间结构在以村民聚居地为原点的乡村自组织的发展状态下，乡村文化空间中聚居组团（生活性空间）、周边农田（生产性空间）与自然生态环境之间呈现出明显的地理空间边界，是自然环境与人工环境之间的明确分界线。从文化空间结构发展的角度来看，以地理学研究形成的地理空间结构模式"点—轴"空间系统适用于乡村文化空间结构重构。

我国著名经济地理学家陆大道先生[②③]首次提出"点—轴"系统理论，在区域发展过程中，大部分社会经济要素在"点"上聚集，并由线状基础设施联系在一起而形成"轴"。"点"指各级居民点；"轴"指由交通、通信干线和能源、水源通道连接起来的"基础设施束"，"轴"对附近区域有很强的经济吸引力和凝聚力。对于斗玉村而言，在民族旅游开发导向下，乡村社会由"自组织"走向外向性为主的再生产，必须强化与区域的关系，增强与区域的流通，以斗玉村为点，强化点状空间的民族文化吸引力，以县道301、熊曲河流域为轴，最终融入山南地区的一体化、网络化发展（如图5-10所示）。

[①] 郑宇：《中国少数民族村寨经济的结构转型与社会约束》，载《民族研究》，2011年第5期，第23~32页。

[②] 陆大道：《区域发展及其空间结构》，科学出版社，1995年。

[③] 陆大道：《关于"点—轴"空间结构系统的形成机理分析》，载《地理科学》，2002年第1期，第1~5页。

5 过程—事件：旅游开发导向下斗玉村文化空间表征

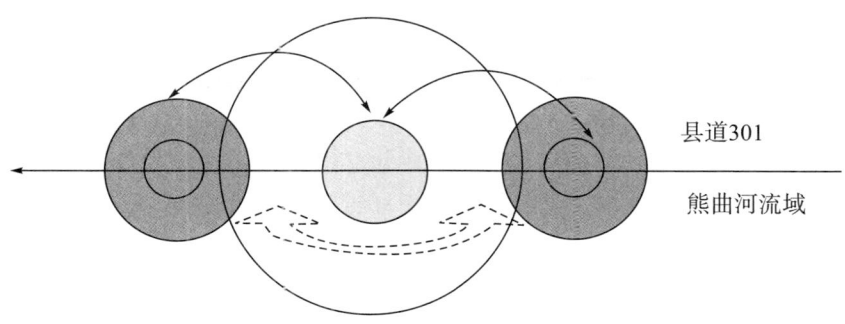

图 5-10 "点—轴"式空间发展构想

在村域文化结构建构中，整合原斗玉村碎片化的文化空间元素，采用结构主义观点，以文化为核心素材整合乡村物质文化、非物质文化类型空间。通过整合原生产生活遗址（追巴）空间、高原特色农产品基地，形成以珞巴原乡聚居文化组团为核心，以县道301为空间联系纽带，以历史文化组团（珞巴族先民遗址文化空间）、高原特色农副产品生产文化组团（高原特色农牧产业生产文化空间）的"三组团—轴线"的村域一体化空间结构发展模式（如图5-11所示）。通过界定各组团的主题定位及功能定位，划分明确的旅游发展功能空间，实现同类型功能的有效聚集，发挥其聚集效应；通过功能空间的有机拓展，逐步增大聚落的容量，提升其发展影响力。

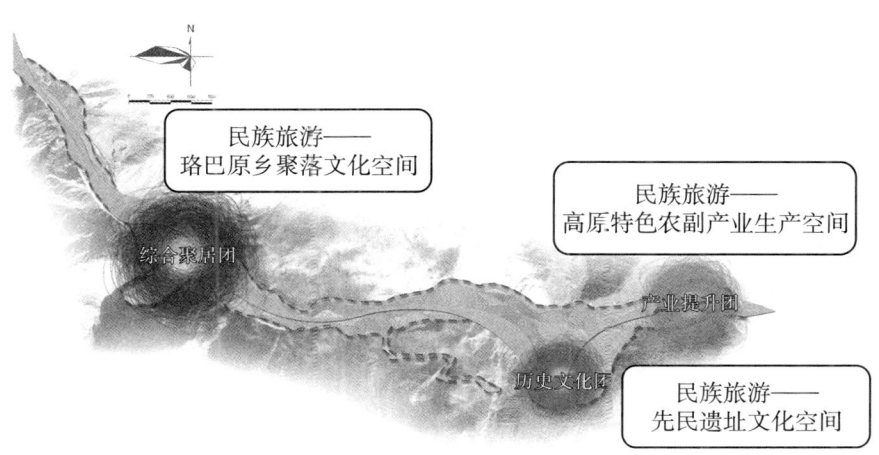

图 5-11 民族旅游导向下斗玉村村域文化结构重构

资料来源：《斗玉珞巴族生态文明小康示范村建设规划》，2013

其中各组团的文化及旅游功能定位如下：

历史文化组团——以珞巴族遗迹遗存、生产生活建筑群的原址原貌保护为核心，以生态博物馆的方式保留原真性、完整性的珞巴族生产生活场景，既为未来考古研究、民族文化研究保留下真实的场景，也为远期斗玉村发展边境旅游、民族旅游、边贸旅游等文化旅游产业开发预留了空间。

聚居文化组团——以斗玉村珞巴民族聚居村为基础现状、以"文态＋生态＋业态＋形态"四态合一为手段，利用珞巴族文化形象与品牌，结合民族文化符号，打造"珞巴原乡"聚落，重塑传承珞巴族祖先记忆和原生态文化的人文生态环境。

生产文化组团——在有限的、可利用的土地上，通过对高原特色农副产业培育、药用材种植等产业类型的精挑细选，进行土地的高效利用与开发，提升土地的附加值。

文化串联轴线——依托县道301，使"三组团"实现交通上的有机联系，交通的联系将带来人流、物流、信息流的畅通，为斗玉村文化节点融入隆子县、山南市提供便利的基础设施条件和文化传播通道。

5.4.1.2 聚居组团结构模式重建

在聚居组团由"自组织"发展走向"被规划"的聚落文化空间再生产的过程中，以乡村经济、社会、文化发展为导向是现实的选择。原聚居组团内部是"自组织"的发展，以民居与民居之间形成的巷道式空间串联形成的较为均质化的聚居空间。在民族旅游开发导向下，斗玉村聚居空间的新类型出现了涌现性。如民族文化形象展示空间既是针对游客的形象空间，也是村民日常使用的公共空间，必然要求是广场形态的空间，才能形成聚集效应和展示效果；民族文化走廊，则是带状空间，具有引导性和线性展示效果；民族手工艺品生产制作空间，既需要专人进行技术指导，也要适应民族旅游纪念品、手工艺品、商品等旅游购物需求，结合"前店后厂""现场制作生产销售"等面向市场化的生产制作展销模式，必然需要民族手工艺品集中展示的空间。

因此，从文化空间再生产角度出发，斗玉村聚居组团结构模式形成了两种基本结构关系：总分关系（民族文化形象广场—民族文化商业街—村民院落）、并列关系（村巷—院落）。在斗玉村聚居组团的总分关系中，形成了空间感知的层次性，民族文化形象广场（珞巴原乡广场）是斗玉村民族文化形象的集中地与展示厅、村域公共开放活动中心，其公共参与度与开放度居于首位；围绕广场延伸的是民族旅游商业及公共服务空间，是具有功能选择性的公共开放空间，其公众参与度是基于公众的功能需求而选择的，公众参与度居于其次；村民院落是半开放空间和村民住屋私密空间的过渡空间，承担了接待游客住宿的功能，其文化类型既包括民族文化住屋习俗文化，也包括个人的喜好（如图 5-12 所示）。

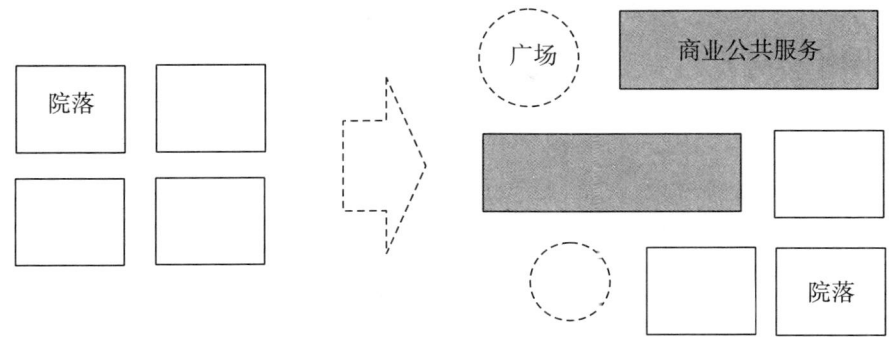

图 5-12　民族旅游导向下的斗玉村聚落组团文化结构重构

资料来源：《斗玉珞巴族生态文明小康示范村建设规划》，2013

5.4.2　斗玉村民族旅游地尺度规模建构

在城乡规划学领域，人口指标与用地指标是城乡空间尺度建构的两大衡量指标。人口规模预测是社会经济发展指标，用地指标是空间地理学指标，通过科学预测乡村人口自然增长与机械增长趋势，为一定时间段内乡村人口容量提供参考和依据。同时结合乡村人均用地实际情况，进行建设用地规模的预测，有效控制建设用地量，实现对乡村空间有效的规划管控。在民族旅游开发导向下，斗玉村文化空间尺度预测不仅要考虑本地村民的人口增长情况，更应结合旅游开发导向下游客数量的增长趋势，根据村民与游客的总数量进行空间的尺度预测，合理布局公共服务设施、旅游服务设施。

5.4.2.1　从乡村人口构成透析文化空间构成

（1）人口增长特征。

2000 年，美国规划协会为了保护农田与耕地、自然生态环境与社会人文环境，提高城乡居民生活质量和城乡土地利用效率，提出"精明增长（Smart Growth）"的发展模式。引入精明增长理论对斗玉珞巴族村落进行空间建构的研究，是为了遵循村落空间的有序传承和发展思路[①]。在尊重已形成的村落空间肌理的基础上，合理统计和测算村落人口的增加与衰减，结合人口与产业的

---

① 李宁、周勇：《精明增长视野下的传统村落发展路径》，载《规划师》，2015 年第 S2 期，第 162~166 页。

发展思路,建立"精确规模预测—活态保护发展—有机控制增长与有机植入"的空间建构思路;结合实际情况,依据城乡规划对人口及用地规模的测算方式,合理预测斗玉村的人口增长/衰减趋势和村落人口,在人口规模的基础上确定合适的村落建设用地规模,对于合理引导村落的空间发展具有重要的指导意义。

对于斗玉村而言,村落人口规模的变化趋势与内地村落具有典型的差异特征:首先,由于地理、气候环境条件较差,其人口基数特别小。在人口的年均自然增长率统计方面,以2013年年底的村落调查统计,斗玉村总人口为203人;其次,根据相关数据,村落的人口自然增长率较低,仅为15.0‰。在人口的机械增长率方面,由于受到城市文明的吸引力,斗玉村呈现明显的人口流失现象,人口的机械增长率为负数,人口的迁出人数大于迁入人数,主要迁出原因有外出求学人员户口迁出本村、到外地务工后留城置业长期居住的少量村民、女性成年后嫁出本村(见表5-4)。

表5-4 斗玉村人口增长特征及趋势预测

类型	近三年数据统计	未来五年预测
人口自然增长	15.0‰正增长	保持15.0‰的增长趋势
人口机械增长	近三年为负增长(主要为外出求学、进城务工后置业、女性成年后嫁出本村)	结合隆子县社会经济发展水平预测,人口迁入逐步大于迁出,参考全面人口机械增长水平,预测机械人口增长率为0.8‰

资料来源:作者根据斗玉村人口调查数据整理,2013

(2)人口增长预测结果。

①乡村常住人口预测。

结合隆子县社会经济发展水平、国家对人口较少民族的扶持政策及隆子县斗玉乡鼓励村民生育的政策,预测2014—2020年期间,斗玉村人口年均自然增长率为15.0‰。随着乡村建设的对外开发,民族旅游的发展与带动,将吸引旅游人口、外地工勤人员的逐步进入,潜在的旅游服务人口也将随之进入并形成定居人口。生产生活条件的改善将使斗玉村的年均迁入人口大于迁出人口,人口机械增长逐步成为正增长。因此,斗玉村年均人口机械增长率可以预设为0.8‰。

其中,根据人口综合年均增长率预测2020年斗玉村人口总规模,计算公式为:

$P_t = P_0(1+r)^n$

式中：P_t——预测目标年末人口规模；

P_0——预测基准年人口规模；

r——人口年均增长率；

n——预测年限。

由此，测算到 2020 年，斗玉村常住人口约为：

$203×(1+15.0‰+0.8‰)^7=238.026$ 人，取整数约为 240 人。

②旅游人口预测。

因隆子县地处中印边境一线，缺乏游客数量方面的历史数据，无法采用常规方法进行客流量分析，选择环境容量法预测斗玉村未来旅游人口数量是较为简单、适用面广、目前应用较多的方式。环境容量是指在保证旅游资源质量不下降和生态环境不退化的前提下满足游客舒适、安全、卫生、方便等需求，一定时间和空间范围内，允许容纳的最大游客数量。

环境容量的测算一般有面积法、线路法、卡口法三种。

其中面积法较为简便，应用较多，其计算公式为：

$C=A×D/a$

式中：C——日环境容量，单位：人次；

a——每位游客应占有的合理游览面积，单位：平方米/人，参考近年来相关研究成果，取 400 平方米/人；

A——可游览面积，单位：平方米/人；

D——周转率（景点开放时间/游览景点所需时间）。

导入相关数据，斗玉村游客日环境容量为：

$C=600000×8/6/400=2000$

结合斗玉村地处高原地区，由于气候等因素影响，有效游览天数取 150 天，则斗玉村游客年环境容量为 30 万人。

采用环境容量法测算游客数量的方式，充分考虑了环境的要素，有利于旅游目的地环境保护，由于该计算方式所得出的是目的地所能容纳的最大游客量，还需要根据实际情况，如旅游吸引物要素、不同项目的游览面积、游览时间等差异性进行调整。

5.4.2.2 从建设用地性质透析民族旅游服务功能

按 2013 年斗玉村建设用地情况统计分析，人均居住用地为 393.6（m²/人），人均建设用地为 766.02（m²/人），远大于国家制定的《村镇规划标准》（GB50188—93）的人均农村集体建设用地指标≤150（m²/人）。究其原因，首先与斗玉村村民特殊的生产生活习惯有关,每户村民都有 200m² ～ 300m² 的庭院面积;其次,与斗玉村地处西藏高原,生产生活环境较差、人口稀少的特殊地理气候条件有关;最后,在民族旅游开发导向下,村民住屋内部功能均考虑了小型商店、特色民族餐饮、民宿住宿接待等旅游功能。

在西藏高原作为国家重要的生态安全屏障、重要的世界旅游目的地发展战略指引下,科学划分乡村发展空间功能,节约、集约用地,有效保护地区生态环境,同时考虑引导民族乡村群众逐步转换思想,成为构建斗玉珞巴族乡村空间的重要思路。

5.4.3 斗玉村民族旅游功能类型建构

旅游地文化空间的时间和功能演化,是由原居民的生产与生活空间演变为服务于旅游发展的生产与生活空间的过程。李星明等(2015)[①]根据空间生产理论和景观生态学原理,从时间、空间和功能意义三个维度,构建从旅游者介入文化空间到旅游地文化空间内涵、形态、演化路径的结构关系。在民族旅游开发导入的过程中,民族旅游地功能维度的空间类型演化,从原民居的生产与生活空间走向以旅游活动为主的旅游地文化空间,同时融合原居民的生产与生活空间(如图 5-13 所示)。

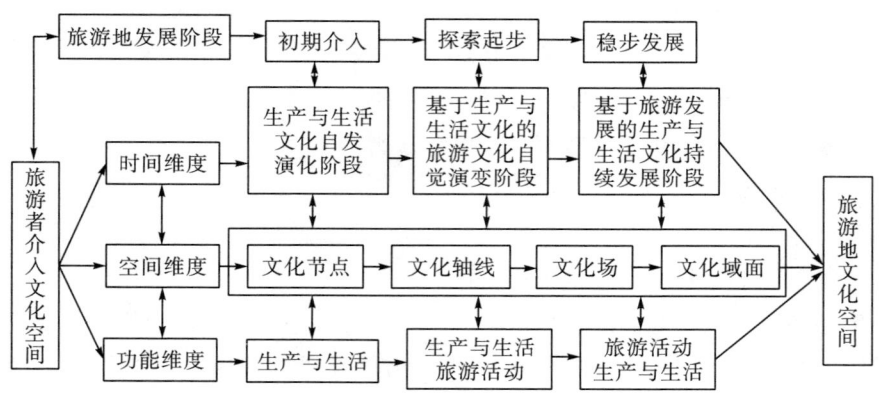

图 5-13 旅游地文化空间形态与演化[②]

---

① 李星明、朱媛媛、胡娟、时朋飞、LIU Juanita C:《旅游地文化空间及其演化机理》,载《经济地理》,2015 年第 5 期,第 174～179 页。

② 李星明、朱媛媛、胡娟、时朋飞、LIU Juanita C:《旅游地文化空间及其演化机理》,载《经济地理》,2015 年第 5 期,第 174～179 页。

结合李星明等人的研究成果，本书从旅游规划学角度，结合斗玉村民族旅游开发导向，对斗玉村民族旅游文化空间功能类型进行细分。

5.4.3.1 民族旅游地空间功能的细分

在民族旅游开发的导向下，民族乡村经济类型呈现出多元化发展趋势，旅游经济、林业经济、农业经济、手工业经济、商贸经济、畜牧业经济等同时并存、混合发展。多元化的经济类型为村民提供了丰富的就业渠道，拓宽了村民的收入来源，是有利于乡村经济社会发展的路径。

为引导民族旅游的可持续发展，有必要从旅游地管理、旅游规划功能分区的角度，对民族旅游地空间功能进行细分，合理引导民族旅游地文化空间生产。在乡村建设指引下，对村民的人居环境实施改造和提升，包括畜养与居住分离、危旧房拆除重建；在民族文化保护指引下，新建民族文化传习所、博物馆，鼓励生育，增加民族人口，鼓励分户行为，将家族生活功能进行分解，提倡尊老敬老；在民族旅游开发导向下，营造民族文化体验场所，新建旅游接待设施与商业服务设施。

其中，民族旅游导向下采取的具体空间功能细分措施如下。

(1) 生产功能剥离的更新措施：政府从舒适、卫生生活的理念出发，引导村民将养殖与居住功能分开，将原民居中的牲口棚拆除，全村统一建设畜牧业生产合作社，使院落居住环境干净、卫生，解决了村落里由于养殖带来的生活污水、动物粪便散乱排放的问题，且通过合作社的方式，集中进行生猪养殖，节省了劳动力。

(2) 生活功能分解的更新措施：在进村调查过程中，部分村民有"儿女成人、分家建房"的需求，从鼓励珞巴族人口发展壮大的角度出发，政府鼓励已经成人的珞巴族儿女离开父母、单独建房、分枝散叶，为斗玉珞巴族民族人口的繁衍生息做出贡献。

(3) 尊老敬老的政策需求：尊老敬老是中华民族的传统美德，对于村落中缺少住房或住房条件较差的老年人，政府以补助的方式，给予一定面积的建房，统一居住，互相扶持。

(4) 危旧房拆除的更新措施：从住得放心的角度出发，政府对村落中的原住房进行质量安全性鉴定，针对部分石墙破损、开裂等情况进行现场评估，鉴定为危旧房的，建议拆除，愿意原址重建的，给予原址重建；考虑易地重建的，在村落的空间拓展用地中统一安排。

(5) 旅游服务功能提升的更新措施：在村落长远发展的指引下，政府对村落中需要增加的基础设施和公共服务设施进行功能完善和提升。如新建村委会、卫生室、特色民族手工艺品商店、商业街、文化传习所、文化活动广场等功能性设施，将目前的政府"输血"功能，慢慢培育、扶植发展成为自主"造血"功能。

在此基础上，形成了民族旅游导向下斗玉村文化空间细分：村民生产空间、村民生活空间、旅游活动空间（如图5-14所示）。其中，由于民族旅游开发对民族文化空间原真性、整体性、活态性的属性要求，这些文化空间之间形成了各种交融的关系，包括等同关系、从属关系、互补关系、依附关系、松散关系乃至排斥关系等，共同存在于斗玉村民族文化空间中，在时空中共同演化。

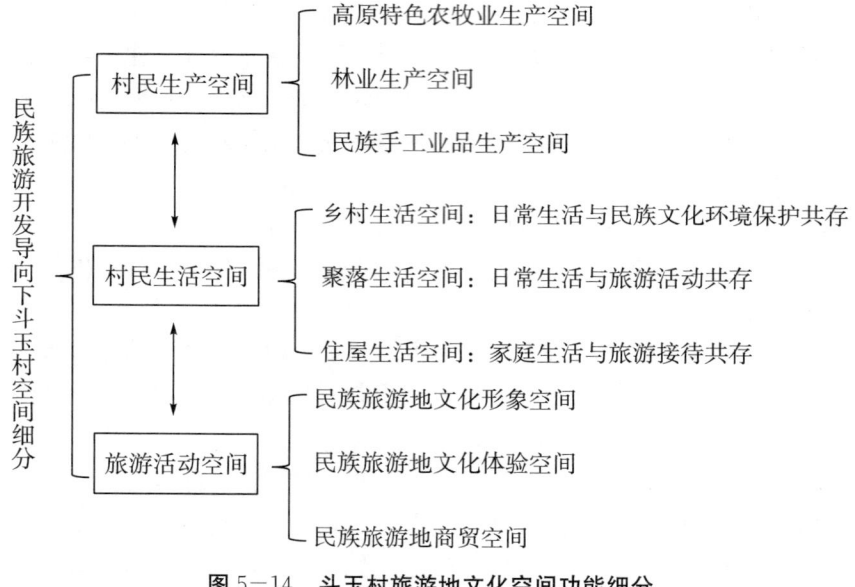

图5-14　斗玉村旅游地文化空间功能细分

5.4.3.2　民族旅游地空间功能植入

民族乡村聚落的空间肌理是村民在经年累月的建设行动中逐步形成的，具有典型的文化生活性特征，在空间构成上体现为民居、院落、村巷的有机组合方式。对聚落空间肌理的保护与延续就是对民族生活文化的延续与保护，因此，斗玉村空间植入的方式采取"整体功能提升植入、生产功能部分剥离、生活功能分解、坏损功能去除"的思路，具体形成"现状建筑"+"现状院落"+"植入功能"的聚落空间，构成斗玉村空间功能的有机布局（如图5-15所示）。

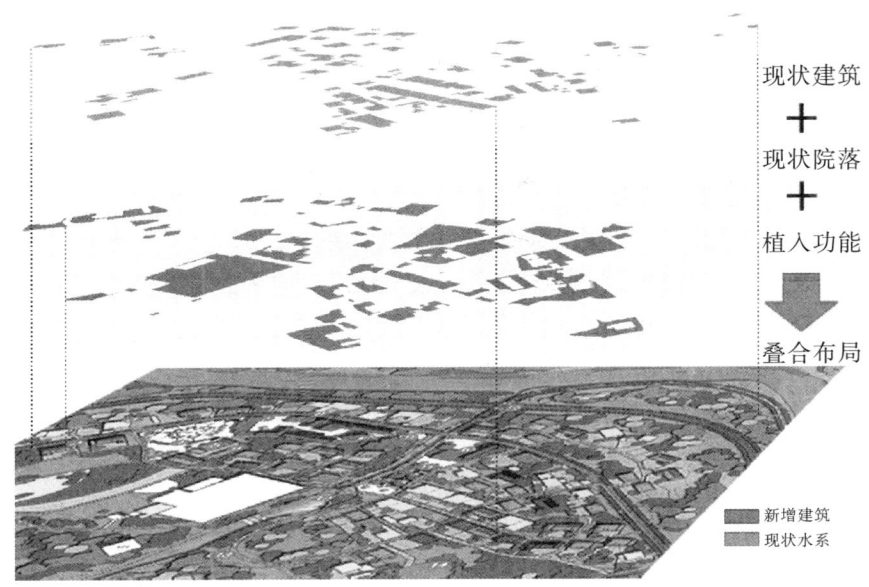

图 5-15 聚落空间植入、叠合与有机布局

现状建筑是以现状聚落民居的考察分析为基础，保留和改造民居风貌，形成珞巴族传统民居整体风貌；现状院落是尊重村民现状形成的院落围墙形态与结构，延续其原始形态肌理，整合村巷道路交通体系空间；根据斗玉村民族旅游服务设施的增设与提升，择址植入旅游服务项目。

5.4.4 场所空间建构：文化记忆与活化公共空间场所

长期以来，西藏人口较少民族就有传统的边境贸易，以边民互市贸易和边境小额贸易为主，通过边境贸易来补充高原稀缺的生活产品。其中，自元代以来，西藏地方政府有组织地在双方聚居区开辟定点交易点，斗玉乡作为一个重要的传统边贸市场和贸易点延续至今。

"乡村公共空间是乡村社会生活的空间必须，是乡村地域文化的形成与变化的空间载体，也是乡村社会秩序形成的基石。"[1] 从问卷调查与走访调查中得知，斗玉村的村民对村落的印象是缺乏整体认识与集体记忆的。关于集体记忆，法国社会学家哈布瓦赫（Maurice Halbwachs，2002）[2] 提出："集体记忆

---

[1] 卢健松、刘雅平、魏春雨：《当代公共艺术与乡村人居环境的自组织发展》，载《中外建筑》，2012年第10期，第42~45页。

[2] 莫里斯·哈布瓦赫（著），毕然、郭金华（译）：《论集体记忆》上海人民出版社，2002年。

是一个社会建构的概念,既是客观存在的物质现实和实体,如记忆场所中的一个建筑物、一座纪念碑、一尊雕像等,同时又是一种象征符号与意象,通过附着于物质实体之上而具有某种精神含义成为群体成员共享的东西,具有双重性质。"可见,集体记忆的树立依托于两方面必不可少的条件:一是依托公共空间而生成,二是集体记忆的产生具有纪念性建筑的特征。

李星明等(2015)将景观生态学中的"斑块—廊道—基质"景观空间理论与旅游目的地空间结构的"旅游节点—旅游轴线—旅游面域"结合起来,构建形成了旅游地文化空间形态,将旅游地文化空间结构形态分为文化节点、文化轴线、文化场和文化域面①,并提出了旅游地文化空间结构形态演绎框架。本书通过呼应事物体的"点、线、面"的结构构成要素,对斗玉村文化记忆空间与公共空间进行场所系统建构,以"文化域""文化链""文化核"的文化空间结构模式形成斗玉村文化旅游空间的整体性与层次性(如图5-16、图5-17所示)。

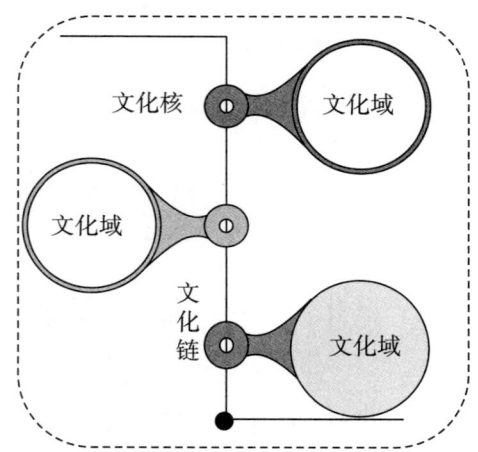

图5-16 斗玉村文化公共空间结构

---

① 李星明、朱媛媛、胡娟、时朋飞、LIU Juanita C:《旅游地文化空间及其演化机理》,载《经济地理》,2015年第5期,第174~179页。

5 过程—事件：旅游开发导向下斗玉村文化空间表征

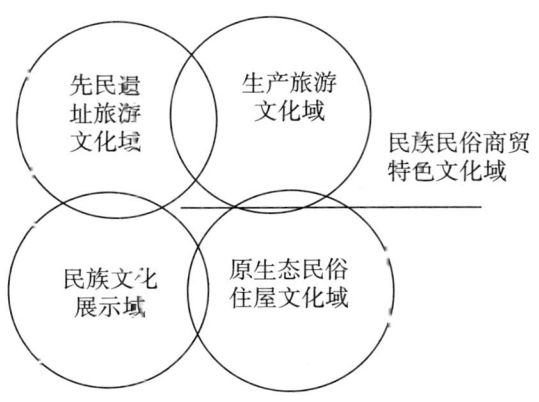

图 5-17 旅游开发导向下斗玉村文化域构成

5.4.4.1 "文化域"型旅游空间

凯文·林奇将"域"（也可以是"区域"）界定为：中等或较大的地段，是一种二维的面状空间要素，人对其有一种进入"内部"体验的意识①。对民族乡村而言，乡土记忆的维持需要以集体活动尤其是各种仪式活动、公共空间为载体，通过村民一系列亲身参与的活动与实践得以延续和保存。若没有了集体记忆，虽然村民共处于一个村落共同体之中，但可能各自在精神与感情上保持孤立，村落将不再是个亲密社群、熟人社会与共同体②。对民族旅游开发而言，文化域就是选择村落的中心位置，完善公共基础设施和服务设施建设，修建斗玉珞巴族文化传习所、文化展览馆、博物馆、村委会、医疗卫生所、特色民族文化商业街、商业超市、原乡文化广场等设施，提升村落的民族民俗特色风貌，承接国家、自治区的兴边富民行动所倡导的边民互市贸易、旅游业等产业空间。

乡村文化域的空间构想是规划师以民族旅游地空间功能性技术导则为主导，引导政府技术官员和村民的空间构想行为。规划师以民族旅游地空间的功能性分区为技术导向，形成了民族旅游开发导向下斗玉村的"民族旅游文化域"分区：先民遗址旅游文化域、高原特色农副业生产旅游文化域、民族文化展示域、原生态民俗住屋文化域、民族民俗商贸特色文化域等面状文化空间。以下就先民遗址旅游文化域、民族文化展示域、民族民俗商贸特色文化域做简要阐述。

---

① 凯文·林奇（著），方益萍、何晓军（译）：《城市意象》，华夏出版社，2001年。
② 董磊明：《村庄公共空间的萎缩与拓展》，载《江苏行政学院学报》，2010年第5期，第51~57页。

（1）先民遗址旅游文化域。

学界一致认为：文化不仅具有精神价值，更具有巨大的经济开发价值。在此认识的指导下[①]，国内外对于文化遗址的旅游开发形成了一些模式，如日本的史迹公园、美国的遗产廊道、德国和意大利的遗址公园，国内的遗址公园、遗址展示区、遗址博物馆等文化遗址的保护与开发形式均具有一定的借鉴意义。

斗玉村的珞巴族先民遗址展示了珞巴先民的生产生活痕迹，具有民族文化的原真性；对先民遗址的完整保护与旅游开发，可以让游客了解珞巴族先民的整体性生产生活场景。先民遗址具有旅游吸引物要素的"古、特、异"特征，同时对社会学、民族学领域研究也具有一定的科考价值。因此，先民遗址是斗玉村民族旅游中一个重要旅游文化域的资源基础。

结合遗址保护规划的技术要求与旅游开发的需求，斗玉村将先民遗址旅游文化域划分为核心保护区、缓冲保护区、开发保护区三类保护与开发结合的文化旅游空间（如图5-18所示），并提出斗玉村珞巴先民遗址保护与旅游开发导则，对遗址地保护与开发利用方式进行明确界定，以维护遗址地的原生自然环境和文化景观视线不受侵犯（见表5-5）。

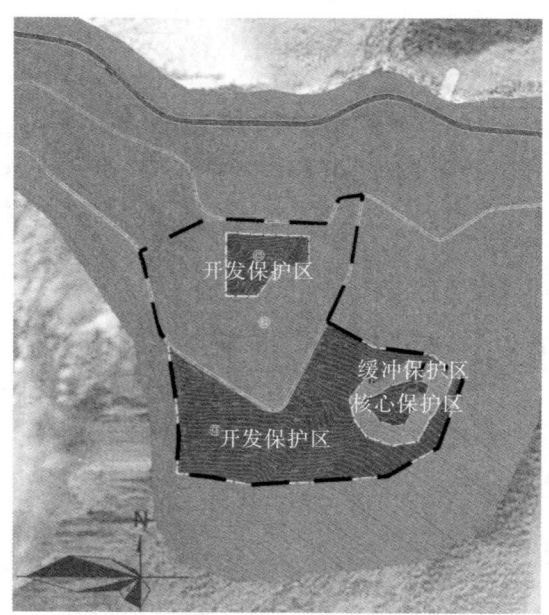

图5-18　珞巴先民遗址保护与旅游开发

资料来源：《斗玉珞巴族生态文明小康示范村建设规划》，2013

---

① 周玉波：《文化产业价值的经济学分析》，载《求索》，2011年第2期，第57页。

5 过程—事件：旅游开发导向下斗玉村文化空间表征

表 5-5　珞巴先民遗址保护与旅游开发导则

空间类别	占地面积	保护方式	开发利用方式
核心保护区	0.5公顷	对建筑遗址采取绝对保护措施，不得拆除、改建	仅供参观、科考
缓冲保护区	1.2公顷	在不干扰核心区的前提下，允许少量建设	相关民族文化展示
开发保护区	7.0公顷	在尊重生态、文态环境下，可进行一定的旅游开发建设	参与体验类旅游项目开发

资料来源：《斗玉珞巴族生态文明小康示范村建设规划》，2013

（2）民族文化展示域。

总结贵州省六枝梭戛生态博物馆建设的经验与教训，借鉴云南省少数民族村落对文化的保护模式"学术机构主导型"，提倡在科研机构及学者的指导下，唤醒村民的民族文化自觉认知与主动参与，实现村民和政府的良好配合与文化自觉。因此，可以将村落文化遗产进行部分固化，进入博物馆，强调文化的传习功能，将珞巴族文化传习所作为一项重要的文化建设工程（如图5-19所示）。

图 5-19　文化传习所设计方案

资料来源：《斗玉珞巴族生态文明小康示范村建设规划》，2013

建立斗玉珞巴族文化传习的模式。运用传统与现代、固态与活化、实物与虚拟的方式对珞巴族文化进行文化教育传承，形成与特定地域空间相适应的文化传习机制。

在文化实物的搜集展示上，采用文化展览馆的方式，将物质文化遗产、非物质文化遗产进行展览。

（3）民族民俗商贸特色文化域。

传统民族文化是在流动中形成、演化发展的，对传统民族文化的保护，最好的方式是提高其表现性，增强其参与实用性，而不是固化某种文化形式或符号。因此，在斗玉珞巴族村落，必须营造文化的有机展示平台，以村民活动广场为载体，广场的整体铺装采用珞巴族钢刀、飘带组成的珞巴族族徽图案，形成珞巴族民众节庆活动的重要场所。将珞巴族的文化元素及符号，运用于广场节点、村落路径系统、民居建筑外观、导示系统、特色产品、旅游参与性项目等，重塑具有地标意义的珞巴族民族精神、历史文化、时代特征的文化展示系统，让村民自发认识民族文化，参与到民族文化活动中，自主参与到民族特色村落的建设中，体现其主体地位，提升其幸福指数与自豪感，促进文化资源的活化，这才是真正意义的发展。

边贸互市是斗玉珞巴族的商业传统，文化上呈现外向型特征。斗玉珞巴族的边贸商业文化不仅仅具有边贸文化特征，更因其承载了民族文化，显得更有魅力。几百年以来，边贸体现了"市"的职能，具有珞巴族民族性格直率、简洁的特征。历史上的斗玉边贸互市的神秘成了域外人们感兴趣的部分，因此，可以将传统的边贸互市作为文化展示活化的一个重要区域，建设斗玉珞巴族特色民族文化商业街（如图5-20所示）。

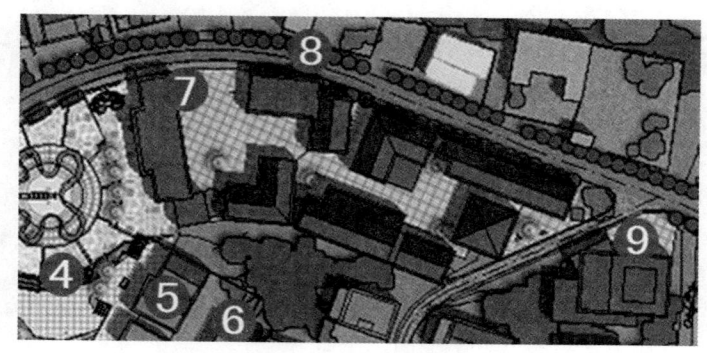

图5-20　民族文化商业街设计方案

特色民族文化商业街能丰富和满足村民物质生活需求，同时也为村民的剩余劳动产业提供了固定的交易场所。在边贸互市的节庆期间，商业街将迎接来自境内外的客商，为斗玉珞巴族走出大山、走向世界提供了机会。随着山南市边境旅游的发展，商业街将为旅游商业提供更加完善的产品与服务。

5.4.4.2 "文化核"型旅游空间

(1) 文化广场形象核。

在陕西姜寨遗址考古发现中，有房屋围合形成的公共空间，大约4000平方米，房屋建于广场四周，室门都朝向广场。在大致同期的西安半坡遗址中，也发现小型住宅密集排列且环绕中央公共空间的布局方式。这表明，在我国先民社会生活中，部族集会、祭祀等公共活动早已具有公共空间的场所文化[①]。斗玉珞巴族同其他民族一样，在适应特定的自然环境过程中，创造出适合生产与生活的人居空间、神居空间，形成了本民族独特的人文生态系统。从珞巴族村落已形成的公共空间来看，斗玉村的公共空间是村民交往的主要场所，其社会生活主要特征是人与自然、人与神域的交往，如村民对大树的崇拜，对树木的保护意识强烈，对水域的场所敬重。村落的道路交叉口作为短暂攀谈之地，是人与人日常交往的主要场所。村落空间中缺少村民展现自我的场所与空间，可见，珞巴族村民在性格上也是内敛的，但是，文化是需要弘扬的，通过弘扬方能放大其文化效应。因此，珞巴文化广场作为珞巴族民众自我展示场所、珞巴族文化的展示场所，是民族文化传承和发展的必要载体。

(2) 空间模式和形态。

"埏埴以为器，当其无，有器之用。凿户牖以为室，当其无，有室之用。故有之以为利，无之以为用。"老子从中国传统思想的角度解释了空间的精髓，空间的真正有意义的部分是"虚空"的部分，具有容器的功能。斗玉村入口形象广场的功能内涵包括了斗玉村民族文化形象展示场所、村民日常活动聚集场所、民族文化集中展示场所、游客参与民族文化活动体验的场所等。

文化广场核的概念构想是技术官员、规划师、村民共同的需求。在以技术官员和规划师为主导的文化广场核位置的选择与形态构想中，以及对广场文化空间进行"编码"的过程中，选择了源于珞巴族的标志及刀舞，以象征珞巴族男女舞蹈的阳刚与柔美的刚直的刀、飞舞的飘带代表珞巴族文化符号的形象物进行"编码"，通过对珞巴族民族符号的"解码"，获得村民对广场文化的文化

---

① 曹文明：《中国古代的城市广场源流》，载《城市规划》，2008年第10期，第55~61页。

符号认同,从而建立文化认同,实现文化符号的"解码"①。

基于上述综合功能的斗玉村入口形象广场,以文化景观空间的模型进行场所空间建构,以乡村公共性建筑为空间围合体,包括村委会、卫生室,带动村民的日常公共服务功能,提高广场的空间利用率,通过"广场+文化景观"的空间模式,塑造其形象特征(如图5-21所示)。

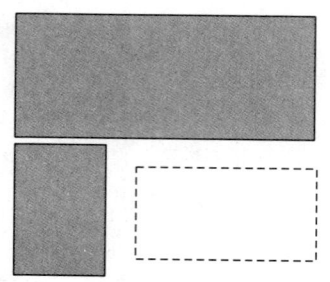

图 5-21 入口形象节点空间模式

(3)村民民族文化生活的容器。

我国的传统社会思想是内敛的。广场这个舶来品,对于推动我国传统意识中的"乡土意识"走向"新乡土意识"具有重要的意义。村落中的广场不仅具有文化彰显的意义,提供村民良好的文化活动场所,更具有生活方式引导的意义。因此,村落的中心广场不仅是斗玉珞巴族核心文化承载的场所、具有特色民族文化场域的广场,更是村民走出"半开敞半封闭"的私家庭院空间、走向公共空间展现自我、表现和弘扬本民族文化的"表演性"场所。

广场选址接近聚落的几何中心,方便村民在日常生活中就近使用。在中心文化广场的形态演绎上,采用"整体构图"的设计手法,即选择以珞巴族象征图案"艾热阿"作为广场的整体图案(如图5-22所示)。

在广场的场域空间围合与形成上,以新建的村委会、医疗室为实体围合的空间界面,将此作为广场的背景;在广场内部不规则自由形态的用地上,寻求与场地契合的轴线关系,以珞巴钢刀的线条形成主轴线,以珞巴族女孩的服饰飘带形成地面二维空间界定,轴线端头以典籍中记载的珞巴族始祖(阿巴达尼)的雕塑作为主要纪念物。广场两侧的图腾柱则以珞巴族历史传说为主要内容(如图5-23、图5-24所示)。

---

① 刘名涛:《乡村文化广场的三维空间及其治理》,载《文化艺术研究》,2016年第4期,第40~49页。

5 过程—事件：旅游开发导向下斗玉村文化空间表征

图 5-22 珞巴族象征图案"艾热阿"

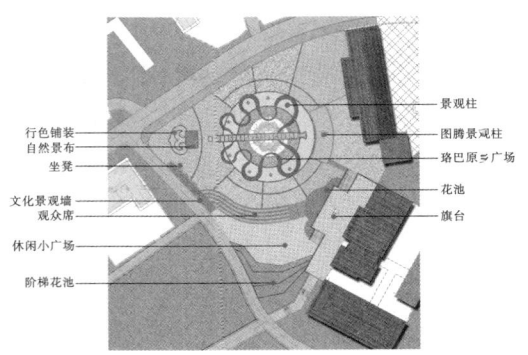

图 5-23 根据象征图案演绎的文化广场

图 5-24 技术官员、规划师推崇的文化广场效果

资料来源：《斗玉珞巴族生态文明小康示范村建设规划》，2013

（4）游客参与的开放性民族文化空间。

"广场是个弹性空间，除非国家禁止，否则使用者可以为了自己各种各样的目的而使用它"①。作为一个村庄内的活动场所，文化广场因其开放性而为

---

① 詹姆斯·斯科特（著），王晓毅（译）：《国家的视角：那些试图改善人类状况的项目是如何失败的》，社会科学文献出版社，2004年。

使用主体提供了一个可及性很高的参与和互动空间。同时，乡村文化广场作为村庄内日常性的公共生活和娱乐休闲的公共空间，是国家进行公共文化服务供给和村庄文明建设的政治空间，内部蕴含着空间的治理性[①]。乡村文化广场为乡村村民大会的召开提供了一个集体议事、集会的乡村公共事务活动场所；为了提高广场的聚集效应和感知效果，将村委会、卫生室等村民日常使用的功能性场所整合到广场中，作为广场围合形态的背景。从环境行为学的角度，人们具有"欣赏"与"被欣赏"的需求，空间的背景提供了"欣赏"的空间与场所，通过实体资源的整合，提高村民对广场的日常感知。在这个活跃的生活场景中，村庄内外的居民和规划者均可自由地进出广场，开展正式和非正式的活动，对于老人、儿童，或是游客，文化广场成为重要的时空活动场所，能宽容多元并存的社会群体，保障了多元群体的文化权利，是人际互动、关系交互的重要场所，也是一项重要的生活资源。

（5）村落入口形象核。

按凯文·林奇对空间意象性的理解，村落的入口是乡村整体性中的一个重要节点（Node）[②]，是一个战略要点，它使人有进入和离开的感觉。从空间的意象性来说，村落的入口形成了对乡村边界的一个重要空间场所界定；对村民而言，村落入口不仅仅是空间意义上的界定，更是文化上的一个结，是乡村整体影响在节点上的一个缩影，是最能唤起乡村记忆的一个场所，具有乡土情结的场所意义。因此，在空间节点建构中，规划师协同技术官员选择了斗玉村进出村口的桥梁、村落旁空地作为村落入口文化核的共同构想。规划师以"节点空间界定＋文化景观要素"的构想，同技术官员构建"斗玉村文化标志"的想法不谋而合，将斗玉村入口桥梁进行改造、利用村落入口空地，形成了斗玉村藤网桥的文化空间记忆、丛林狩猎的珞巴族先民生产生活场景记忆，共同建构了斗玉村的村落入口文化核。

①藤网桥的文化空间记忆。

在珞巴族人的乡土记忆中，藤网桥是珞瑜地区重要的出入通道，是村落对外联系的重要纽带与节点，凝聚了珞巴族村民日常活动记忆的重要部分，以及对往昔艰难险阻生活状态的回顾。

因此，村落的桥头节点是唤醒珞巴族村民往昔交通出行方式的重要场景。

---

① 刘名涛：《乡村文化广场的三维空间及其治理》，载《文化艺术研究》，2016年第4期，第40～49页。

② 凯文·林奇（著），方益萍、何晓军（译）：《城市意象》，华夏出版社，2001年。

在情景节点表征的过程中,将现有的桥梁进行文化景观符号化改造,两侧的护栏采用原生态圆木装饰,上覆盖藤网条,既强化了桥梁的景观节点作用,形成通过式的景观意向,限定了村落对外的空间边界,又承载了珞巴族的生产生活文化。由此,进入村落的桥梁不仅仅具有空间景观的意义,更具有斗玉珞巴族特有的文化边界,将形成村民进出的重要停驻空间(如图 5-25、图 5-26 所示)。

图 5-25　建设前的村落桥头节点空间

图 5-26　文化融入改造后的桥头节点

②丛林狩猎的文化空间记忆。

直到 20 世纪 50 年代,采集和狩猎仍是珞巴族许多部落的主要生产方式①。珞巴族妇女主要从事采集工作,而珞巴族男子的主要工作是狩猎。从民族学意义上看,狩猎不仅仅是珞巴族生产生活延续的重要方式,还是具有较长民族发展史上的重要生产生活手段。因此,狩猎是珞巴族民族存在的象征,尽管现在狩猎已不是谋生的主要手段,却已经成为珞巴族勇武的民族精神的一种标志性行为。

规划师和雕塑艺术工作者共同构想走向现代艺术的珞巴族弓箭的空间概念。雕塑家通过对珞巴族弓箭的原型研究(如图 5-27 所示),利用现代构图手法将珞巴族弓箭的力与美进行了美学构成,以箭头向上的姿态置于村口的草地上,结合绿化环境的营造形成了丛林狩猎的文化意境(如图 5-28 所示)。

---

① 李坚尚:《珞巴族的社会和文化》,四川民族出版社,1992 年。

图 5-27 珞巴族弓箭原型　　　　图 5-28 珞巴族"丛林狩猎"构想
　　　　　　　　　　　　　　　　　　　（艺术家梁彬创作）

然而，令人遗憾的是，藤网桥的文化记忆空间及丛林狩猎的文化记忆空间构想最终因与"生态文明小康示范"的乡村建设目标未能达成一致，该构想未能付诸实践。

5.4.4.3 "文化链"型旅游空间

按凯文·林奇对空间意象性的理解，路径（Path）[①] 是构成空间意象性的重要线性途径：观察者习惯或可能顺其移动的路线，如街道、小巷等，其他要素常常围绕路径布置。然而，就文化空间建构而言，物化的文化展示与非物化的文化承载是文化空间的表现手段，文化的感知和参与则需要空间的场所，因此，线性的"路径化"文化空间需要与串珠状的文化节点（文化感知空间和文化参与空间等）结合，构成"链"状的"文化链"型公共空间。

（1）空间模式。

"文化链"型空间模式是从线性空间中延伸出来的，既有线性空间的通过式功能，又强调节点空间的停驻功能。乡村文化空间是人文内涵丰富、层次细腻的空间组成，而"文化链"型空间能够将这些丰富的文化空间进行串联，构成网络状的文化空间系统。传统的乡村线性空间是均质化的，要实现链状串联，必须对原有的均质化空间进行物理改造，以小节点空间的方式植入，营造可以交流、可供停驻、可以植入的空间形态（如图 5-29 所示）。

[①] 凯文·林奇（著），方益萍、何晓军（译）：《城市意象》，华夏出版社，2001年。

5 过程—事件：旅游开发导向下斗玉村文化空间表征

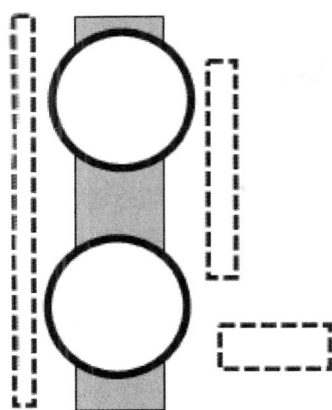

图 5-29 "文化链"空间模式

（2）村巷空间。

村落巷道空间，从空间形态上看，是线性空间；从空间功能上看，是通过性空间；从空间层次上看，是介于公共空间与庭院空间的过渡性空间，具有灰空间的典型属性，既具有一定的功能意义，也是不为众人日常所关注的情感空间，具有一定的消极作用。在对斗玉村村落巷道空间的考察中，笔者发现，村落街巷的空间界定方式是以片石或夯土围墙、堆积的木材、民居外墙与步道形成，具有一定的空间渗透与阻隔作用。因此，增加乡土文化气息、改善环境品质是村落巷道空间的处理方式（如图5-30所示）。

图 5-30 建成后村落巷道联系空间

笔者依据空间叙事的整体思路，进行节点、路径、文化符号的整体融入，丰富空间场景的文化承载。其方式：如以路灯为文化承载，按照结绳记事的方式进行路灯造型的改造，植入珞巴族历史文化，唤起人们对于珞巴族记数方式的记忆；如将村民堆放柴薪的方式运用于围墙景观中，把夯土围墙与柴薪木桩围墙进行结合，既改造了原夯土、片石围墙的质感认知，也具有景观的变化，同时将村民的日常生活融入乡村文化景观，增强了文化体验感。民居外墙是不可避免的村巷空间组成部分，片石砌墙是外墙的建筑构造，其质感是冰冷的，通过外墙上附着珞巴族传统民居中的竹编，形成外墙色彩、质感的变化，同时辅以珞巴族文化图腾，原笔直、生硬的外墙变得生动而具有文化承载。由此，通过空间塑造，线性空间变成具有文化承载的链状空间。

5.4.5 民族旅游导向下的文化格局演变对比

5.4.5.1 民族旅游导向下的土地利用文化景观构成演变

土地是文化空间生产的物质承载，是人文景观在地理空间的物质分布，本书通过对土地利用性质、功能的分类描述，定量地对比斗玉村文化空间生产过程前后土地利用规模和位置的演变，描述各文化功能之间的用地构成、用地强度对比关系。

文化空间作为一个区域文化系统，其演化是一个时空融合过程，具体表现为系统空间结构和系统功能的历史演变[①]。依据生态博物馆理论的文化整体保护观，民族乡村文化空间范围应与民族乡村空间范围一致，是一种整体的区域文化系统。乡村是村民在经年累月的生产生活过程中形塑的文化空间，附着了生产文化、生活文化。

（1）文化空间角度的土地利用分类。

原乡村居住用地是院落式居住功能的承载，体现了民居建筑文化的用地构成，包括民居院落及民居建筑用地，属于半私密的生活文化空间；公共设施用地建设项目是共享型文化空间用地，包括村委会、医疗站、文化传习所、民俗博物馆等建设项目，属于公共性文化空间；道路、广场用地是文化的生产和展示空间，属于流通性、公共性的文化空间；非建设用地包括农林生产用地、水域等，属于生产性文化空间（如图5-31所示）。

---

① 李雪：《旅游地域系统时空维演化理论探讨》，载《社会科学家》，2012年第9期，第89～91页。

5 过程—事件：旅游开发导向下斗玉村文化空间表征

2013 年   2017 年

图 5-31 斗玉村用地图对比

（2）土地利用总体出现了增长的趋势。

通过对比 2013 年各类文化空间对应的用地类型发现，在斗玉村用地构成上，属于半私密性文化空间的民居建设用地略有增长。因人口增长、村民分户和重建要求而出现了新增建设，导致建设用地少量增加，增长较为明显的是公共性文化空间用地和流通性、公共性的文化空间用地类型（见表 5-6、表 5-7）。

表 5-6 斗玉村用地结构统计（2013 年）

序号	用地代码		用地名称	面积（ha）	比例（%）	人均建设用地（人/m²）
1	R		居住用地	7.99	51.38	393.6
	其中	R2	二类居住用地	7.99	51.38	393.6
2	C		公共设施用地	2.33	14.98	114.78
	其中	C1	行政管理用地	1.65	10.61	81.28
		C3	文化科技用地	0.53	3.41	26.11
		C9	文物古迹用地	0.15	0.96	7.39
3	S		道路广场用地	5.19	33.38	255.67
	其中	S1	道路用地	5.19	33.38	255.67
4	U		公用设施用地	0.04	0.26	1.97
	其中	U1	供应设施用地	0.04	0.26	1.97
5	城市建设用地			15.55	100.00	766.01
6	E		非建设用地	185.28		
	其中	E1	水域	21.65		
		E2	农林用地	27.01		
		E9	其他非建设用地	136.62		
7	总用地			200.83		

表 5-7 斗玉村用地结构统计（2017 年）

序号	用地代码		用地名称	面积（ha）	比例（%）	人均建设用地（人/m²）
1	R		居住用地	8.310	16.199	277.000
	其中	R2	二类居住用地	8.310	16.199	277.000
2	C		公共设施用地	14.844	28.937	494.800
	其中	C1	行政管理用地	5.272	10.277	175.733
		C3	文化科技用地	0.193	0.113	6.433
		C4	医疗保健用地	0.109	0.214	3.633
		C5	商业金融用地	7.770	15.411	259.000
		C9	遗迹遗存用地	1.500	2.924	50.000
3	G		绿地	13.212	32.487	440.400
	其中	G1	公园绿地	9.780	25.797	326.000
		G2	防护绿地	3.432	6.690	114.400
4	S		道路广场用地	12.337	21.773	411.233
	其中	S1	道路用地	11.224	19.668	374.133
		S2	广场用地	0.813	2.105	27.100
		S4	停车场用地	0.300	0.585	10.000
5	U		公用设施用地	0.310	0.604	10.333
	其中	U1	供应设施用地	0.310	0.604	10.333
6	H		城乡居民点建设用地	48.017	100.000	1600.567
7	E		非建设用地	152.813		
	其中	E1	水域	21.310		
		E2	农林用地	131.50		
8			规划用地	200.83		

公共性文化空间用地增长的主要原因：从民族旅游开发、民族文化保护与传承的角度，增补村里文化类公益设施，如新建文化传习所、民族文化博物馆；从方便村民生活需求、长远考虑发展民族边贸业的角度，新建民族文化商业街、农贸超市；从保障村民医疗卫生健康的角度，新建卫生室、防疫站等公益设施。

流通性、公共性的文化空间用地增长的主要原因：从民族文化自信心塑造、活化、展示民族文化的角度出发，新建珞巴原乡广场及社区组团级文化小广场，引导乡村文化走向公共性；从方便出行的功能性考虑，规范和完善了入户路建设，增加步行系统路网密度、道路文化景观。

（3）文化空间角度的土地利用构成。

从用地构成的比例变化来看，公共性文化空间和流通性、公共性的文化空间用地出现增长。由于珞巴族历史以来是以狩猎为生，农业生产基础薄弱，生产性文化空间用地没有出现增长的需求（如图5-32所示）。

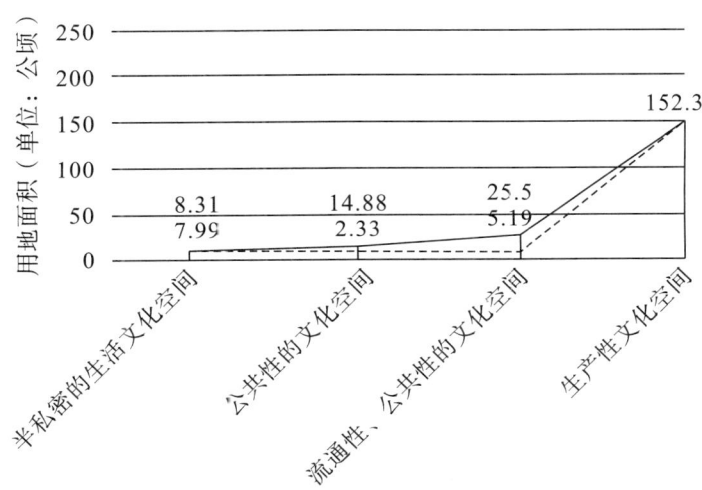

图5-32　斗玉村文化空间类型用地规模（2013年—2017年）对比

5.4.5.2　民族旅游导向下的乡村文化空间涌现

列斐伏尔提出，从一种生产方式转到另一种生产方式，必然伴随着新空间的生产①。文化空间是一个具有文化意义的空间、场所与地点，在空间生产的过程中，由于生产方式发生变化，新空间生产的同时必然伴随着新的文化空间的涌现。斗玉村在较长时间内一直维持着传统意义的乡村空间生产，民族乡村文化以历史积淀与代代相传的方式实现自我生产。在本阶段的空间生产视野中，斗玉村实现了生产关系与生产方式的变革，其空间的功能意义与文化意义也随之产生演变。在此之前，斗玉村民族乡村空间以边境空间（主要是守土固边的政治意义）、民族聚落空间（少数民族群众聚居生活的聚落文化意义）为主。

2013年，斗玉村乡村建设用地由六类用地类型构成：二类居住用地、行

---

① 包亚明：《现代性与空间的生产》，上海教育出版社，2003年，第87页。

政管理用地、文化科技用地、文物古迹用地、道路用地、供应设施用地；2017年，斗玉村乡村建设用地构成除了上述六项，新增了医疗保健用地、商业金融用地、公园绿地、防护绿地、广场用地、停车场用地①。从2013年斗玉村用地构成六项发展为2017年的十二项可以看出，斗玉村乡村文化空间的涌现性及文化空间的进一步细分（如图5-33、图5-34所示）。

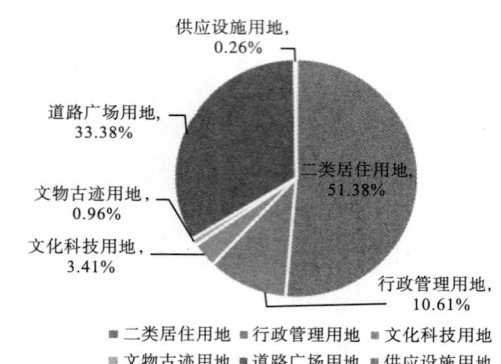

图5-33　斗玉村乡村建设用地结构（2013年）

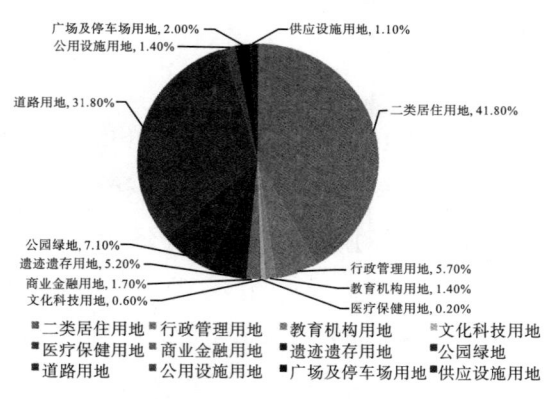

图5-34　斗玉村乡村建设用地结构（2017年）

兴边富民与守土固边是我国的基本国策②。推动边境地区经济社会快速发展，提高各族群众生活水平，加强民族团结，巩固祖国边防，维护国家统一，增进中外睦邻友好，是我国既定的边境乡镇发展方针。在此背景下，为推动边境乡村的经济社会发展，国家大力实施扶持政策。边境乡村同时具有边防空间

---

① 原"文物古迹用地"因规范调整，已定名为"遗迹遗存用地"。
② 国务院办公厅：《关于印发兴边富民行动"十三五"规划的通知》，国办发〔2017〕50号，2017年5月28日。

功能、国家形象展示功能、经济建设发展功能等多元化空间发展动力,其中,边境民族乡村经济发展带动了多种业态的发展,边境旅游、民族旅游、民族手工业产品生产、民族乡村特色农副产品生产、边境贸易业等蓬勃发展,相对应的旅游空间、文化空间、形象空间、民族生产生活空间等涌现,出现文化空间涌现性与多元化发展态势(见表5-8)。

表5-8 "时—空"转换过程中的空间涌现及其特征

时间跨度特征	主体空间	空间涌现	空间特征
新中国成立初(乡村空间形成期)	边防空间 国际战略空间	乡村农业生产空间、民族乡村聚居生活空间出现	乡村边防功能与村民生产生活功能,乡村社会自主空间变动
改革开放时期(乡村空间分化期)	边防空间 聚居空间	聚居生活空间完善与提升	政府扶持为主,市场思想开始出现
乡村建设开始后(乡村空间重构期)	旅游空间 文化空间 形象空间 生产空间 生活空间 边贸空间	注重文化及村落形象建设,村落文化空间出现,具有现代化农业生产手段的生产空间出现	以引入市场功能为主要趋势,发展民族旅游业、文化产业、生态农牧业等

列斐伏尔强调,(社会)空间就是(社会)产品,每一种特定的社会都历史性地生产属于自己的特定空间模式,社会形态的变化必定带来空间形式的变化。根据空间生产动力,新中国成立以来斗玉珞巴族村落的空间形态变迁大致可以划分为以下三个阶段:

(1)政府主导为主要动力。

新中国成立后,我国政府对人口较少民族发展极为重视,加大政策扶持力度。最初以边防站的设立为领土宣示的形式,围绕边防站的周边空间,政府对居住在山腰、交通不便、生活条件较差的村民实施了异地搬迁,小规模集中居住。

在以聚居村为单位的长期发展过程中,通过民族政策、边疆政策等扶持措施,政府在基础设施、公共服务设施等方面进行了大量建设与投入,设施的便利使村民的生活生产条件得到改善,村落对附近散居群众产生了吸引力,聚居度逐步升高,村落规模及空间逐步扩大。

因此,在斗玉珞巴族村落的发展过程中,政府主导是主要的发展动力。结合当地较为落后的经济、文化发展水平来看,在较长一段时间范围内,仍以政府主导发展为主。

(2) 乡村自主为辅助动力。

我国民族区域自治制度强有力地保障了少数民族群众当家做主的权利,让少数民族群众充分享有了一定程度的文化自主权与财政经济自主权。因此,在相对独立的民族文化系统影响下,斗玉珞巴族村落在较为缓慢的自主发展进程中,形成了"政府治村""长者治村"与"精英治村"相结合的村庄事务治理形式。在村级、乡级领导的指导下,在村庄长者、智者的示范带动下,村民逐步实践着农业生产的手段与技术改良、手工艺品的生产与制作、民居的修建与改建等乡村自主发展行为。

(3) 旅游开发导向行为的后续动力。

斗玉珞巴族村村民长期过着与世无争、畅意山林"世外桃源"般的自然生活,随着近年来斗玉乡(村)及隆子县对外交通条件的改善,部分村民外出接受了不一样的文化熏陶,感受到良好经济条件带来的物质和精神生活,逐步倾向于通过旅游开发行为的引导,改变斗玉村较为落后原始的生产生活状态。

通过部分村民自主组织的手工艺品合作社、民族歌舞演出剧团等具有市场意识的经济合作组织可以看出,市场行为将在斗玉未来的发展中起着越来越重要的作用。

5.4.5.3 文化社会生产影响下的文化格局演变

(1) 从"两元同心并置"到"多元同心嵌套"的整体空间文化特征。

斗玉珞巴族村在经历了一次高山移民搬迁之后,其空间发展过程中形成了"原居住地遗址(山腰)"与"现聚居地(色曲河谷)"两个空间场所。聚居地的变迁见证了斗玉珞巴族的生活环境、对外交通联系、聚落空间壮大、民居形态发生演变等发展历程,存在"过去"与"当代"的时空变迁。

曾经居住在山腰的老年人常常缅怀居住在山腰的风景;日常路过原村落遗址的村民时常会驻足,回忆先辈的生产、生活场景;到访此地的外地客人听说珞巴族村落的遗址故事之后,无不产生极大的好奇心。因此,聚落转换的"时空"关系在亲身经历的老年人、村民、外地人心里都留下了极深的印象。

从文化与空间的转换角度看,原村落遗址与现村落之间形成了"两元同心并置"的结构,分别代表了珞巴族发展的过去与现在,原村落遗址让我们对珞巴族原有生活习性、选址定居习惯等有探索欲望,在仅有的残垣断壁之间,我们试图追寻珞巴族先辈的历史文化印记。遗憾的是,关于该村落遗址的变迁没有留下任何形式的文字记载。

(2)"多元同心嵌套"的现状聚落空间功能特征。

在斗玉珞巴族先民实现村落搬迁至现址之后,在"时—空"的影响下,村

5 过程—事件：旅游开发寻向下斗玉村文化空间表征

民的生产、生活形态发生了极大的变化。

在农业生产上，村民利用色曲河谷较为平缓的地段开展农业种植，根据季节种植稻谷、玉米、鸡爪谷、荞麦等农作物，形成了农业生产空间；在见多识广的全国人民代表大会代表斗玉乡副乡长扎西央金及乡村精英的带领下，以村民家庭为活动场所，形成了以木碗加工、竹器编织、珞巴刀和珞巴服饰制作为主的斗玉经济合作社组织，生产珞巴族特色的民族手工业品。斗玉珞巴族村落第一次形成了具有商业价值的手工业品生产空间。

斗玉乡人民政府驻地为斗玉村，村里兼具乡、村级行政及公共服务职能，幼儿园、小学等教育职能。设置在斗玉村的部队边防站具有守土职能。逐步了解斗玉珞巴族村的外地游客也进入这个具有独居少数民族文化的村落。游客的进入丰富了村民的活动，逐步增加了旅游服务的职能。因此，在"时—空"的发展演变过程中，斗玉村原有空间场域形态逐渐发生变化，融行政管理场域、村民生活场域、村民农业生产场域、村民手工业生产场域、外地游客旅游场域、边防守卫场域……为一体，共同构成一个"多元同心嵌套结构"场域（如图5-35所示）。

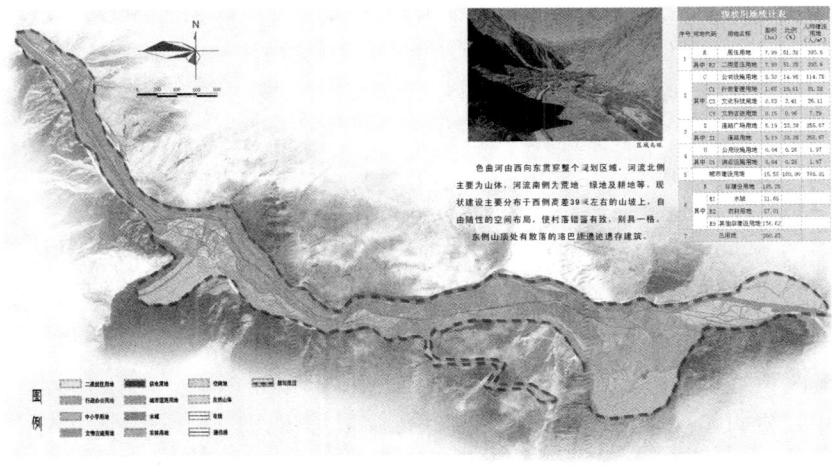

图 5-35　斗玉珞巴族村落的时空变迁

资料来源：《隆子县斗玉珞巴族村小康示范村规划》，2013

5.5　民族旅游地文化符号建构：民族话语与乡土依恋

在强势文化的影响下，人口较少民族文化呈现式微的发展态势。符号作为民族文化的凝练与表达，是民族话语的呼吁与抗争。因此，民族文化符号必须基于民族文化的记忆与唤醒、自信与弘扬，从族内走向公众视野，是提高民族文化自信的必然途径。

对乡村文化遗产保护与发展的研究，必须根植于对乡村的深刻理解与认识。表征是乡村遗产的第二生命。作为通过符号意指某个事物并在此过程中产生与这一事物有关的意义的方式，表征是"生产文化的主要实践活动之一"（Hall，1997）。"活化"，即赋予文化遗产以新用途，获得新生命，从而使文化遗产能够服务于现代社会经济与文化的发展需求。

20世纪初，索绪尔和皮尔斯分别从语言学和逻辑学角度创立了现代符号学，经过诸多学者的研究与丰富，以及符号学在文化领域的运用成果来看，符号已经成为人们认知世界、探索世界与传递信息的工具。符号的形式与哲学内涵成为诸多领域学者研究的重点，20世纪50年代，意大利建筑师将符号学理论运用于建筑创作研究，探讨建筑的文脉与环境问题，建筑符号学成为建筑创作的方法论工具。文化的符号生产，成为建筑和环境景观创作领域对历史文脉、民族特色文化传承与创新的最重要的方法论工具。

文化的符号生产是指文化以符号来表达或呈现其意义内容的存在或方式。在生产内容上，主要是指以建筑造型、建筑文化符号、雕塑、文化景观符号等方式来体现。

5.5.1 民族文化话语符号

民族文化符号是民族独特文化的抽象体现，是民族文化的重要载体和表现形式，也是外界民众认知和理解民族文化的窗口和平台[①]。通过较长时间的文化积淀，将民族文化上升为民族文化符号，是民族文化长久传承的必经之路。哲学家罗素讲过"多种多样才是美丽的"。在经济全球化大趋势影响下，文化趋同化趋势明显，文化的特色化与多元化弥显珍贵，"只有民族的，才是世界的"，每一个民族的文化都是世界文化的重要组成部分，在经济全球化、文化趋同化影响下，保留文化的民族话语权尤为重要。因此，从民族话语的角度对民族符号进行提炼，是保持民族文化传承的重要手段及方式。

《中国文化遗产事业发展报告》（2012）指出，文化遗产资源得到合理利用是唯一使文化遗产全面彰显功能的途径。因此，对文化遗产资源的利用包括物

---

① 杨丽婷：《民族文化符号的建构与传播》，云南大学博士学位论文，2015年。

质文化遗产与非物质文化遗产两个方面,将文化遗产资源运用于塑造民族文化特色的目标上,把民族乡村打造成文化精品,演绎成为民族乡村文化旅游品牌。

5.5.1.1 从族源中寻到的民族文化符号

相较民族文化的复杂系统,民族文化符号是具有提炼性的形象表述。民族的族源是民族产生的源头,珞巴族的族源是珞巴族成为单一少数民族的历史依据,且由族源而产生的各民族历史渊源、文化特征,有助于民族学的研究及相应民族扶持政策的制定[①]。

在珞巴族族源的民族文化符号建构中,技术官员、规划师、雕塑家共同研究了珞巴族的历史文化,最终选择将珞巴族民间传说中的珞巴族始祖——阿巴达尼作为人物题材。建构阿巴达尼作为珞巴族始祖的形象,是源于珞巴原乡广场精神空间的需求,同时也是源于具有话语权的三方(技术官员、规划师、雕塑家)对阿巴达尼形象的构想及珞巴原乡(广场)的共同文化需求(如图5-36所示)。

图5-36 珞巴原乡广场上阿巴达尼的塑像

在珞巴族的民间传说中,珞巴族公认的始祖是阿巴达尼,擅长丛林中生活。因此,在技术官员、规划师、雕塑家的共同建构中,阿巴达尼的形象构建作为珞巴族的民族符号,必然带有对始祖的记忆——健硕的身体、背负弓箭的形象矗立在珞巴原乡广场上。在珞巴原乡广场的空间结构关系上,阿巴达尼的人物雕塑空间与珞巴原乡广场文化环境空间是组合性的。其中,人物雕塑空间是心理空间的主体,是产生心理效应的原动力和能量场,雕塑空间造型的艺术

---

① 廖杨:《关于中国少数民族的族源问题》,载《贵州民族研究》,1999年第1期,第118~128页。

化，是心理空间艺术感染力的前提①。

5.5.1.2 从民族生产生活习俗中提炼文化符号

文化具有丰富的内涵，涉及珞巴族民众生产生活的诸多方面，文化的多样性使民族文化符号遍布珞巴族的生产生活文化方面。由此，珞巴族生产生活文化符号的呈现是物质形态和非物质形态并存（见表5-9）。

表5-9 珞巴族生产生活文化符号提炼及体现方式

符号类型	文化类型	符号提炼及体现方式
生产型文化符号	竹编、木雕、石锅、弓箭等生产工具及生产方式	以生态博物馆、手工艺作坊展示，民族特色商品生产，节庆活动的互动参与等方式体现
	藤网桥、溜索桥、栈桥等交通方式	以民族村寨、民族景区文化景观打造
	农耕文化、"插青"习俗、狩猎习俗	以文化长廊、文化雕塑等方式呈现，也可打造成参与形式的珞巴族民族旅游项目
生活型文化符号	民族服饰文化	以民族博物馆、民族风情街、特色手工作坊等方式体现
	民族饮食文化	以美食街、美食节的形式参与民族旅游开发活动
	民族音乐舞蹈和体育	根据民族民间传说，融入大型民族史诗歌舞剧表演，在竞技场进行体育项目表演和互动，举办民族音乐、体育节
	民族宗教信仰	以宗教祭祀表演、祈福表演、图腾林等方式，作为文化元素附着于民居、服饰、民族工艺品等物质载体上

资料来源：笔者根据梁彬《珞巴族品牌文化策划》，2013整理

新中国成立前，珞巴族群众都是采用木刻与结绳记事的生活习俗，最大为20进制。作为一种原始的记事方式，斗玉村珞巴族群众留下了距离我们年代最近的可以触摸的源于人类原始生活状态下的历史记忆，是一种宝贵的文化现象。对游客而言，这是一种对原生性生活状态的文化体验，具有较强的真实性表现路径。因此，将珞巴族的木刻、结绳记事的文化生活从文化符号学演绎的角度进行提炼，运用于乡村的路灯造型设计、指示性标识系统设计中，既增强路灯、标识系统的艺术表现性和文化承载性，又能在乡村空间中寻找到珞巴族民族文化演绎的物质空间载体，让其"活化"于村民和游客的视野中，唤起人

---

① 于俊峰：《环境雕塑的空间建构》，载《美术研究》，2010年第1期，第86~88页。

们对于珞巴族先民生活的记忆（如图 5-37 所示）。

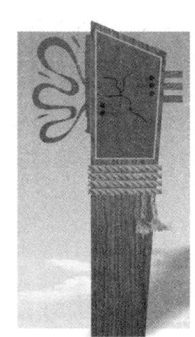

图 5-37　结绳记事与文化符号演绎

以珞巴族先民生产文化为例。珞巴民族善狩猎，弓箭为其主要狩猎工具，并具备高明的箭术。珞巴族盛行射箭比赛，比赛时箭靶设北朝南，箭手由南朝北射箭，既有民间传统习俗，也有风势方向上的科学道理。

5.5.2　乡土文化依恋符号

费孝通先生对乡土情结的要素理解可以分为物质要素与情感要素两方面。从泥土中生长出来的物质具有空间的不可移动性，是物质性的乡土情结；从乡村族群中培育出来的血缘关系、地缘关系、族群制度是融入乡村文化及村民血液的观念等意识形态。费孝通先生通过对乡土的理解，提出了乡土文化的不可移动性与不可复制性：在空间上，乡土文化具有不可移动性；在乡土文化符号的创造性转化上，乡土文化具有不可复制性。因此，找寻斗玉珞巴族的"乡土文化符号"必然是来源于大自然最纯真的形象，其文化符号提炼与创造性转化必然遵循"返璞归真"的文化艺术创作思路。

5.5.2.1　乡土生态人文地理的依恋与符号转化

费孝通先生在《乡土本色》中描述道：那些土头土脑的乡下人，才是中国社会的基层。一语道出了乡土社会的核心根基：要有本村的珞巴族、藏族或汉族村民。村落的一树一木、一草一物均沾染了村民的情感与寄托。因此，斗玉村的乡土依恋首先是对珞巴族村民的依恋，对村落里藏族"卓玛""阿佳"的依恋，对汉族大爷、大娘的亲切呼唤。

乡土依恋首先是以人为依托的情感依恋。乡土依恋的符号表达也需要围绕人的民族、信仰、性栓特征等寻求明显的特征。传统的思想和传统的乡村宗族制度，是日常生活中独特的构成方式，是人们自然观、生活观的综合反映。

5.5.2.2 乡土生产生活文化依恋与符号转化

(1) 乡土原生环境的依恋。

费孝通先生说,我们的民族是和泥土分不开的①。"泥土"表面上指明了我国传统农耕社会的文化特征,以及人们对于土地的深厚感情。实际上,"泥土"指代了一种原生空间,一种直接传达原始信息的乡土文化空间环境。

斗玉乡气候温和,平均海拔3100米,年降雨量800毫米,无霜期215天,林下资源丰富,色曲河贯穿全境,河滩宽阔,高山峡谷的地形和河滩冲击形成了较为丰富的石材资源与竹木植物资源。斗玉珞巴族村具有典型的地域特征,村民在相对封闭的自然地理环境中、在生产和生活实践中自发形成了一种文化方式,带有本地域独特的文化与精神风貌。乡土气息因不同的地理地貌、气候特征而各异,一方水土养育一方人是乡土特征的典型呈现。以民居建筑文化的表现为例,斗玉珞巴族的乡土特征与其生产生活直接取材于自然环境息息相关。珞巴族群众修建房屋的片石砌墙、堆木围栏的共同特征是直接取之于土地的。

(2) 文化符号转化。

在政府技术官员、规划师、村民共同参与的乡村建设中,文化空间生产在较大程度上改变了村民原有的生产生活方式,如何保留住村民的乡土原生环境依恋,成为乡土生产生活文化符号转化的课题。冯振平(2007)② 提出,以本真的空间体验方式唤起人们浓郁的乡土情怀。以乡土空间(如乡土的生活环境和生活用具、乡土的材料和空间结构)的本真化还原到新的空间当中,使人仿佛置身于乡村原生环境,在视觉的交融与身心的投入中,感受浓浓的乡土情境,从而使人们能更好地体会与理解乡土环境丰富的文化内涵,唤起特定的生活记忆和体验乡土生活的兴奋感,增加对乡土文化细腻准确的感知。在斗玉村文化符号本真化还原的探索上,规划师发挥了语言导向的作用,以建筑符号学为理论支撑,将原珞巴族民居的屋顶样式作为建筑符号提炼出来,以国内先进的仿铝质稻草作为屋顶材料,保留原珞巴族民居屋顶的秸秆、茅草等屋顶形态,保留了传统珞巴族民居的原汁、原味的风貌。其他主要的建筑材料仍坚持就地取材,以当地的片石作为新建民居的维护材料,以堆木围栏作为房前屋后的乡土景观构筑,既保留了村落的原生态气息,也尊重了村民的乡土情感(如

---

① 费孝通:《乡土中国》,北京大学出版社,1998年。
② 冯振平:《当代环境设计中乡土文化符号的介入》,载《艺术探索》,2007年第3期,第118~119页。

图 5-38 所示)。

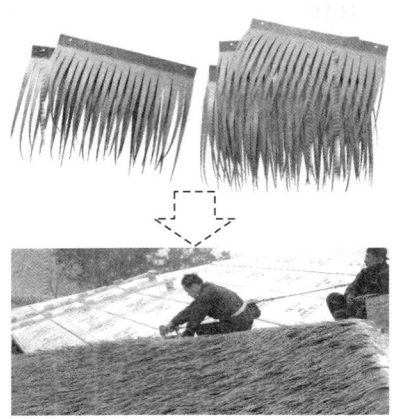

图 5-38　传统屋顶营造本真化住屋文化空间

5.5.2.3　乡土文化环境的依恋

列斐伏尔提倡"差异的空间"是一种各个部分不能互换且不能交换的非商业化空间,是空间非均质性的重要体现。对于民族乡村文化空间来讲,乡村要保持其民族性与乡土性,必须坚守其乡村文化空间。因此,差异性空间是我们对乡村空间营造中空间革命的重要手段之一,并且依恋与依靠互相对应,即在长期的生活习俗中,村民对村落自然环境的依恋慢慢转变为生活中的依靠。

(1) 神树空间。

珞巴族聚居地植被茂盛,森林成为珞巴族人采集、狩猎的生产场所。珞巴族人一直有对"神树"的崇拜活动,他们认定的神树是绝对不允许触动或者砍伐的,否则会导致生病或者死亡。因此,围绕山、石、树产生了转山、转石、转树的祭祀及占卜活动,以祈求风调雨顺、生活美满幸福。

现村落右侧靠山处有一株直径达 10 米左右的大树,枝繁叶茂,被村民供为神树,为提升神树的神圣感与村民崇拜的仪式感,设计师建议以神树为中心,形成圆形广场,根据地形逐层升高退台,以景观墙的形式形成神树广场的背景,以浮雕或透雕的方式赋以珞巴族先民祭祀、崇拜的文化图腾(如图 5-39 所示)。

图5—39 乡村神树的神圣化与仪式化

资料来源：《斗玉珞巴族生态文明小康示范村建设规划》，2013

（2）晒场空间。

斗玉村村民过去的晾晒活动都是以单家独户的屋顶晒台、围墙内院落为主要场地，具有典型小农经济时代自给自足的特征。为改善人居环境，以及生产生活条件，斗玉村将向阳的场地集中修建为晾晒场。晾晒场不仅改善了村民的晾晒生产条件，且让村民的居家庭院变得整洁、卫生，大家聚集在一起劳动，其乐融融。晾晒场的劳作场景将成为村落中一道亮丽的风景线。

在人类社会漫长的发展历程中，时间延展了人类生存与生产的跨度，空间见证了人类生产与生活的拓展宽度。因此，自人类开始有意识地关注自身活动的思考以来，时间与空间一直是人类感知和思考的领域，然而，人们长期关注时间的研究，对于空间方法论研究却长期未得到足够的重视①。

时间和空间是人类社会存在和发展的前提条件，空间尤其是土地，是社会经济中旅游发展的核心资源，是旅游业发展的根本物质承载和重要实践舞台。"空间"作为人类文明嬗变的基本维度之一，总是不停地记录着、谱写着人类改造自然、改造自身，伴随着"时间"的延展发生的故事②。1974年，法国思想大师列斐伏尔创造性地提出空间生产理论，让"空间"挣脱了"时间"的束缚，开启了各学科的空间研究范式转型。

列斐伏尔在考虑塑造"空间"的个体以及政治和社会关系后，认为空间是通过人类主体的有意识的实践活动而产生的③。对于民族村落而言，民族文化的传承与承载是村落发展的核心，同时在外来文化的冲击与影响下，对民族特有文化的培育是一个长期的过程。苗伟（2010）认为，一定文化空间的形成既

---

① M Foucault：Questions on Geogrephy. New York：Pantheon，1980，pp. 70.

② 王勇、李广斌、王传海：《基于空间生产的苏南乡村空间转型及规划应对》，载《规划师》，2012年第4期，第110~114页。

③ Henri Lefebvre：The Production of Space，UK：Black-well Ltd，1991.

依赖于当下的文化创造，更需要从时间的演进中获得支持和培育①。因此，借助民族村落的文化资源，将民族村落的历史文化、民族文化演变为具有空间功能意义的文化景观空间，是民族文化传承的重要途径。

5.5.3 民居建筑文化符号

朱良文（2015）②认为，传统民居从来就是活的。结合"时间—空间"维度的空间生产辩证法来看，在较长的时间跨度中，民居建筑空间的精神空间（家族团聚、祭祀活动等）与功能空间（居住生活、家庭作坊生产等）也伴随着生产力的发展、需求的变化在进行着居住文化空间再生产。崔文河（2015）③提出，"自然生成、文化驱动"是民居建筑原型演变发展的客观规律。其中，文化驱动是指受多元的民族建筑文化、生产生活文化传承与发展的影响，而产生的民居建筑原型"过去—现在—未来"的"时—空"发展规律。杨大禹（2011）提出，传统民居也有其自身独特的建筑文化传承基因，那就是具有历史文化的建筑形式、构件、符号、装饰色彩、材料工艺和建构技术等。

建筑师将符号学引入建筑领域，产生了建筑符号学，从建筑符号学的角度认为建筑符号由功能性建筑符号与指代性建筑符号组成，并认为作为功能性的建筑符号给人以直观感受，建筑的含义显而易见；作为人的思想表达的符号，让人从广泛的联想中得出历时性或同时性的文化结论。从"时间—空间"的维度上看，斗玉村的建筑符号演变受到"时—空"的影响较大，因此，从时间的维度出发，将斗玉村珞巴族民众的民居建筑符号进行分析（包括民居建筑形态、建造技术、建筑材料及色彩等方面），分为"历史性符号"与"当代性符号"（见表5-10），其中历史性符号指的是珞巴族定居生活以来具有传统风貌的民居风格；当代性符号指的是在时间的延展下，受到藏族同胞居住习俗影响，以及在安居工程等空间生产的影响下形成的民居风格。刘晶（2011）④对西藏米林县琼林珞巴族村民居建筑形态的分析认为，汉藏式住宅形态的出现说明当地居住者受到了强大的现代文化冲击，来自国家和地区政策的力量是聚落

---

① 苗伟：《文化时间与文化空间：文化环境的本体论维度》，载《思想战线》，2010年第1期，第101~106页。
② 朱良文：《对传统民居"活化"问题的探讨》，载《中国名城》，2015年第11期，第4~9页。
③ 崔文河：《青海多民族地区乡土民居更新适宜性设计模式研究》，西安建筑科技大学博士学位论文，2015年。
④ 刘晶：《西藏米林县琼林珞巴村空间特征图示化研究》，中国建筑设计研究院硕士学位论文，2011年。

不可抗拒的，直接影响了聚落的空间自持。

表 5-10　斗玉珞巴族民居的建筑符号分析及措施建议

符号类型	图片资料	内涵	建议措施
历史性符号		建筑类型： 架空干栏式 地篱式 竹木结构 屋顶： 功能——维护性结构构件 造型——人字形双坡面 材料——茅草、秸秆、稻草等 墙面： 功能——维护性结构构件 材料——木结构、竹编墙	延续并传承
当代性符号		建筑类型： 汉藏式半地下室式砖石结构 屋顶： 功能——维护性结构构件 造型——人字形双坡面 材料——彩钢瓦 墙面： 功能——维护性结构构件 材料——块石或片石砌筑墙	采用现代材料及构造手段予以替换

幸运的是，在政府技术官员、规划师、建筑师、斗玉村村民共同建构的"珞巴原乡"形象定位指导下，多方力量基本一致认为，斗玉村珞巴族民居应以体现珞巴族的传统民居的文化符号为主，藏族村民的民居可以保留汉藏式民居风格。在这里，"1+N"的多维文化空间表征制度为珞巴族传统民居风格的传承起到了重要的作用。其间，规划师、建筑师的专业技术知识显示了强大的力量。

（1）现代新材料、新技术介入民居外观形态表征。

5 过程—事件：旅游开发导向下斗玉村文化空间表征

格罗皮乌斯①提出："建筑师作为一个协调者，其工作是统一各种与建筑物相关的形式、技术、社会和经济问题……新的建筑学将驾驭一个比如今单体建筑物更加综合的范围；我们将逐步地把个别的技术进步结合到一个更为宽广、更为深远的作为一个有机整体的设计概念中去。"这对建筑师设计民居建筑所体现的文化空间做了要求，在建构斗玉珞巴族民居的文化符号时，建筑师采用了建筑符号学中显性表现的设计手法，运用简化、倒置、拼贴以及现代材料等，回归到传统珞巴族民居的场景信息中。

文化唤醒的最好方式是对场景的记忆。在寻求村民对物质环境的记忆唤醒方面，规划师与建筑设计师通力合作，以形态模拟的方式、"地域＋传统＋记忆＋居民"的思路，在民居建筑文化的活化上，坚持从传统中寻找灵感，从现代建筑材料、施工技术中找方法，结合珞巴族传统民居屋面，采用稻草为顶、以竹编为墙、以图腾为装饰符号的做法，寻求传统珞巴族民族的形态特征，以追求建筑材料上的模拟找寻对珞巴族民居的记忆。基于传统珞巴民居中以稻草、秸秆等作为屋顶材料的特征，借助现代建筑材料的技术与仿生态设计手段，以国内的建材科技公司生产的仿稻草瓦作为替代秸秆、稻草的材料（如图5-40所示）。

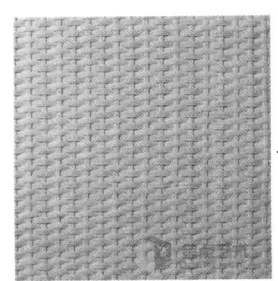

图 5-40 采用现代建筑材料替代、简化、拼贴的珞巴族民居外观形态表征

---

① 吴良镛、国际建协：《"北京宪章"——建筑学的未来》，清华大学出版社，2002年，第259页。

采用的现代建筑材料：

①采用 LZ-8002 仿稻草瓦替代原屋顶的稻草、秸秆。仿稻草瓦是由纯铝片经特殊工艺剪压制成的，防火、防风，低碳环保；附着力强，韧性好，抗腐蚀，耐冲击，不受虫鸟、真菌的破坏，具有极佳的耐候性能，使用寿命 10~50 年，施工快捷、灵活方便。

②采用 GRC JD-LD005 仿原木替代墙体原木柱。仿原木具有重量轻、设计弹性大、环保、有效隔音等优点。

③采用 ECM 仿竹编替代原墙体竹编。仿竹编具有韧性强、稳定性强、抗老化、抗裂纹、质轻、极佳的耐候性等优点，为建筑提高结构强度和安全性，同时节能环保，有高塑性和耐久性，安装便捷。

通过对珞巴族民居建筑文化的挖掘、整理与提炼传统民居信息要素，结合村民向往舒适的现代生活、保留珞巴族民居传统风貌的要求，规划师、建筑师共同建构了视觉意义上的斗玉珞巴族传统民居的现代性民居建筑文化空间表征。

（2）面向未来的生活方式介入民居文化空间表征。

①院落形态的文化空间表征。

通过调查斗玉村珞巴族群众和藏族群众的民居院落空间，建筑师将民居平面形态归纳为"凹凸形""一字形""L 形"三种（如图 5-41 所示），影响院落形态较大的因素为居室主体、仓库、厕所与牲口棚三个功能空间的位置。

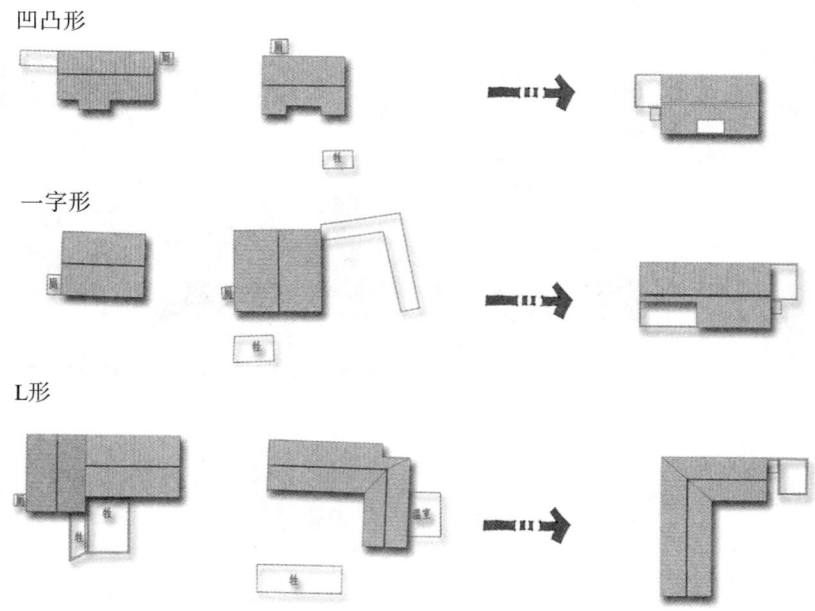

图 5-41　珞巴族民居院落空间的形态表征

5 过程—事件：旅游开发导向下斗玉村文化空间表征

从建筑学功能空间划分的角度理解，民居的主体功能为居住生活功能，主要生活用房为居室；厕所属于辅助生活用房；仓库、牲口棚属于农业生产用房功能。由此可见，原斗玉村民居将居住功能与农业生产功能合并在一个院落空间中，且较为自由的布局方式影响了院落空间的整洁。

对大多数村民来说，他们希望未来能够从事旅游接待服务业、边境商贸业，这样的住宅平面功能及院落空间功能是不能满足未来生产生活方式需求的。因此，民居院落空间及住宅平面空间的设计与功能、形态的表征成为建筑师设计民居空间功能的首要任务（如图5-42所示）。

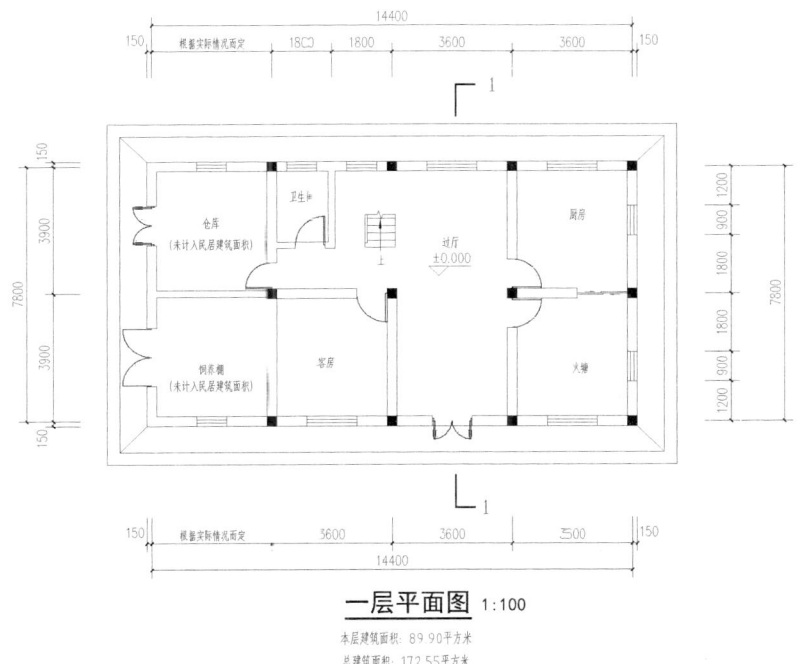

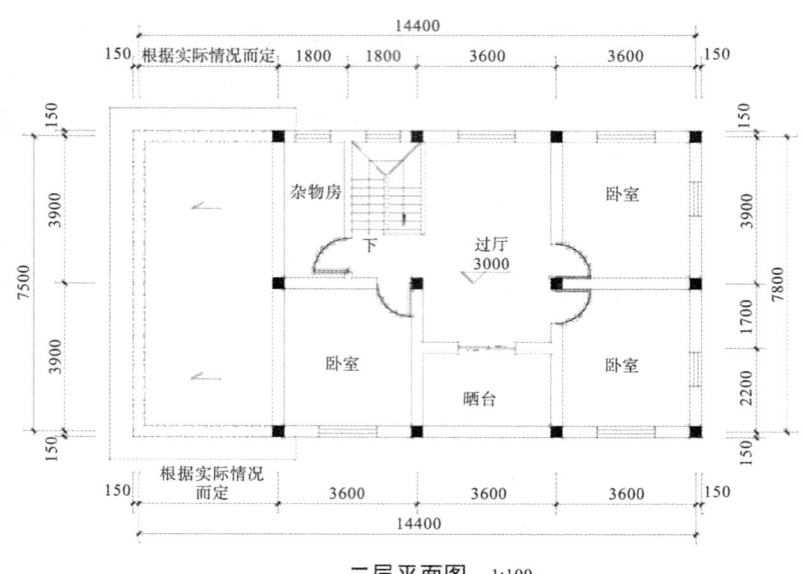

图 5-42 珞巴族民居示范性住宅空间的表征

资料来源：《斗玉珞巴族生态文明小康示范村建设规划》，2013

②民族旅游导向下的民居住宅文化空间表征。

多功能空间的出现。在民居建筑层数以两层为主的基础上，围绕村民的产业发展构想、空间构想，规划师从空间的涌现性出发，提出空间的需求，建筑师结合未来的生产生活功能转化的需求进行功能重组。结合院落空间整合的需求，原来的院落拟作为珞巴族民族手工艺品生产展示空间；增设了过厅，过厅作为村民内部的生产生活展示空间的功能而呈现；仓库、厨房、厕所、杂物间等辅助性功能空间进入居住空间整合中；火塘被作为单独的精神空间予以保留，划分为一个独立单元，成为家庭的内部私密空间，但火塘的位置发生了变化，不再居于整个住宅空间的中心；住宅的一层以村民自己使用为主，二层考虑到以后发展旅游接待，作为客房空间的储备；为体现旅游接待服务的舒适度，原来位于室外的楼梯间移至室内。

旅游接待的需求促进民居住宅内部空间的文化再生产。原始珞巴族以火塘为空间的物理中心，是家庭吃饭、坐卧、休憩的场所，也是祈福消灾等宗教文化活动中心①（如图 5-43 所示）。在乡村空间生产过程中，来自资本的诱惑与力量战胜了传统文化宗教空间的力量。原来的珞巴族民众日常的精神空间（文化空间）逐步让位于家庭作坊、旅游服务接待（客房、小商店、小餐饮等）的功能性生产空间，以发展旅游服务类经济为导向的生产生活需求占据了村民日常生活的主导地位（如图 5-44 所示）。

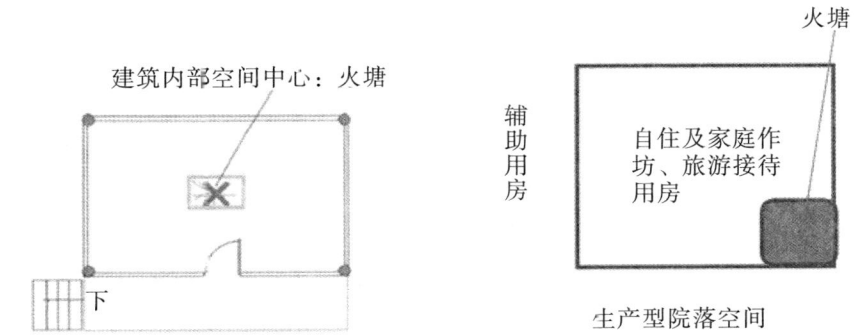

图 5-43　原始珞巴族民居住宅内部中心计算图示　图 5-44　斗玉珞巴族民居住宅空间的演变

5.6　民族旅游地文化媒介生产

杨俊蕾（2003）②认为，"保存民族文化的完整性和持续发展，使理论的多元倡导物化成存在的多样形态。这样才会避免民族文化史的再次断裂……确保传统文化继续留存在当代视野中，参与建构社会价值系统和民族心理结构，由此保有文化特性，不仅是形式上的装饰因素，更是精神底层的支撑与基础。"

刘世文（2011）③提出，民族文化话语权，即民族文化的阐述权、言说权、表达权和传承权应由民族成员来承担主体身份，而非他者。民族文化的阐述权、言说权应由本民族的文化研究学者通过小说、报纸、杂志、新闻等主流媒体渠道去解释（如图 5-45 所示）。

---

① 刘晶：《西藏米林县琼林珞巴村空间特征图示化研究》，中国建筑设计研究院硕士学位论文，2011 年。
② 杨俊蕾：《民族话语权的反思与重建》，载《社会科学报》，2003 年 1 月 2 日，第 2 版。
③ 刘世文：《歌舞仪式、民族记忆和文化话语权——兼论〈云南映象〉的民族文化意义》，载《社会科学家》，2011 年第 7 期，第 143~146 页。

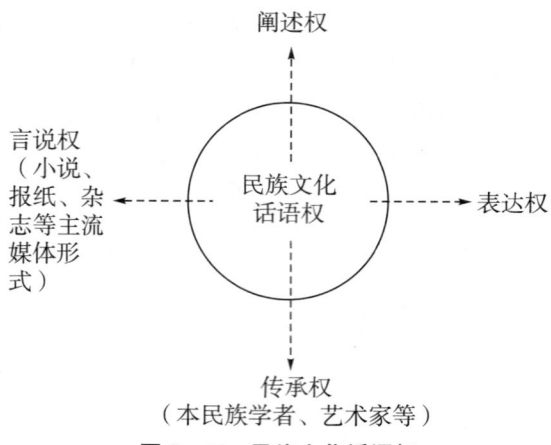

图 5—45　民族文化话语权

民族文化的表达权与传承权应由本民族培养的学者、艺术家等以各种形式，包括民族舞蹈、民族歌曲、绘画艺术等去表达与传承本民族的文化。

只有当民族文化以民族自己的方式和自己的话语去表达、传承，民族记忆的深刻内涵和民族内在精神之根才能得以保护和传承而不至于消失，民族自豪感、认同感和民族自信心才会充盈心间。

民族文化应当如何表达，应当以何种形式与方式去表达？这一直是学术界研究和关注的问题。文化的媒介是指使文化得以客观呈现的物质载体，如绘画作品、文学出版物、艺术作品、建筑物等。作为一种文化的传播工具或载体，文化的媒介本身既是具有文化性的物品，同时也应具有文化的溢出效应。

5.6.1　用民族的某种生活方式表达

舞蹈家杨丽萍提供了一种利用舞蹈方式表达少数民族文化主题的成功案例。杨丽萍认为，舞蹈是少数民族的一种生活方式，是一种仪式，是人的本性与生命力的绽放，蕴含了丰富的民族文化。因此，在杨丽萍"记录"①《云南印象》原生态民族舞蹈时，舞蹈演出的主体成员包括她自己都是土生土长的云南少数民族群众，来自山野村寨的土歌土舞的操演者，着民族的盛装，以率真本性、原生淳朴的动作与声音演绎着本民族的实际生存状态，震慑人心。

---

①　杨丽萍倾向于用"记录"来描述她和《云南映象》的关系：记录了最古老的那种激动生命的舞蹈方式。她把散落民间的音乐、歌舞收集起来，以一个少数民族人的主体身份理解、解构、建构和整合云南本土的音乐、舞蹈等元素，把原汁原味的民间歌舞、乐舞搬上现代舞台，通过表演的方式记载、展示和传承民族文化艺术。

5 过程—事件：旅游开发导向下斗玉村文化空间表征

犀鸟是珞巴族民间传说中的神鸟，它的故事只在族人世代讲述的传说中，文字书籍中并无记载。2014 年，由能歌善舞的珞巴族年轻男女组成的珞巴民间艺术团以这一传说为蓝本，创作出融入珞巴族打猎、农耕等文化元素的原生态舞蹈《犀鸟之魂》（如图 5-46 所示）。在 2014 年藏历新年晚会上，这支由 30 余位珞巴族村民参与演出的舞蹈获得了成功，已让更多人了解到珞巴族独特的民族文化。

图 5-46　村民在珞巴原乡广场训练民族歌舞

图片来源：《西藏日报》，2015-9-11

2016 年 4 月 16 日，斗玉村举办了隆子县首届珞巴族玉罗节，举行了"珞巴族祭祀"仪式，再现了珞巴族群众古老的生产生活方式①。

5.6.2　以文学艺术作品流传方式表达

5.6.2.1　民族史诗作品

于乃昌（1999）②在考察中提出发掘珞巴族史诗，并进行了文字资料的整理。珞巴族的三大史诗——《斯金金巴巴娜达萌》《阿巴达尼》《多岗岗日》分别反映了珞巴族悠久的民族发展史过程中的创世观、始祖崇拜与英雄崇拜，是珞巴族民族共同体的文化精神象征，是民族的文化艺术精品，就像藏族说唱体史诗《格萨尔王》一样，需要以经典的文学艺术作品形式流传。

---

① 次央：《隆子县成功举办首届珞巴族玉罗节》山南网，2016-04-25http://www.xzsnw.com/xqxw/longzi/109563.html。

② 于乃昌：《珞巴族三大史诗》，载《民族文学研究》，1998 年第 4 期，第 23～27 页。

5.6.2.2 民族歌舞艺术

在悠久的民族发展历程中,珞巴族群众围绕民族节日庆典、民族礼俗生活、部落及日常交往叙事、狩猎及战斗、祭祀活动、日常劳作场景等六个方面的日常生产、生活,产生了源于生活、表现方式原生、内容及形式丰富多彩的民族歌舞艺术形式。

珞巴族民族歌舞的艺术化媒介生产,已经取得了良好的反响。其中,我国著名藏族歌唱家才旦卓玛应邀首唱珞巴民歌《珞巴展翅飞翔》,为珞巴族民族歌舞文化艺术的宣传推广起到了重要的示范作用。

珞巴展翅飞翔

青山笑迎满天霞光,
绿水卷起层层波浪,
珞巴新村美丽如画,
边疆山乡歌声飞扬。
我们珞巴心红志壮,
迎着太阳展翅飞翔,
双手浇灌满园春色,
祖国边疆鲜花怒放。
我们向着未来,
向着灿烂的明天飞翔。
······

5.6.2.3 民族影视艺术

2017年林芝桃花节期间,关于青藏高原珞巴族的人文电影《喜马拉雅之灵》在米林县举行了首映仪式。该电影于 2013 年开始创作,耗时三年,是我国首部以珞巴族文化为题材的电影,除了唯美的青藏高原风光外,更全面地展示了珞巴族独特的文化、艺术及生活习俗等[①]。

5.6.3 以特色村落载体方式展示

少数民族村寨是少数民族生活和居住的场所,承载着不同时期、地域和文化,凝结着历史长河中少数民族的文化精华。无论在民居形式、村寨风俗、人

---

① 习淑祎:《一部启发心灵的珞巴族传奇史诗》,《西藏商报》,2017 年 3 月 15 日,第 3 版,http://www.sohu.com/a/128880660_119022。

5 过程—事件：旅游开发导向下斗玉村文化空间表征

文历史等方面都具有十分重要的可考性和多样性。少数民族村寨是古老中华文明的一个浓缩，是继承和弘扬民族文化的基本载体，同时也是少数民族发展的重要单元。依托地方优势，打造和保护好少数民族村寨，直切历史文化村寨的保值增值，既可以促进区域经济的发展，提高民族地区居民的经济水平，保证文化的多样性和传承性，也可以加强民族交流和融合，有利于新形势下和谐社会的推进发展[①]。

2015 年，斗玉村珞巴族民俗陈列馆的建成，成为斗玉村珞巴族文化空间的重要组成部分。陈列馆以物质形态的方式全面地展示了珞巴族的历史文化、民族民俗文化，向人们传达着珞巴族的民族信息，是一种传统文化媒介的生产方式。

斗玉珞巴族乡村在民族部落特性与乡土环境特性上，有别于西藏米林县南伊乡琼林珞巴族村，是民族性与地域性的结合。斗玉村特色乡村聚落环境的展示是具有物质形态的（如图 5-47 所示），经过乡村建设后的斗玉村以整体风貌呈现于世人面前，以传统珞巴族民居风貌为主体基调的村落整体形象构成了和谐统一、安宁祥和的民族乡村聚落。

这里，就是珞巴族的"原乡"！

图 5-47　斗玉村整体形态鸟瞰

资料来源：《斗玉珞巴族生态文明小康示范村建设规划》，2013

---

① 刘永安、刘庭风：《少数民族村寨风景打造及保护研究》，载《贵州民族研究》，2015 年第 4 期，第 128~131 页。

本章小结

本章以"过程—事件"为分析策略，以民族旅游开发导向下的斗玉村民族乡村建设为事件、以斗玉村民族乡村文化空间概念性构想及物化为过程，从多重逻辑下民族旅游地文化形象建构、民族旅游地空间形态与功能的文化格局建构、民族话语与乡土依恋的民族旅游地文化符号建构、民族旅游地媒介生产四个方面进行民族文化空间表征的具体内容阐述。具体内容归纳如下：

"1+N"的多维表征制度。从珞巴族民族文化保护与传承角度、民族乡村社会经济发展角度、抽象符号特征三个方面进行多重逻辑下民族旅游地文化形象建构与对比分析，初步建立了斗玉村"珞巴原乡"的民族旅游地文化形象，并指出斗玉村鲜明的民族旅游地形象构建尚需遵从珞巴族民族文化体系，在游客的凝视中进一步提炼与建构。

对斗玉村民族旅游地文化结构建构、尺度规模建构、功能建构、场所空间建构四个方面进行斗玉村民族旅游地文化格局建构阐述。从土地利用文化景观构成演变、文化空间涌现、文化格局演变三个方面进行斗玉村在民族旅游导向下乡村文化格局的变化对比，结果发现，在民族旅游开发导向下，斗玉村民族乡村文化空间呈现多元化、层次化发展趋势。

从民族话语与乡土依恋的角度进行斗玉村民族旅游地文化符号建构。分别论述了从族源中寻找民族文化符号，从民族生产生活习俗中提炼民族文化符号，从乡土生态人文地理、乡土生产生活环境中提炼乡土文化依恋符号，以及从珞巴族传统民居中找寻民居建筑符号，通过现代新材料、新技术的手段表达民族民居建筑符号。通过珞巴族民族旅游地文化符号的建构，强化了斗玉村民族文化的保护、利用与传承路径，体现了民族文化的环境与物质承载，突出了斗玉村珞巴族风情。

民族旅游地文化媒介生产阐述。从生活方式、文化作品、村落载体三方面进行文化传播的媒介生产，形成斗玉村珞巴族民族旅游地的宣传与推广效应。

6　经历—希望：斗玉村文化表征的空间

按列斐伏尔的理解，表征的空间既是现实性的生活空间，也是抗争性的理想空间。我国学者在对表征的空间理解中，建构了对表征的空间本质的认知[①][②][③]。从表征的空间构成层次上来看，第一层次为人们日常生活和体验的空间，是一种真实状态的空间存在与感知体验，即生活性空间；第二层次为人们概念构想的精神空间，基于人们对真实空间的改造与提升的想法，是一个概念性的想象空间；第三层次为回归性的空间实践，通过第二层次想象空间的建构，将概念作用于社会空间，是对空间实践和空间表征的超越与重构，想象接近现实的真实空间，逐步趋于人们心目中的理想空间建构目标。

斗玉珞巴民族乡村文化表征的空间也通过上述三个层次构成：第一层次指斗玉村完成民族旅游开发导向下的民族乡村建设、民族乡村文化空间表征后，村民在日常生活、民族旅游活动、农牧业生产中对现存状态的民族乡村空间认知、使用与满意程度；第二层次指人们在现实的斗玉珞巴民族乡村文化空间中，对生产生活不满意的地方进行改造与提升的想象空间；第三层次指人们通过再一次的文化空间实践，将第二层次的想象空间回归到真实的生活空间物化的过程，最终达到村民理想中的空间状态。因此，斗玉珞巴民族乡村文化表征的空间是一个物质空间与文化空间融合、理想空间与现实空间并存、空间适应与空间抗争同在的空间生产过程，同时也是文化空间生产的产物（如图6-1所示）。

---

① 郭文、黄震方：《基于场域理论的文化遗产旅游地多维空间生产研究——以江南水乡周庄古镇为例》，载《人文地理》，2013年第2期，第117~124页。

② 张子凯：《列斐伏尔〈空间的生产〉述评》，载《江苏大学学报（社会科学版）》，2007年第5期，第10~14页。

③ 爱德华·索亚（著），陆扬等（译）：《第三空间——通往洛杉矶和其他真实和想象地方的旅程》，上海教育出版社，2005年，第94~101页。

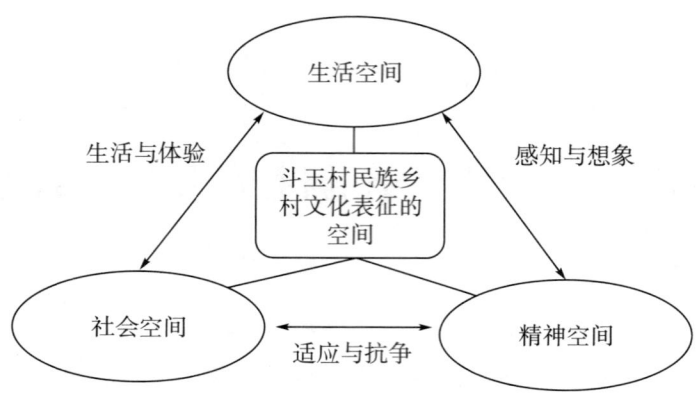

图6—1　斗玉村民族乡村文化表征的空间形成与建构

6.1　历时性：文化表征的空间节点（2017年）

2015年底，斗玉珞巴民族乡斗玉村生态文明小康示范村建设项目全部完工并交付村民使用。旅游开发导向下的斗玉村民族乡村文化空间生产的全过程考察显示，斗玉村完成了民族乡村文化空间生产"民族乡村文化空间实践—民族乡村文化空间表征—民族乡村文化表征的空间"的三元一体全过程。其中，由于斗玉村地处青藏高原、边境一线，以及珞巴族（其人口总数在我国少数民族中排倒数第二位）乡村的特殊性，旅游开发导向下的斗玉村民族乡村文化空间生产，成为斗玉村空间生产过程中参与各方备受关注的空间生产类型。

一场轰轰烈烈的围绕斗玉珞巴民族乡村的空间建构活动，以回归村民使用为最终目的，斗玉珞巴民族乡村文化空间的体验权、使用权、解释权最终属于全体村民。那么，对于直接经历的生活性空间，即村民直接使用的乡村文化空间，村民对此有何反应？抑或是对"理想的空间"有何期盼呢？2017年，作为斗玉村空间生产过程中的一个时间节点，可以对斗玉村乡村文化空间生产中表征的空间（生活的空间）进行研判。

带着上述问题，笔者于2017年8月回访了斗玉村村民。

6.2　使用后回访：村民使用后反馈

在以"政府一元主导、多元参与、多维决策"的民族乡村建设过程中，村民是村落建设的重要参与者；村落建成后，村民又成为实际的使用者。因此，村民应该具有村落建设成果的主人与"主体消费者"双重身份，兼有顾客身份的意义。

2017年8月，笔者到隆子县斗玉村进行乡村建设使用后回访。访问地点为西藏隆子县斗玉村，访谈对象为斗玉乡部分党政干部、斗玉村全体村民，问卷调查对象为斗玉村村民。本次回访由设计简易的问卷调查和面对面的入户交谈访问两种形式组成。笔者从村民满意度的角度对斗玉村的村民做了问卷调查与访谈，从表征的空间角度来看，村民满意度调查将体现村民对直接经历的生活性空间的真实感受、现实对抗与精神希冀。在访谈中，斗玉村村民日常使用语言及文字为藏语、藏文，且整体文化水平较低，存在着与村民难以直接沟通等客观情况。

6.2.1 入户调查问卷预设及比例分析

6.2.1.1 问卷预设

问卷预设以项目反应理论①为基础、以切实了解村民对斗玉村文化空间使用的切身体会、在生产生活中的真实需求为目的，构建村民生活满意度评价指标体系（见表6-1）。该评价指标体系分为7项一级指标（包含村庄形象、村民期望、感知质量、感知价值、村民满意度、村民抱怨、村民忠诚度）和24项二级指标。

表6-1 村民生活满意度评价指标体系

一级指标（潜在变量）	二级指标（显在变量）
村庄形象	村庄社会形象、历史文化、资源条件等
村民期望	受教育水平、所处年龄阶段、交通网络便捷状况等
感知质量	村庄绿地、硬质建筑、道路、水域环境、卫生条件、公共服务设施、文娱活动、文化传承等
感知价值	情感寄托、民风状况等
村民满意度	对本村发展自信、对家庭生活满意
村民抱怨	家庭成员外迁、外出劳务状况频繁、就业机会少、生活条件艰苦等
村民忠诚度	本人或家庭成员是否愿意参与家乡建设、是否愿意在本地婚丧嫁娶等

资料来源：吴广、张运吉等（2017）

---

① 吴广、张运吉等：《项目反应理论指导下村民生活满意度调查问卷的设计》，载《山东农业大学学报（自然科学版）》，2017年第5期，第697~701页。

结合斗玉村实际情况，调查问卷的内容及文字设计尽可能通俗易懂，主要问题包括村民对村庄形象的感知，主导权回归后乡村文化空间表征制度的构成，村民使用新建（或改扩建）村落公共服务设施、基础设施、民族文化设施的满意程度与需求意愿，村民对已建成的民族乡村文化类设施的选择及使用频率，村民对未来空间建设与发展的希望等方面。

6.2.1.2　接受问卷的比例分析

本次调查共发放问卷190份，采用面对面发放—回收的方式。回收问卷158份，参与问卷调查的人员平均年龄为52岁，访谈人数25人，其中有效问卷140份，回收率为83.15%，有效率为73.68%，真实性较高。

（1）身份及性别比例。

参与本次问卷调查的人员全部为斗玉村村民，其中男性数量占比为56%，女性数量占比为44%。

（2）年龄构成比例。

参与本次问卷调查的村民中，60岁以上为28%，45～60岁为41%，30～45岁为23%，18岁以下为8%。从年龄构成来看，受访人群主要为中老年。

（3）文化程度比例。

参与本次问卷调查的村民中，文化程度为小学的有27%，初中的有47%，高中的有9%，未上过学的有17%。

从受访村民的性别比例、年龄构成比例、文化程度比例来看，本次问卷调查具有一定的普遍性与代表性，基本能反映村民对于斗玉村文化空间生产使用后的整体评价。

6.2.2　村民对文化空间的感知、满意度调查分析

6.2.2.1　乡村文化空间表征制度

斗玉村走上了乡村建设快速发展的道路，资本、权力和知识的力量取代了传统民族乡村的宗族制度和差序格局。通过对斗玉村村民的访谈，村民表达了对于"发展"的向往之情，对驻村工作队、乡村精英、乡村经济发展领头人的带头工作赞不绝口（如图6-2所示），这三类人群组成了斗玉村乡村文化空间表征的主导力量。驻村工作队在进入斗玉村进行服务和技术生产指导工作中，脚踏实地为村民做了很多实事，解决了村民生产生活中设施不便的问题，赢得了村民的认可；驻村工作队能够为村民争取一些项目改善乡村基础设施和生产生活设施，具有一定的话语权。乡村精英是本村、本民族村民，常年与村民打

交道,具有民族认同感,且乡村精英较其他村民而言具有丰富的知识和宽阔的视野,村民从情感上是尊重、信服他们的。乡村经济发展领头人带领村民组织了合作社,具有经营管理、分配收入的权力,自然也具有较高的群众威信,体现了资本进入乡村的新型表征力量。

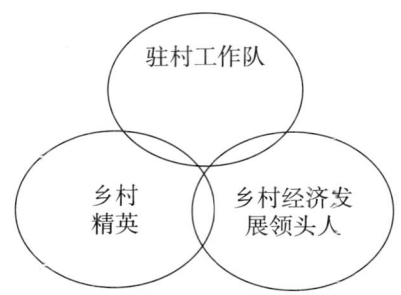

图6-2 斗玉村乡村文化空间表征制度

(1)驻村工作队。

西藏自治区开展了"创先、争优、强基础、惠民生"活动,山南地区气象局派驻八名工作队队员,组成斗玉珞巴民族乡村工作队进驻斗玉村,与当地珞巴族群众同吃、同住、同学习、同劳动。驻村工作队为斗玉村基础设施建设争取项目与资金,帮扶村民,传授农牧业生产技术,改变了村民的生产生活观念,赢得了村民的好评。

对此,村民萌发老人这样评价驻村工作队:

"毛队长(地区气象局副局长、驻斗玉珞巴民族乡村工作队队长毛时成)来到我们村,给我们解决了很多实际的问题和困难。我们打心眼里感谢党和政府给我们派来了这么好的干部。"

(2)乡村精英。

小加油从23岁起开始担任村干部,是具有较高知名度的斗玉珞巴族民族乡村的代言人。30多年来,小加油一直为改变斗玉村的生产生活条件而努力,村民们对她都怀着尊敬和佩服的感情。以小加油等为代表的乡村精英在引导村民发展生产、改善生活陋习的过程中起到了乡村带头人的作用。斗玉珞巴民族乡党委书记嘎玛次仁评价十六大、十七大全国人大代表,斗玉村党支部副书记小加油:

"小加油同志几十年如一日,是群众的阿玛尼,也是我们斗玉村群众的'搬运工',她去过北京等大城市,见多识广,走出大山,给我们深山里的老百姓带来外面的新技术、新思想、新观念。"

（3）乡村经济发展领头人。

村委会负责人介绍，在 2014 年—2016 年期间，斗玉村先后共成立三个农民专业合作社，经营黑青稞糌粑、天麻等特色产品，成立了村民建筑劳务合作社、砂石场，增加了就业岗位。2016 年，全村经济总收入达到 600.6857 万元，人均年收入达到 18076 元，提前完成了精准脱贫的任务[①]。

村民索朗益西爽朗地聊起了经济条件的改善：

"去年，我们一家在天麻种植一项的收入上，一年就增加了两三万块钱的收入。村里还有四五家和我们家一样加入农牧业专业合作社，大家的生活都过得宽裕了。现在大家空闲时间也很少去打牌了，大伙儿一门心思地搞特色种植发家致富呢。"

6.2.2.2 生产者身份与分配构成演变

按照文化生产构成内容的划分，物质文化生产与精神文化生产处于并存的形态。在生产关系构成体系中，生产者、生产对象、生产方式、生产成果分配是重要的环节，其中生产者在生产关系中起着主导作用，生产成果分配的效应决定了生产的水平和质量。因此，本书从生产者身份演变和分配构成演变两方面来阐述斗玉村文化生产关系的演变。

对斗玉村而言，人口职业及收入构成演变是考察生产制度建立的首要条件。

（1）从单一职业到多重身份：生产者身份演变。

斗玉村村民在斗玉乡政府、村委会等组织的引导下，积极参与国家号召的农民专业合作社。作为公司形态运营的农业合作社，成为促进乡村经济发展、转化乡村剩余劳动力及优势特色资源、拓展村民增收致富的重要途径。斗玉村村民参加农民专业合作社，实现了从传统的小农经济向农民公司化经济的方式转变，带动了农民从单一职业身份到多重身份的转变及收入分配模式的多样化构成转变。这是斗玉村文化生产制度的重大变革，实现了从原有传统村落的自组织生产模式向面向市场的有组织管理模式转变。

截至 2017 年 9 月底，我国由乡村村民组建的农民专业合作社总数已经达到 196.9 万家。2015—2017 年，斗玉村在斗玉乡政府的政策指导、村民代表的带领下，成立了三家农民专业合作社，分别依托斗玉村的劳动力资源、特色

---

① 段敏：《文明之风扑面来——记隆子县珞巴民族乡斗玉村》，《西藏日报数字报刊》，2017 年 12 月 25 日，第 3 版。http://epaper.chinatibetnews.com/xzrb/html/2017-12/15/content_805904.html。

手工技艺、特色高原农副产品等,其中二十余位村民成为合作社的股东,带动了全村各户村民进入合作社的公司制生产、经销等,实现了从纯粹农民身份到管理者、生产包装者、销售者、商业经营参与者等多种身份的转变。村民从原有单家独户的农副产品种植、民族手工艺品制作、森林采集等生活方式进入企业管理的生产运作模式,在身份转变的同时也实现了生产生活方式的转变(如图6-3所示)。

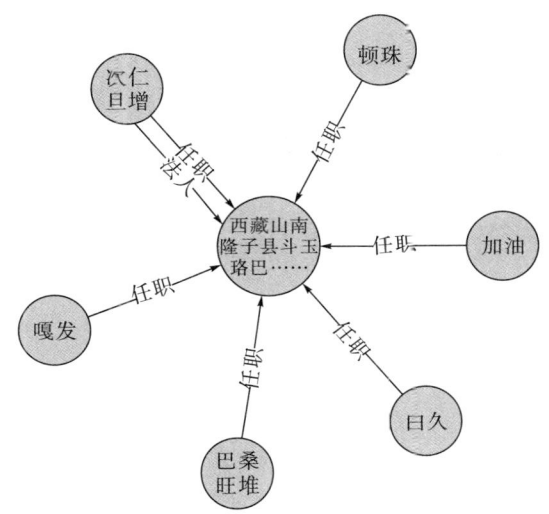

图6-3　隆子县斗玉珞巴民族乡斗玉农民专业合作社结构构成
资料来源:天眼查 https://www.tianyancha.com/company/682360902

2014年1月,村民次仁旦增作为法人,成立了西藏山南隆子县斗玉珞巴民族乡斗玉村利民建筑施工队,在当地带领村民承接小型房屋建筑施工工程。

2015年3月,在村民次仁旺扎作为首席代表的带领下,由村民顿珠、索朗吉巴、白珍、白久、次旦拉姆、次仁顿珠、次仁仓决、扎桑、帕加等农民自然人作为股东,在隆子县工商行政管理局注册,成立西藏山南隆子县斗玉乡民族手工专业合作社,主营藏式家具、手工竹编、藏式木碗、藏式卡垫、毛类加工及销售。

2015年4月,在村民次仁旦增作为首席代表的带领下,由村民小加油等6位代表加入成为股东,成立了隆子县斗玉珞巴民族乡斗玉农民专业合作社,利用斗玉村高原特色农副种植业的优势条件,以黑青稞种植、糌粑加工及销售为主要特色地方产品;结合独特的气候地理条件优势,种植天麻、玛卡、茶叶等高原珍贵食药材;利用农业生产技术改良手段,发展大棚蔬菜种植及销售、粮油生产加工,满足当地老百姓生活需求;结合当地村民传统手工技艺特长,开展民族手工艺品如木碗的加工及销售。

在农民专业合作社的成立过程中,乡村精英如加油、次仁旦增等发挥了极大的带头作用,佐证了费孝通先生所提出的差序格局、长老治村形态的决策模式在民族乡村文化行动中的适应性。

(2)从国家补贴到自主创收:收入分配构成演变。

在对西藏自治区山南市隆子县斗玉乡珞巴族的实地调查中发现:2014年,斗玉村珞巴族人均收入为5503.9元(其中包括边境乡镇每户一个护林员年工资4000~5000元、享受边民补贴政策每年每人1000元、粮食直补、冬春自然灾害生活补助、能繁母猪补贴等一系列支农、惠农、强农政策补贴),经粗略测算,在斗玉乡珞巴族村民人均收入中,49%属于国家政策补贴,人均生产收入实际为2806元,处于整体贫困的边缘水平,可以视为生产能力的实际薄弱与隐形的经济贫困村(如图6-4所示)。

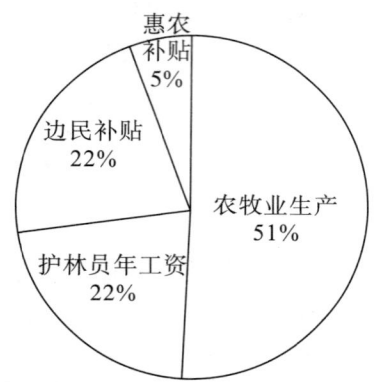

图6-4 斗玉村人均收入构成统计(2014年)

斗玉村村民依据自身的条件加入不同的合作社,发挥自身的技术优势,在组织的帮扶和指导下,将时间、生产资料充分利用起来,实现了经济收入增收。笔者走访调查统计得知,2017年全村经济总收入达到600.6857万元,村民人均收入达到18076元。其中黑青稞糌粑、天麻等特色农业种植户平均创收2~3万元,村民加入不同的合作社获得了不同的收益,以加入砂石场的劳务投入的村民收入较高。通过2014年与2017年村民收入构成对比,国家补贴在村民人均收入中总体比例大幅度下降,农牧业生产与合作社收入占比为总收入的68%。

通过对比分析可见(如图6-5所示),2014年之前斗玉村村民收入依靠国家补贴为主,2017年由国家补贴、自主多渠道创收构成村民收入,乡村经济实现了由原来依靠"国家输血"到逐步形成"自主造血"功能的发展新模式。

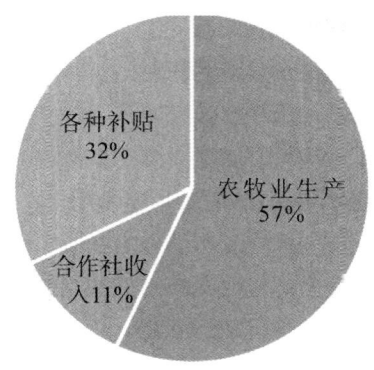

图 6-5 斗玉村人均收入构成统计（2017 年）

6.2.2.3 乡村文化空间满意度调查

（1）村民的空间感知对比分析。

为了解本次乡村建设后，发生在村民身边的明显变化及村民的感知，笔者在问卷中提出问题："本次乡村建设后，您的切身感受是什么"，并在答案预设中提供了涉及民族文化感知、生活环境感知、生产环境感知、精神生活感知等五个选项。对有效问卷进行数据分析可知，占总样本 52% 的村民认为民族文化气息变得浓厚，36% 的村民认为生活环境变得优美了，6% 的村民认为经济收入得到增加，6% 的村民认为群众生活面貌变得积极、向上（如图 6-6 所示）。从超过半数的村民选择"民族文化气息变得浓厚"可以得知，村民对于斗玉村文化空间生产的效应感知强于对物质生产的感知，侧面反映了村民对于民族文化自信心的增强，对斗玉村以民族文化保护与传承为核心的文化空间生产的认可。

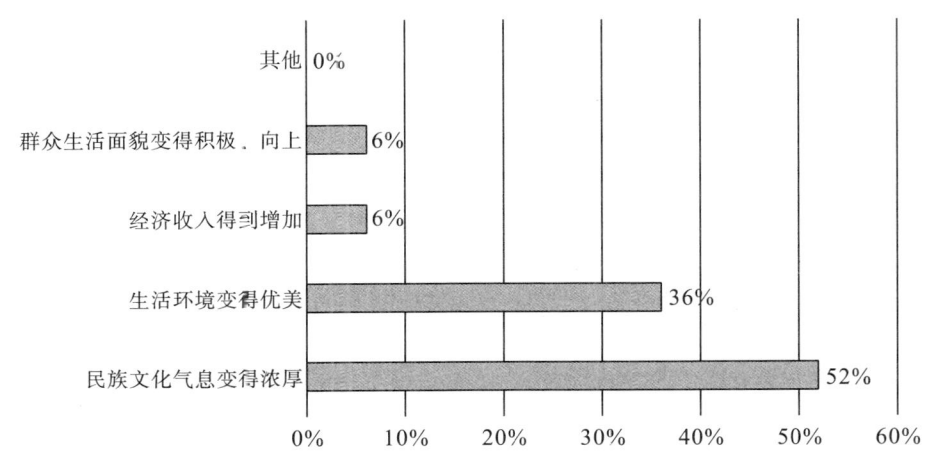

图 6-6 村民对于乡村空间变化感知倾向性分析

(2) 村民日常生活影响分析。

村民的乡村生活满意度将直接影响村民对于未来生活的展望。其中,医疗卫生、环境卫生、文化生活、日常购物、日常办事等民生方面是村民日常生产生活最贴近的内容。从村民的选项结果来看,村民对环境卫生、文化设施、住房条件等方面的改善关注度较为一致,分别占30%、28%、32%,满意度较高(如图6-7所示)。对此,在访谈中,斗玉乡副乡长扎西央金、村民格桑旺姆与索朗益西发表了他们的看法。

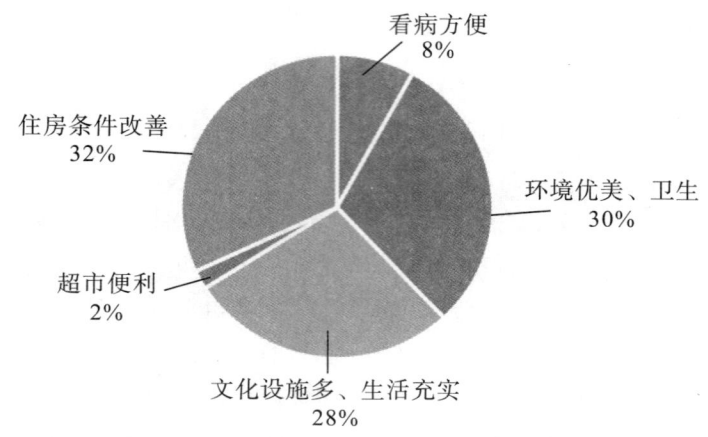

图6-7 对村民日常生活影响分析(2017年)

斗玉乡副乡长扎西央金:

"新修的民居和风貌改造的房屋都使用铝制稻草材料铺了屋顶,模仿了传统珞巴族民居建筑的装饰风格,看起来整体协调,又能防火、防雨,住起来更舒适放心了。"

村民格桑旺姆:

"我们的住房修得那么漂亮,所以我们家去年花了一万多块钱添置了新家具。以前,斗玉村里都是平房,看起来就是破破烂烂的样子,猪狗牛羊乱跑、坑坑洼洼的泥路上满是粪便,环境真的很差。对比起来,现在村里的环境卫生条件真是太好了。"

刚搬进新房的村民索朗益西一家有四口人,两个孩子分别上大学、高中。索朗益西感慨地说:

"自从小康村建设之后,我们村里的房子变得既宽敞又漂亮了,村子里的路好走了,晚上路灯也明亮,垃圾也进行了集中处理。大家都在夸赞党的民族扶持政策好,我们感谢党。"

对比以前的洁污不分、功能不明的居住条件,斗玉村党支部副书记小加油描述得更为生动形象:

"以前,大家都在院坝里养牛养羊,人畜在一个院里混居。雨天污水四溢,晴天苍蝇、牛虻满天飞。院子里遍地都是牲畜粪便,臭气熏天;做饭时我们都是烧柴火和牛粪,熏得眼睛都睁不开,极其不卫生。现在,实施了人畜分开,村里的牛羊都有专门的养殖户集中饲养;也通上了沼气,方便清洁,住着确实舒服。"

《管子·牧民》有言:"仓廪实而知礼节,衣食足而知荣辱。"斗玉村村民物质生活水平的提高,带动了他们对生活环境品质的要求,证明了在空间生产中物质文化生产与精神文化生产互为促进、共为支撑的辩证关系。

(3) 村民闲暇时间利用分析。

传统农耕社会,村民的大部分时间是从事繁忙的农事劳作,加之相对封闭的乡村环境条件,日出而作、日落而息一直以来是我国村民传统的生活习惯。随着生产力水平的提高,多元化生产方式的出现,农村村民的生活水平逐步提高,村民在农事上的劳动强度变得越来越低,农闲时间也越来越多,农闲生活逐步占据了村民日常生活的较大部分。村民的农闲生活体现了乡村生活的文化精神风貌。以前,斗玉村的村民闲暇时光主要靠饮酒、打牌打发,随着生产方式与生活方式的逐步转变,村民的闲暇时光呈现出了多样化的方式。

在对斗玉村村民闲暇生活调查中,33%的村民(其中男性占46%、女性占54%)选择了串口聊天,串口聊天作为一种传统乡村社会主要的社交性闲暇活动,具有沟通感情、传递信息、消解矛盾、教化传承等社会效应,仍是村民日常闲暇时间的主要打发方式;28%的村民选择学习钻研技术,体现了在生产方式的带动下出现了村民利用农闲时光学习知识技能的变化趋势,对于提高乡村生产力是可喜的现象;25%的村民选择读书看报、看电视或打牌等娱乐活动,在娱乐类型上呈现多样化。在访谈中,部分村民谈到了他们现在对农闲时光的利用情况(如图6-8所示)。

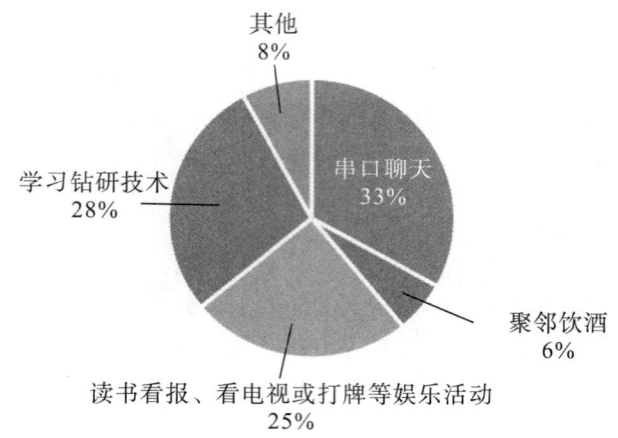

图 6—8 村民闲暇时间利用分析

村民索朗益西：

"现在，打牌、喝酒的少了。"

68 岁的卓嘎老人：

"只要不刮风下雪，每天晚上，我们（村民）都会聚在珞巴原乡广场上唱歌跳舞，太热闹了。"

斗玉村党支部副书记小加油深有感触：

"以前只要一到冬季，大雪封山，我们在村里的活动除了打牌就是喝酒，现在大家都住上了新房，也都在攀比谁家的房子装修得好，谁家置办的家具和电器多，谁家子女的学历高。"

（4）文化空间选择性频率分析。

使用者对文化空间的满意度体现在选择性使用频率上。通过村民对珞巴原乡广场、文化传习所、民族文化商业街的使用频率的调查分析，珞巴原乡广场是总样本超过 75% 的村民选择"愿意经常去"的场所，说明了村民对广场的公共开放性具有一定的认识，是人人都可以进入的共享性场所；选项"有空了就去"的场所占比最高的是文化传习所，表明村民的场所取向具有选择性；而对三个文化场所空间选择"基本不去"的比例均较小，说明村民具有文化活动、文化体验与感知的公共空间场所需求，同时也佐证了乡村中文化活动公共空间存在的必要性（如图 6—9 所示）。

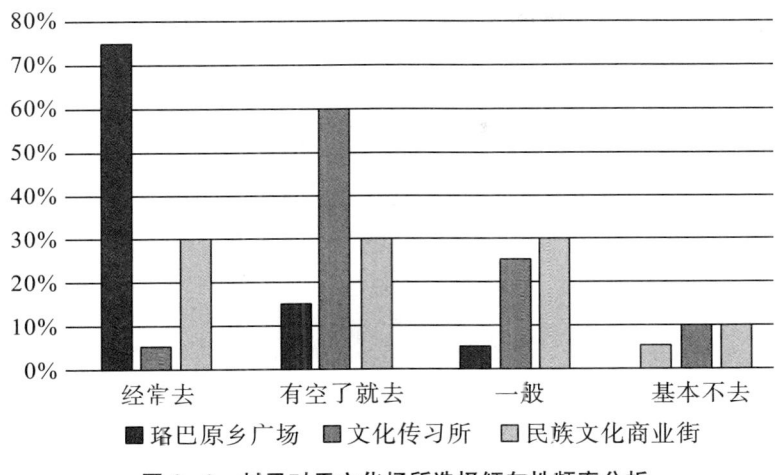

图6-9 村民对于文化场所选择倾向性频率分析

(5) 斗玉村文化地标认知分析。

在村民对斗玉村文化地标的认知选项中（如图6-10所示），笔者列举了斗玉村村委会、珞巴原乡广场、斗玉村珞巴族文化传习所、神树广场、民族文化商业街五项。其中，超过60%的村民选择了珞巴原乡广场，在大多数村民的认知中，同比天安门广场是整个中华民族的文化地标，那么珞巴原乡广场应该是斗玉村的文化地标；占比约20%的村民选择了文化传习所，他们认为，文化传习所集中了珞巴族的文化精髓，且文化传习所是他们经常去接受民族文化及手工艺品生产培训的场所，从文化汇集的角度应该成为斗玉村的文化地标；占比约10%的村民选择了民族文化商业街，他们认为，民族文化商业街是他们每年定期举办边贸的场所，能够将物品转换成为经济效益，是将民族文化生产的实际物品转化成为资本的场所；占比约为8%的村民（年纪均为60岁以上的村民）选择了神树广场，他们认为可以将一些祭祀活动转移至神树一带，神树才是他们心目中的文化地标。

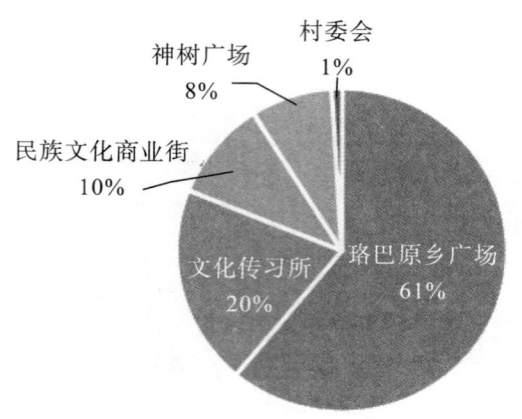

图 6-10　村民对于文化地标的选择倾向性分析

从村民朴素的认知中，以及他们对文化地标的理解可以看出，文化地标可以是文化活动性中心场所、文化展示传承交流的聚集地、文化产品的集中地、传统宗教文化的场所。从村民对斗玉村文化地标的选择倾向来看，斗玉村文化地标在村民的心目中具有多层次、多类型、多功能的理解与建构，他们更倾向于实用性选择。

6.2.2.4　民族旅游地文化空间再生产展望

在国家对于人口较少民族扶持政策指引下，在西藏自治区落实"兴边富民"行动、山南地区生态文明小康示范村的乡村建设行动中，在民族旅游开发导向下，斗玉村目标导向明确、目的任务清晰，完成了在斗玉村珞巴族民族历史上一次重要的文化空间生产过程。尽管四年的历时性很短，但从完整的文化空间表征制度、民族乡村文化形象建构、民族乡村文化格局建构、文化符号建构、文化媒介建构而言，斗玉村及斗玉村珞巴族在较短的时间内完成了一次民族发展史，是斗玉村乡村发展史上的一次飞跃。但是，对于斗玉村民族乡村文化空间再生产的下一次行动，村民并无明显的反应，说明村民对文化空间生产及其创造性转化缺乏实际感受。

（1）民族文化的传承与发展。

相较于物质生产水平的提高，扎西央金最关心的还是文化生产水平的提高。在改善了村民的物质生产生活条件的同时，珞巴族文化的保护和传承，尤其是带动年轻一代关心和传承民族文化，是民族文化特色得以延续的重要方面。

全国人大代表、斗玉乡副乡长扎西央金（隆子县出生的珞巴族人）谈道：

6 经历——希望：斗玉村文化表征的空间

"我最关心的是珞巴文化的保护和传承。"

"在乡里政府部门工作，我要尽最大努力不断地挖掘珞巴族民族文化和民族元素，展现民族风情，向年轻一代不断讲述和传承人文历史，让我们村里的每一代年轻人身上都具备本民族的文化素养。"

斗玉村党支部副书记小加油（珞巴族）认为：

"有了文化，才可以学到更多知识，过上更好的日子。我们的下一代有知识就是有希望。"

（2）民族旅游地文化空间再生产的展望。

尽管目前因为边防的原因，隆子县斗玉村的民族旅游尚未开展。然而，在当地政府领导和村民的心目中，将民族文化资源、乡村人文生态资源转化为文化生产力，发展民族文化旅游，在传承中保护、在保护中发展，是斗玉村民族乡村文化发展的必由之路。发展民族旅游一直是山南市、隆子县、斗玉乡各级政府领导的愿望。

时任山南地区行署副专员、负责斗玉珞巴族民族村建设的云丹，就斗玉村民族旅游文化再生产做出指示：

"努力实现珞巴民俗村文化与旅游相融合、品牌与效益相统一，将珞巴民俗村打造成集生态休闲、民俗文化、商业贸易于一体的著名旅游目的地。"

全国人大代表、斗玉乡副乡长扎西央金：

"我们珞巴族本身有很多传统节日，和云南那些地方的少数民族一样文化丰富。现在不少村民给政府提出，希望发展旅游业，开设家庭旅馆搞旅游接待。我认为，深入挖掘民族文化，并通过新闻媒体等方式向外界推介，吸引游客来观光旅游，不仅可以拓宽村民增收的门路，而且使民族文化的保护和传承更有动力。"

隆子县气象局副局长、驻村的工作队队长尼玛次仁，也在不断地思考如何开发斗玉村的资源：

"你看我们这里有漫山遍野的野生蕨菜，明年我们准备带领村民开办一个野生蕨菜加工厂，让外面的人也能品尝到我们的乡土野味。"

斗玉村党支部副书记小加油（珞巴族）对这次民族乡村建设有着切身体会，也拓宽了斗玉村经济社会发展的思路：

"原来致富的方式不仅仅是种地、打猎、放牧，我们没想到的方式方法还有很多很多。"

6.3 外界的关注与评价

6.3.1 新闻媒体等网络

新闻媒体作为时效性快、可信度高的信息传播平台，仍是主流的信息时代文化媒介工具。作者以 2014 年至 2017 年期间"斗玉村""珞巴族"为关键词进行搜索，见诸网络的新闻（共计 9 篇）及主题见表 6-2。

新闻媒体对斗玉村珞巴族的关注体现在对珞巴族民族文化、民族文化空间生产方面，涉及斗玉村珞巴族民族文化形象宣传、民族乡村建设、珞巴族民族文化保护与传承等方面。从信息的总阅读量与点击率看，新闻媒体信息的点击率较高。百度贴吧"珞巴族吧"的关注人群主要为珞巴族人士及关注少数民族文化及信息的人群。乐途旅游网的相关报道以游记的形式，图文并茂地展示了珞巴族特色风貌，受到读者关注，以《你好！古老的原住民——珞巴民族村》为例，其跟帖评论有 140 条，反映了人们通过"线上"（网络途径）对珞巴族文化关注与了解的渴望。

表 6-2　以"斗玉村""珞巴族"为关键词的新闻媒体传播

时间	来源	作者	标题	网址
2014-12-9	山南网	严昌枘 索朗扎西	建设最具代表性珞巴原乡	http://www.xzsnw.com/xw/snkx/88174.html
2015-3-11	中新社	白少波	珞巴族文化的新传承：走出深山待客来	http://news.163.com/15/0311/12/AKE6APUQ00014JB6.html
2015-11-23	国务院新闻办公室网站	鲁芳	小加油讲述珞巴族的幸福：民生举措给力美好生活	http://www.scio.gov.cn/zhzc/8/1/Document/1456339/1456339.htm
2015-12-4	乐途旅游网	许伟华/摄	你好！古老的原住民——珞巴民族村	http://www.lotour.com/zhengwen/1/lg-pp-414.shtml

续表6-2

时间	来源	作者	标题	网址
2016-2-29	乐途旅游网		重拾回忆 找寻丢失的传统——珞巴族文化流传	http://www.lotour.com/zhengwen/1/lg-jc-7547.shtml
2016-4-25	山南网	次央	隆子县成功举办首届珞巴族玉罗节	http://www.xzsnw.com/xqxw/longzi/109563.html
2017-12-15	中国西藏新闻网	段敏	山南市隆子县珞巴民族乡斗玉村：文明之风扑面	http://www.chinatibetnews.com/xw/xzyw/201712/t20171215_2062861.html
2017-10-24	西藏日报	孙文娟	十九大时光：民族乡里话小康	http://cpc.people.com.cn/19th/n1/2017/1024/c414305-29606573.html
2017-4-25	山南网	次仁龙布	珞巴语的传承与发扬之路	http://www.xzsnw.com/xw/snkx/126272.html

6.3.2 新媒体时代的文化媒介生产

自媒体平台包括博客、微博、微信、百度官方贴吧、论坛/BBS等网络社区，因其具有平民化、圈群化、个性化、随性化、自发传播等特征而受到大众的推崇。面对自媒体，需要树立每一个珞巴族群众、每一个斗玉村的游客、每一份斗玉珞巴族民族文化手工艺品、旅游商品、纪念品等都是文化媒介的思想。

6.3.3 国家层面的积极评价

少数民族特色村落的保护与发展受到了国家层面的关注，势必对民族村落的文化保护与传承起到有益的推动作用。在民族乡村建设中，空间行为主体逐步增多的对外交往、内部关系增多的过程，改变了原来的生产生活方式，不断打破原有相对封闭的社会关系与文化空间，民族乡村文化空间以"再生产"的方式完成自我更新与超越。因此，对民族乡村文化空间生产的研究，不仅凸显了人类学、民族学、文博学研究对交叉学科领域的学术思考，也彰显了对中国少数民族（人口较少民族）地区及聚落经济发展与社会转型中现实的人文关怀。

以民族旅游开发为导向，以民族文化保护与传承为目的的乡村文化空间生产和乡村建设成果受到了广泛的关注与认同，接踵而来的荣誉既是对珞巴民族文化保护与传承的关怀，也是对斗玉村在本轮乡村建设中关于文化传承、保护与创造性转化成果的高度认可。

2017 年 3 月，西藏自治区山南市隆子县斗玉珞巴族民族乡斗玉村等全国 717 个村寨被命名为全国第二批"中国少数民族特色村寨"，予以命名挂牌①。

2017 年 9 月，西藏自治区隆子县斗玉村被列为 2017 年全国特色民俗村②。

2017 年 11 月，斗玉村被中央文明委获评第五届全国文明村镇③。

本章小结

民族乡村文化表征的空间既是村民直接使用和经历的空间，也是希望的空间。本章通过斗玉村村民对乡村文化空间使用后感知和满意度调查回访、外界的关注与评价两个方面进行斗玉村民族乡村文化表征的空间描述。

通过对村民的回访，在乡村文化空间表征制度、文化生产方式演变、文化空间使用和认知度、满意度、再生产展望等方面进行了村民使用后感知分析，从村民文化生产生活方式演变、村民使用文化空间的选择性和频率方面得知，斗玉村文化空间生产具有较高的村民满意度。同时，在当地政府领导和村民的意愿中，也再一次提出了对民族旅游开发的愿望。

通过国家级层面对斗玉村授牌与命名的"中国少数民族特色村寨""全国特色民俗村""全国文明村镇"，我们可以认为，斗玉村在民族旅游开发导向下的乡村建设中凸显了民族文化保护、传承与创造性转化发展，从某种层面上讲，获得了一定的成功。这既是斗玉村前一阶段民族乡村文化空间生产的节点性成果，也是斗玉村开展下一轮空间生产的起点。正如列斐伏尔所言，斗玉村

---

① 国家民族事务委员会：《关于命名第二批中国少数民族特色村寨的通知》，民委发〔2017〕34 号，2017 年 3 月 10 日。

② 农业部乡镇企业局、农业部办公厅：《关于公布 2017 年中国美丽休闲乡村推介结果的通知》，2017 年 9 月 21 日，http://jiuban.moa.gov.cn/zwllm/tzgg/tfw/201709/t20170921_5821813.html。

③ 新华网：《第五届全国文明城市、文明村镇、文明单位和第一届全国文明校园名单》，2017 年 11 月 21 日。

将以"目前最发达的现实作为新的出发点,'回溯式进步'"。

对此,本章从村民和外界的反馈结果印证了本书所建立的民族乡村文化空间生产三元辩证关系之递升关系的成立。

7 主要结论

列斐伏尔的空间生产理论为我们提供了一个从"时间—空间"角度辩证地看待民族文化及民族乡村文化空间生产演变,在以民族旅游为行动触媒的前提下,民族乡村文化空间的发展与演变是必然的趋势。通过以民族乡村文化空间生产中"民族乡村文化空间实践、民族乡村文化空间表征、民族乡村文化表征的空间"三元之间的"递升式"的辩证关系为研究维度,对案例地斗玉村民族乡村建设、民族旅游开发导向下民族乡村文化空间生产历时四年(2013年—2017年)的跟踪与调查,实现了对斗玉村珞巴族的民族乡村文化空间生产(民族乡村文化空间实践、民族乡村文化空间表征、民族乡村文化表征的空间)的全过程研究。

本书形成如下主要结论。

7.1 民族旅游开发导向下文化空间生产行为实质

民族旅游开发导向下的民族乡村文化空间生产,本质上是民族乡村文化再生产,其中,民族旅游发挥了触媒效应。民族文化的原真性保护需要有文化传承主体的存在,因此旅游发展的前提是要平衡社会秩序,提升原住民权利,借助原生文化实现文化经济社会共融的文化空间格局。无论是来自技术官员还是村民,对于斗玉村潜在民族旅游开发、民族手工艺品开发等意识下的乡村未来展望,都是依托于民族乡村文化空间而展开的构想,其本质都是民族乡村文化的再生产。

(1) 民族乡村文化空间是民族旅游开发的载体空间,是民族文化存在的形式与发展演变的载体空间,是民族文化和乡土文化在空间生产上的耦合。传统上,人们对于民族乡村文化的研究往往着眼于民族文化的研究,较为忽视孕育民族文化产生及演变的深厚沃土背景——乡土文化研究。对于民族文化的态度,学界往往认为保护是第一位的,然而,文化空间的生产具有空间生产的属性,在时间的维度中,文化的保护与传承也必须置于一定的"时—空"维度中,必须以动态发展的观点对待民族文化的保护与传承,并以文化的创造性转化思路实现民族文化的动态保护。民族乡村文化空间是具有社会性的空间,各种形态的文化都能找到与之对应的文化空间,对文化的保护与传承的研究落脚点应以文化空间为对象展开。

(2) 在民族旅游开发行动中,民族乡村文化空间保护与传承应以政府、公众及村民为共同体,民族乡村文化空间生产是具有典型主体与对象特征的生产行为。文化空间生产行为是依赖于空间生产过程展开的,空间生产中权力与资本的介入,政治性、社会性的存在决定了文化空间生产中文化保护、传承与创造性转化的过程也伴随着政治性与社会性。因此,文化空间生产的主导权必须掌握在公共机构和村民手中。

(3) 以民族旅游开发为导向的民族乡村文化空间生产有赖于物质空间生产。在民族乡村文化空间生产过程中,制度文明、物质文明、精神文明之间存在着互相影响、共同促进的关系,三者不可偏废。制度文明是文化空间生产正确路径制定与实施的保障,是前置性的顶层设计;物质文明是生产力提升的保障,是精神文明生产的基础;精神文明生产是提升物质空间生产的精神食粮。

(4) 民族旅游开发对民族文化保护与传承具有积极的正面效应,同时也将促进民族乡村经济社会发展。以方法适当、目标明确的经济效益激励机制鼓舞村民参与民族文化复兴,从宏观战略上有益于民族文化艺术、技术的保护与传承,从微观实施细则上利用民族文化手工艺产品、民族文化商品的生产和研发,实现文化的经济效益转化。培养村民的文化创造性,为村民提供一个积极展示民族文化的平台,实现自身的价值,提高对民族文化的认同。

从民族乡村经济社会发展角度来看,民族旅游开发将带来民族乡村基础设施、生产生活设施水平的提升,从基础设施供给侧效应的角度为村民生产生活创造了有利的设施条件,提升村民的生产水平与生活质量。民族旅游开发将提供更多的乡村就业岗位,对于当前乡村精英的脱离具有一定的回溯效应,避免民族乡村空心化导致的一系列社会问题;民族旅游开发形成完整的旅游产业链,将为村民提供广阔的旅游服务业生产与销售渠道,旅游服务业的开展促使村民致富增收,促进乡村经济社会发展。

因此,通过民族旅游开发导向,提升民族乡村的经济社会发展水平,拓宽民族乡村的发展思路与途径,引导村民认识民族文化遗产及民族文化资源的开发和利用价值,以开发促保护,将促进我国大部分民族乡村对民族文化的保护、传承与发展的重视。

7.2 民族旅游开发导向下文化空间生产的过程/内容实质

民族乡村文化空间生产是民族乡村空间生产中文化类型的空间生产。伴随着时间的推移，民族旅游开发行为的介入，民族乡村空间不断地以民族文化再生产的方式完成空间的更替，民族文化的保护、传承与创造性转化在民族乡村空间生产中应占据文化先导的地位。

（1）民族乡村文化空间生产是历时性的过程。民族乡村文化的历时性决定了我们对于民族文化、地域文化、乡土文化的价值认知需要一个历时性的过程，需要以历史发展的观点辩证地看待民族乡村文化的"破"与"立"，审慎地对待民族乡村文化空间的产生、发展和演变，在民族乡村文化空间生产过程中有效地保护和传承民族乡村文化。

（2）民族乡村文化空间生产是综合性、系统性的过程。民族乡村文化，从文化的形态上看，分为物质形态文化和非物质形态文化；从文化的价值等级上看，分为文化遗产和文化资源；从文化的形成机制上看，分为制度文化、物质文化、精神文化。可见，民族乡村文化空间生产是涉及学科较广的综合性研究课题。因此，从民族乡村文化空间的历时性角度出发，建立基于"时间—空间"的民族乡村文化空间生产系统性研究框架，从民族乡村文化空间实践、民族乡村文化空间表征、民族乡村文化表征的空间三个层面进行研究，是有效的研究路径。

（3）民族乡村文化空间表征是民族乡村文化空间生产的关键阶段与核心内容。按列斐伏尔空间生产三元论对空间表征的解释，民族乡村文化空间表征包括概念构想及其物化的过程。概念构想既是事件发端的起源，又将决定并引导文化空间的发展方向，从这个角度而言，文化空间表征理应成为文化空间生产的关键阶段与核心内容。本书基于空间生产理论、文化生产理论，结合民族乡村的现实情况，认为民族乡村文化空间表征的研究内容可以从五个方面展开：文化空间表征制度建构、文化形象建构、文化格局建构、文化符号建构、文化媒介生产。

（4）民族乡村文化表征的空间既是使用者生活的空间，又是对未来理想空间展开构想的进一步描述。按列斐伏尔对表征的空间的解释，表征的空间是使用者生活的空间，结合文化空间生产不断更替的进程，呈螺旋上升式的发展趋势。民族乡村文化空间既是村民体验的空间、生活的空间，又是抗争的空间，村民通过使用后信息反馈，将建构对文化空间的重新构想。因此，民族乡村文化表征的空间起着承上启下的作用，将进一步推动文化空间建构走向理想化和差异化。

7.3 下一轮文化空间生产如何着力

7.3.1 文化自觉：以民族文化研究为原点

费孝通建构了基于文化自觉思想的社会学方法论，主要有三个层次：发现社会，深入农村，超越乡土[①]。"发现社会"是对文化根基的寻找过程，是文化自觉的基础；"深入农村"是文化求"真"的过程，是社会学研究的工作态度；"超越乡土"是对文化空间发展趋势和规律的掌握以及发展引导。本书认为，对于民族乡村而言，在时间维度上，文化空间生产是一个动态发展的过程，文化自觉思想应自始至终贯穿于民族乡村文化空间生产研究与实践指导全过程。

目前，斗玉村在文化自觉方面欠缺尚多。斗玉村民族乡村文化表征的空间首先要落实的措施是通过专家、学者与族众合力，系统性开展民族文化发掘与研究工作，夯实民族文化根基，培养本民族的文化研究学者，带动群众实现文化自觉。围绕费孝通的文化自觉方法论，本书认为需要展开如下研究工作（如图7-1所示）。

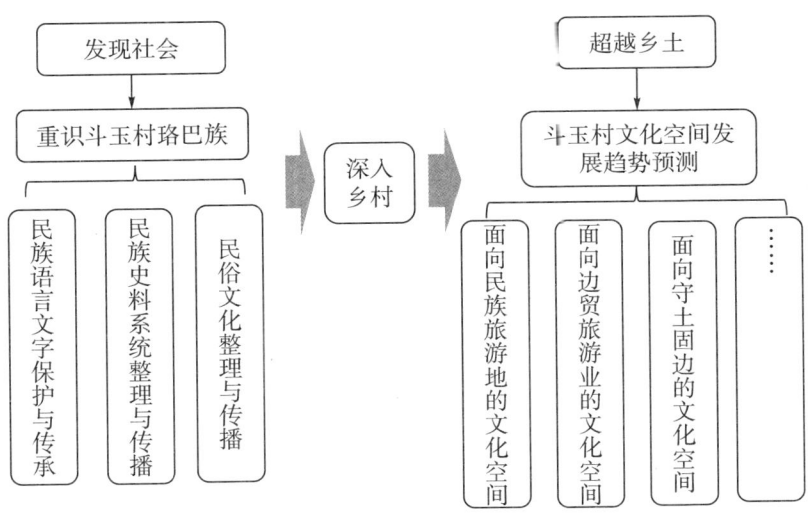

图7-1 斗玉村"文化自觉"研究工作框架

---

① 李羚：《费孝通与文化自觉的社会学方法建构——再读〈乡土中国〉》，载《党政研究》，2014年第6期，第123~128页。

7.3.1.1 重识斗玉村珞巴族文化

民族旅游市场需求的产生,基于游客对于民族文化异质性的探寻,民族文化的研究与发掘是民族旅游开发的基础性工作。针对珞巴族有语言无文字传承、民族民俗受藏族影响的现实情况,重拾斗玉村珞巴族民族文化,首先需要从珞巴族民族语言文字的保护与传承入手,进行民族史料系统及民俗文化整理与传播工作。

(1) 珞巴族民族语言文字的发掘与保护。

共同的民族语言是构成民族的特征之一。珞巴族有本民族语言、无本民族文字,使其民族文化存在状态似无源之水、无根之木,在外来文化的影响下,终将出现民族文化枯竭或消逝的可能。从增强民族文化根基认同、加强珞巴族各部落之间的交往与联系、统一民族共同体对外一致的语言与文字、珞巴族人以本族的文字书写本族的发展史增进民族文化的保护与传承角度出发,大力推进对珞巴族语言及文字的发掘研究并转化为本民族课本、教材,使珞巴族下一代青少年能够学习本民族语言文字,传承珞巴族语言,建立民族自信。

(2) 民族史料及民俗文化系统研究。

在民族旅游开发活动中,民族文化的商业化趋势不可避免。为实现民族旅游的可持续发展,民族文化的原生性、原真性、整体性、系统性的资料梳理及研究工作应务实、严谨,并在不受任何商业气息干扰的前提下展开。因此,民族学、人类学、旅游学等领域的学术界专家和学者,应大力开展对珞巴族、斗玉村民族史料及民俗文化的系统整理研究,一方面为珞巴族民族文化的保护与传承提供第一手材料,另一方面为珞巴族民族旅游开发项目提供正本清源的学术支持。

7.3.1.2 斗玉村民族乡村文化空间发展预测

在斗玉村旅游开发导向下确立的"珞巴原乡"民族乡村文化形象定位及主题强化的影响下,结合村民发展高原特色农牧业及加工业、民族旅游业、边境贸易业的愿望,对斗玉村民族乡村文化空间发展趋势进行预测,实际上是对斗玉村文化空间涌现性的预测。预测并研究斗玉村文化空间的涌现性,研判其文化空间产生的内涵及演化机理,有利于形成科学的空间决策机制,对于乡村可持续发展具有长远的指导意义。

高原特色农牧业生产空间为斗玉村民族乡村文化空间的基质空间。在生活方面,农牧业生产空间的适度规模能满足村民的基本生活需求;在经济方面,地处西藏雪域高原的斗玉村在农牧业生产产品上具有纯天然、无污染等独特的地理、气候环境优势,具有独特地理标志意义的发展前景;在景观方面,季节性农牧业生产形成的景观效果既具有大地景观与人文景观,也是斗玉村良好的外部环境生态基质营造的重要手段。因此,从生活、经济、景观角度而言,高原特色农牧业生产空间是未来斗玉村民族乡村文化空间中重要的基础性的组成部分。

民族旅游空间是斗玉村民族乡村文化空间的核心空间。民族文化资源是斗玉村进行民族旅游业开发的核心资源,是应该受到重点保护和传承、创造性转化行为的重要文化资源要素,也是重要的生产力要素,具有民族性、稀缺性、异质性等特性。以民族旅游为导向的民族文化产业发展将带动斗玉村的经济社会发展,在发展中促进民族文化的保护与传承。旅游业作为一种涉及行业面广、形态综合性强的产业类型,将带动一系列食、住、行、游、购、娱等产业链条。民族旅游空间的营造将强化民族文化空间,伴随衍生出民居文化空间、民俗文化空间、民宿文化空间、民族生产生活器物生产文化空间等空间形态。

边境贸易空间是斗玉村的异质型文化空间的特色部分。边境是具有政治形态的地理空间概念,因政治制度的差异而产生文化上的差异,因地缘上的接近而产生文化上的交融。斗玉村珞巴族与跨境民族在政治上的差异性、文化上的相通性,使其更具有独特的文化魅力。斗玉村的边贸历史悠久,依托珞巴族村民与境外的珞巴族之间地缘关系、血缘姻亲关系而延续。未来斗玉村的边贸行为有望发展成为具有区域层面或国家层面战略意义的民族边境贸易业。边境贸易业的发展将带动边境地带珞巴族群众的商业流通、文化交融,将造就独特的边境一线民族商业文化空间。可以认为,边境贸易业的发展不仅有利于发展斗玉村乡村经济,提高当地群众生产生活水平,促进民族旅游的发展,更有利于增强国际交往,造就良好的国际政治环境。

7.3.2 民族旅游文化空间开放性建设:集体拥有制度建设

贵州六枝梭戛生态博物馆建设项目受到国外生态博物馆的理念影响,强调村民主导。然而,实践告诉我们,这一方式没有结合贵州六枝梭戛苗寨作为西南欠发达地区少数民族乡村的实际情况,没有考虑到当地村民的文化教育水平较低,对生态博物馆项目认识欠缺,在没有有效地改善村民的物质生产生活条件的同时引导村民参与文化空间的创建,是缺乏对中国乡土社会基本需求的判断。因此,在民族旅游开发导向中,应逐步培养村民的参与热情,通过文化空间开发性建设逐步解除民族乡村发展对政府的依赖,通过制度建设引导民族乡村从依靠"输血"发展走向"自我造血功能"发展的模式。

正确认识乡村的乡土性，包括村民的传统乡土意识，将文化环境置于乡村文化空间建设中，是乡村文化空间制度建设的重要基础。引导村民对乡村建设从"观望"走向"参与"，提高村民的参与度，构建开放性的空间，是乡村可持续发展的唯一途径，其间，各方面职能与力量的转化在空间构建中实现。回归到列斐伏尔对"表征空间"的理论阐述，构建一种理想的、反抗既有统治秩序的空间，反映社会底层生活符号的空间，从乡村经济产业、人口及文化、资源环境的相互协调和可持续发展考量，需要构建开放性的民族乡村文化空间生产关系。

7.3.3.1 强化村民集体组织的有效对抗性

"差序格局"体现了我国乡土社会独特的人际关系结构，具有"有私无公"的国人性格特征[①]，不同于西方"捆柴"一样的团体格局。在这种文化背景下村民是无力对抗来自权力、资本的力量的，也就出现了诸多乡村旅游开发中出现的空间分异景况，资本进入乡村旅游开发，乡村空间分异成为景区空间和乡村聚落空间两个部分。原村庄的主人——村民被隔离在旅游景区之外，乡村变成景区，外围是村民的住所。缺乏村民的参与，导致民族乡村旅游空有其表，民族文化的活态呈现也就变成了一句空话。

因此，文化空间的开发性建设制度是村民集体组织有效对抗权力和资本的途径（如图7-2所示），以经济共同体、文化共同体、环境共同体等共同体利益捆绑的方式将村民集中形成有效的利益团体，共同参与、形成民族乡村文化空间开放性制度建设中一支重要的力量。在经济共同体组织上，村民以股东的身份结合自身资源和优势（如农林用土地资源、宅基地、劳动力专业技术特长等），形成各种专业合作社的组织方式与企业（资本）共同持有对乡村文化空间的开发实践建设表决权、建设参与权、利益分配权，实现乡村文化空间的集体拥有制度；在文化共同体组织上，乡村的寺庙、宗族祠堂、文化艺术团体是乡村文化发展沉淀过程中形成的乡土文化团体，在乡村经济社会外向型发展过程中，逐步完善乡村文化团体的合法性地位，指导并提升乡村文化艺术，提高其文化艺术内涵与表现性，走向乡村文化的广泛传播；在环境共同体组织上，以有效保护和合理利用乡村的生态环境、人文环境为目标，发动村民的主人翁精神，形成乡村土地协会、乡村河流水体治理协会等社会组织参与公众治理，共同监督和维护乡村生产生活环境，实现乡村经济社会可持续发展。

---

① 潘艳艳：《从〈乡土中国〉中窥视中国人的国民性格——费孝通〈乡土中国〉再解读》，载《出国与就业》，2012年第5期，第91~92页。

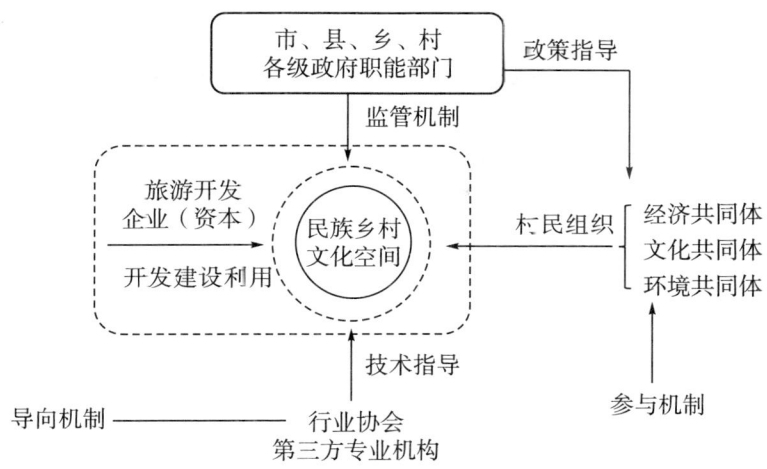

图 7-2　民族乡村文化空间集体拥有制度建设

7.3.2.2　强化政府部门监管与服务职能

在民族乡村文化空间生产目标导向上,地方政府同时需要兼顾社会经济发展目标与精神文化发展目标。在民族乡村文化空间生产关系中,地方政府同时扮演了裁判员、教练员、运动员多重角色。在多重目标导向和不同身份的影响下,政府部门技术官员在选择上会出现多条路径,不利于民族乡村以民族文化保护和传承为主的长远发展目标。因此,在民族乡村文化空间开放性建设中,政府部门职能应由"扶助式"转化为"辅助式",在国家政策对民族乡村扶持的指引下,地方政府像抚养婴儿一样对待民族乡村,一手一脚扶助乡村建设。当民族乡村建设物质文化生产和精神文化生产具有一定的基础之后,"扶助式"并不利于民族乡村进一步发展,应转化为以监管与服务职能为主,通过"辅助式"方式继续支持民族乡村"自主造血"功能完善。

7.3.3　差异性的文化空间：民族性、乡村性文化永续

"尊重和保护少数,促进包括少数民族在内的少数人的发展是现代社会维护人类公平正义的行为选择"[①]。

所谓"空间生产""空间实践",也就是人对这些"与人有关、已经在一定程度上被人化了的关系"的创造、再创造,即对乡村、城市、建设、道路、领

---

① 曹劲：《关怀与唤醒——微观视角的乡村文化遗产传承与复兴》,载《建筑学报》,2017年第1期,第118~120页。

土、网络等"人化自然""人化环境"等多样"人化意向性关系"的创造、改造、再创造①。从不同的空间尺度、范围来讲,我们认为基于乡村性的差异性空间可以界定为整体差异性空间、带状差异性空间、组团式差异性空间、节点式差异性空间等类型。乡村的传统聚落是乡村的文化之魂,是乡愁的重要寄托空间,因此,传统聚落空间是必须整体保护的差异性空间;乡村的乡道指向家乡,寄托了乡村性的自然形态特征,展现了沿线风景,河流是乡村亲水性的重要体现,嬉戏的小伙伴、小河中的牧牛娃等都是乡村性的重要体现,是必须保护其乡村风景特征的带状差异性空间;传统的院落、村口的风水树等都是体现乡村性的重要景观,是不能作为互换的商业空间,必须保持其差异性(如图7-3所示)。

基于民族性、乡村性不同尺度与形态的差异性空间界定

整体差异性空间　　带状差异性空间　　组团式差异性空间　　节点式差异性空间
　(传统聚落)　　　 (乡道、河流)　　　(传统院落、建筑)　　　 (村口)

图7-3　作为民族乡村必须保护的差异性空间

在对表征的空间(生活的空间)理解上,列斐伏尔提倡一种各个部分不能互换且不能交换的非商业化空间,是空间非均质性的重要体现。对于乡村空间来讲,乡村要保持其可持续发展,必须坚守乡村性。因此,差异性空间是营造乡村空间中空间革命的重要手段之一。

7.4　相关建议

7.4.1　民族乡村精准扶贫、旅游扶贫中注重文化扶贫

当前,针对我国贫困地区、民族乡村的精准扶贫行动正处在攻坚的阶段,旅游扶贫是经常被采用的扶贫手段。然而,贫困总是被视为具象的经济贫困,实际上扶贫后返贫的现象仍然存在。相关研究证明,思想是行动的先导,文化与贫困之间存在着本质的关系,文化扶贫才是践行精准扶贫的核心抓手②。斗

---

① 陈忠:《空间批判与发展伦理——空间与伦理的双向建构及"空间乌托邦"的历史超越》,载《学术月刊》,2010年第1期,第17~23页。

② 范颖、唐毅:《基于贫困文化论的人口较少民族文化精准扶贫研究——以西藏自治区隆子县斗玉珞巴族文化扶贫为例》,载《农村经济》,2017年第6期,第82~85页。

玉村的调研结果再一次证实，文化上的贫乏对民族乡村建设产生的不良后果将影响乡村的可持续发展：首先，文化的贫乏导致村民对于本民族文化遗产及文化资源的价值认知不足，缺乏将民族乡村文化资源创造性转化为文化产业的思想，抱着"金碗"要饭的现象时有发生；其次，知识是权力的工具和象征，文化的贫乏导致村民在乡村发展决策、利益分配的过程中处于被支配地位；最后，文化的贫乏限制了村民对空间发展的想象力。斗玉村的发展主要依靠的是政府扶持，其中主导力量实际上仍然是政府技术官员，要完成民族乡村建设由"输血"走向"自主造血"，必须启发村民的自主行动意识。

因此，针对民族乡村的文化扶贫，应着力于提高村民的文化水平，消除代际文化贫困；增强村民对本民族文化的了解与学习，形成民族文化认同，建立民族文化自信；营造开放性的文化学习氛围和环境，守住民族性、走向现代性。

7.4.2 民族旅游开发中差异化空间的守护

只有民族的，才是世界的。在民族乡村建设中，以保护和弘扬民族文化的多样性为目的，坚持以民族文化的保护与传承为核心思想不动摇。民族乡村文化空间是民族文化的空间存在与发展演变载体，因此，注重营造民族乡村文化空间是民族乡村建设民族性、乡土性的实施途径。

差异化文化空间是民族乡村有别于其他乡村的典型特征，是民族乡村文化空间中不可替代的空间类型，是民族乡村身份的标识，也是乡愁思想的核心承载，是每个乡村必须建构与守护的神圣文化空间。在旅游资本进入民族乡村的过程中，从文化角度来讲，空间生产理论批判性地认识了"布景式"空间景观风貌的市场逻辑及危害[①]，尤其是这种空间文化特征明显的少数民族地区，它的引入避免了均质化空间的产生，提出了异化和日常生活批判的概念，让文化生长的土壤能够保持长久活力。注重对文化空间、差异化空间的分析和认知，是当前"一村一品""一村一景"的原真性、完整性乡村文化景观建设的理论指导。

7.4.3 从民族旅游导向中探寻发展路径

在全球化、新型城镇化的快速推进下，空间将成为未来最紧缺的资源，乡

---

① 魏皓严、许靖涛：《旅游小城镇传统空间景观风貌的"布景式"认知——从"空间生产"的视角出发》，载《室内设计》，2010年第2期，第8~14页。

村空间是最具潜力的发展空间。当前乡村空间受到了来自资本、权力的极大关注，民族乡村空间成为重要的民族旅游项目地、民族文化产品（含民族手工艺品、民族特色食品等）原产地、文化产业基地（如影视基地、民族歌舞实景演出地）等，可以预见，随着人们生活水平的提高，人们对文化神秘性、多样性、异质性的关注度、参与度需求会逐步增强，民族乡村文化空间在不久的未来将面临多重选择。

研究民族乡村文化空间，应以民族乡村文化的保护、传承与创造性转化为生产内容，探寻民族乡村未来的发展路径，使乡村空间走向理想化的路径。

7.4.4 建立以村民为主体的多元空间表征制度

空间是社会性的空间。在空间的建构中，权力、资本、知识等社会力量形成空间权力的抗争。从乡村空间的正义角度出发，为寻求乡村空间的可持续发展，提高村民在乡村空间构建中的积极性，在民族乡村空间表征中，应结合民族乡村实际情况，采纳村民的合理意见及想法，逐步提高村民的文化水平，形成与完善以政府为主导、以村民为主体，融合社会资本的多元参与的乡村空间发展构想决策制度。

8 主要贡献、研究不足与展望

8.1 主要贡献

本书认为，旅游开发导向下的斗玉村民族乡村文化空间生产及其演变，既有斗玉村自身独特政策背景、文化背景、地域背景的典型性，也有我国民族乡村建设所面临的共同性。基于旅游开发导向下的斗玉村民族乡村文化空间生产及其演变研究内容，本书从民族乡村文化保护、传承、创造性转化三方面提出研究结论。

本书的研究目的是厘清旅游开发导向下的民族乡村文化空间生产及其演变的内涵及其路径。为此，本书建构了民族乡村文化空间生产及演变研究视角。为深入理解空间生产三元辩证法，本书从"时间—空间"维度辨析了空间生产三元"空间实践、空间表征、表征的空间"之间螺旋式上升的辩证关系，并借鉴西藏自治区隆子县斗玉珞巴民族村的案例，以此为纵向逻辑关系展开对斗玉村文化空间生产的演化研究；为深入理解民族乡村文化空间生产的内涵及外延，本书建立文化生产的五要素"文化空间表征制度、文化形象建构、文化格局建构、文化符号建构、文化媒介生产"为文化空间生产研究的具体内容，以西藏隆子县斗玉珞巴民族村为案例，以此为横向逻辑关系展开对文化空间生产的内容研究。最后，从乡土中国理论的文化自觉思想、空间生产理论的文化空间开放性制度建设、正义与差异化文化空间建设角度提出未来研究的方向。至此，本书完成了空间生产视角下的民族乡村文化空间生产及其演变研究，达到了预期的研究目的。

8.1.1　理论贡献

(1) 文化空间生产三元辩证关系实证：递升关系。

本书以空间生产理论为视角进行民族乡村文化空间生产及其演变研究，从空间生产三元辩证法"空间实践、空间表征、表征的空间"入手建构本书的纵向研究逻辑关系，通过分析列斐伏尔及诸多学者对三元辩证关系的研究成果，结合案例"时间—空间"的演变实证，建立文化空间生产三元（文化空间实践、文化空间表征、表征的文化空间）之间的递升关系，并认为文化空间表征是文化空间生产三元辩证的核心内容。文化空间生产三元递升关系的实证，是对空间生产理论三元辩证关系的进一步明晰。

(2) 旅游开发与文化空间生产耦合：民族乡村文化空间生产研究框架。

民族旅游开发与文化空间生产共同的研究基础与对象是民族文化，本书将乡土中国理论、生态博物馆理论、符号学理论引入民族乡村文化空间生产研究中，实现了民族旅游开发与文化空间生产研究的耦合。得出结论：文化生产是空间中的文化类型生产，民族乡村空间生产以文化空间生产为本质内容。并以此为基础建构了旅游开发导向下民族乡村文化空间生产研究层次及内容："1+N"的文化空间表征制度建构—多重逻辑下的民族旅游地文化形象建构—基于民族旅游地空间形态与功能的文化格局建构—民族话语与乡土依恋角度的民族旅游地文化符号建构—民族旅游地文化媒介生产。围绕这五个方面内容，对旅游开发导向下的西藏隆子县斗玉村（珞巴族乡村）文化空间生产进行案例研究。

(3) 提出理想的民族乡村文化空间建构途径。

本书结合空间生产理论，基于空间生产中资本、权力、知识等力量对（社会的）空间建构的政治性、社会性研究以及空间的抗争，乡土中国理论对文化自觉的研究成果，回归到村民生活的文化空间体验与感知，提出旅游开发导向下民族乡村理想的文化空间建构应从三方面展开：民族乡村文化自觉、民族旅游文化空间开放性建设、差异化的文化空间。

8.1.2　实践借鉴

(1) 为民族地区乡村建设提供实践参考。

斗玉村在本轮乡村建设实践后，取得的一系列国家层面的授牌证实了斗玉村的民族乡村建设是成功的。与斗玉村基本情况类比，我国还有很多地处边境一线、区位条件较差、生产力薄弱的少数民族人口聚居乡村。因此，斗玉村具有一定的代表性。在斗玉村实践民族旅游导向下的乡村建设过程中，以民族旅游开发为导向，以民族乡村文化保护、传承与创造性转化为主题，关注乡村文化空间生产及其演变的思路，值得借鉴。通过对民族乡村文化空间生产框架下的文化空间表征制度、文化形象建构、文化格局建构、文化符号生产、文化媒介生产等民族乡村文化空间表征过程的重视与方法的采用，为民族地区乡村建设指出民族文化保护、传承与演变的方向与路径。

（2）为民族旅游开发提供实践参考。

民族旅游是以民族乡村民族文化、乡土文化为核心资源而开展的开发建设活动。开发建设活动介入民族乡村，将会对民族乡村的文化空间表征制度造成影响甚至有所改变。在斗玉村民族乡村文化空间生产及其演变研究中，本书已经关注到权力、资本、知识等方面对表征制度的影响，提出了以文化自觉方式、文化空间开放性建设制度、差异化的文化空间等应对上述影响；同时，本书也对斗玉村民族乡村文化的创造性转化思路——民族乡村文化格局建构、民族乡村文化符号生产等进行了过程、路径、结果的对比分析，可为民族旅游开发过程中民居建筑景观、旅游景观的营造提供参考。

8.2 研究不足与展望

目前不少学者从都市空间生产、旅游地空间生产角度对文化空间生产进行了研究，但对民族乡村文化空间生产及其演变进行深入研究的成果相对较少。因此，本书以西藏自治区隆子县斗玉珞巴族乡村文化空间生产为研究样本，本着客观、认真、务实的态度，完成了民族乡村文化空间生产研究，但是受时间、精力与学术能力等方面的限制，在写作过程中，存在一些理论上和方法设计上的不足。

（1）珞巴族民族文化研究上的不足。本书选择的西藏自治区隆子县斗玉村是珞巴族聚居村，珞巴族是我国人口较少民族之一，其民族文化历史悠久、内涵博大精深。由于作者知识面有限，不能对珞巴族的文化从民族学、文化人类学的视角进行深入全面的认知与系统性的分类研究。在未来的研究中，将弥补民族学、文化人类学方面的知识，深入对珞巴族民族文化的理解与认知，以强化民族文化对民族乡村文化空间生产影响因素的研究材料。

（2）定量分析研究上的不足。本书以斗玉村民族乡村文化空间生产为样本，采用了史料分析、文本分析、空间分析设计方法，以及入户调查，整体上以质性研究方法为主。在未来的研究中，需要进一步细分民族乡村文化空间构成要素，设计更细致、量化的分析研究方案，使民族乡村文化空间研究更具科学性和可操作性。

（3）本书的研究案例地为我国西藏边境一线乡村斗玉珞巴族乡村，由于受高原气候条件、地理条件的限制，语言交流上的障碍及当地特殊的边防要求，民族旅游业尚未得到实质性的开展，调查样本主要为当地党政领导及村民。因此，调查样本的多元性、丰富性不足，希望在以后的发展中跟踪研究，进行系统化的分类调查。

参考文献

期刊论文类

安来顺. 国际生态博物馆卅十年：发展与问题[J]. 中国博物馆，2011（Z1）：15-23.

蔡靖泉. 文化遗产价值论析[J]. 三峡大学学报（人文社会科学版），2010（1）：76-86.

曹文明. 中国古代的城市广场源流[J]. 城市规划，2008（10）：55-61.

陈立明. 我国门巴族、珞巴族研究的历史回顾[J]. 西藏民族学院学报，2008（6）：27-32.

陈立明. 珞巴族传统居住习俗及其变化[J]. 西藏民族学院学报，2003（3）：20-24.

陈立明. 珞巴族的传统文化与环境保护[J]. 西藏大学学报（社会科学版），2009（4）：6-12.

陈立明. 珞巴族的丧葬与禁忌[J]. 西藏民族学院学报，1990（1）：40-46.

陈立明. 门巴族、珞巴族的历史发展与当代社会变迁[J]. 中国藏学，2010（2）：86-95.

陈立明. 门巴族珞巴族的传统文化及其在新时期的变化[J]. 西藏民族学院学报，2011（5）：48-54.

陈立明. 试论门巴族的家庭与婚姻[J]. 中国藏学，1990（2）：137-149.

陈忠. 空间批判与发展伦理——空间与伦理的双向建构及"空间乌托邦"的历史超越[J]. 学术月刊，2010（1）：17-23.

陈忠晓，王仰麟，刘忠伟. 近十几年来国内外生态旅游研究进展[J]. 地球科学进展，2001（4）：556-562.

大原一兴，张伟明. 当今日本的生态博物馆[J]. 中国博物馆，2005（3）：58-62.

董慧. 秩序与活力：城市文化空间的意义构建 [J]. 苏州大学学报（哲学社会科学版），2011（4）：39-46.

董磊明. 村庄公共空间的萎缩与拓展 [J]. 江苏行政学院学报，2010（5）：51-57.

杜耀西. 珞巴族农业生产概况 [J]. 农业考古，1982（2）：144-151.

范颖，唐毅. 基于贫困文化论的人口较少民族文化精准扶贫研究——以西藏自治区隆子县斗玉珞巴族文化扶贫为例 [J]. 农村经济，2017（6）：82-85.

冯振平. 当代环境设计中乡土文化符号的介入 [J]. 艺术探索，2007（3）：118-119.

俸代瑜. 从水库移民安置看民族传统文化传承的重要性——以广西红水河梯级电站水库移民安置为例 [J]. 广西民族研究，2005（4）：150-153.

甘露，卢天玲. 西方旅行指南中的西藏形象构建 [J]. 旅游学刊，2015（7）：91-99.

高朝暄. 珞巴族传统民居建筑特色赏析 [J]. 建筑. 2015（18）：69-70.

高永久，孔瑞. 复式话语、自利性双向依赖与悬吊治理——基于渝东南民族杂居M村庄治理实践的分析 [J]. 中南民族大学学报（人文社会科学版），2017（1）：6-11.

桂榕. 重建"旅游—生活空间"：文化旅游背景下民族文化遗产可持续保护利用研究 [J]. 思想战线，2015（1）：106-111.

郭文，黄震方. 基于场域理论的文化遗产旅游地多维空间生产研究——以江南水乡周庄古镇为例 [J]. 人文地理，2013（2）：117-124.

郭文，王丽. 文化遗产旅游地的空间生产与认同研究——以无锡惠山古镇为例 [J]. 地理科学，2015（6）：708-716.

郭文. "空间的生产"内涵、逻辑体系及对中国新型城镇化实践的思考 [J]. 经济地理，2014（6）：33-39.

何海狮. "空间生产"视野下的农村居住空间变迁研究——以环江毛南族自治县堂八村为例 [J]. 广西民族师范学院学报，2016（1）：12-16.

侯兵，黄震方，徐海军. 文化旅游的空间形态研究——基于文化空间的综述与启示 [J]. 旅游学刊，2011（3）：70-77.

胡潇文，王生鹏. 旅游开发中民族村落文化变迁的问题与思考 [J]. 开发研究，2015（4）：42-45.

冀文正，李跃平. 20世纪50—60年代西藏墨脱县珞巴族老照片与民风民俗 [J]. 民族学刊，2012（2）：48-62.

姜楠. 空间研究的"文化转向"与文化研究的"空间转向"[J]. 社会科学家, 2008 (8): 138-140.

金毅. 论民族文化旅游的开发[J]. 中南民族大学学报(人文社会科学版), 2005 (4): 67-70.

柯球. 基于民族文化旅游空间生产视域下的金秀大瑶山瑶族文化旅游资源开发探究[J]. 广西科技师范学院学报, 2016 (2): 14-16.

李灿松, 周智生. 新时期边疆民族乡村民间互助组织的兴起与发展——以滇西北民族乡村为例[J]. 西北民族大学学报(哲学社会科学版), 2013 (4): 53-60.

李东, 许铁铖. 空间、制度、文化与历史叙述——新人文视野下传统聚落与民居建筑研究[J]. 建筑师, 2005 (3): 8-17.

李洪勤, 王英勋, 田永德. 农村文化遗产保护开发研究——以山东潍坊为例[J]. 人文天下, 2015 (14): 66-75.

李康化. 文化遗产与文化生产的创造性转化[J]. 江汉学术, 2011 (1): 37-42.

李蕾蕾. "乡愁"的理论化与乡土中国和城市中国的文化遗产保护[J]. 北京联合大学学报(人文社会科学版), 2015 (4): 51-57.

李羚. 费孝通与文化自觉的社会学方法建构——再读《乡土中国》[J]. 党政研究, 2014 (6): 123-128.

李宁, 周勇. 精明增长视野下的传统村落发展路径[J]. 规划师, 2015 (S2): 162-166.

李培林. 村落终结的社会逻辑——羊城村故事[J]. 江苏社会科学, 2004 (1): 1-10.

李鹏, 张小敏, 陈慧. 行动者网络视域下世界遗产地的空间生产——以广东开平碉楼与村落为例[J]. 热带地理, 2014 (4): 429-437.

李文睿. 杂散居少数民族的村落经济——以福建罗源八井畲族村为例[J]. 云南民族大学学报(哲学社会科学版), 2008 (4): 39-42.

李星明, 朱媛媛, 胡娟, 时朋飞, LIU Juanita C. 旅游地文化空间及其演化机理[J]. 经济地理, 2015 (5): 174-179.

李雪. 旅游地域系统时空维演化理论探讨[J]. 社会科学家, 2012 (9): 89-91.

李玉臻. 非物质文化遗产视角下的文化空间研究[J]. 学术论坛, 2008 (9): 178-181.

廖杨. 关于中国少数民族的族源问题 [J]. 贵州民族研究, 1999 (1)：118−128.

刘佳, 过伟敏. 门巴族珞巴族传统文化研究综述 [J]. 贵州民族研究, 2015 (11)：108−112.

刘莉. 全球场域中民族文化符号的传承与创新 [J]. 广州大学学报 (社会科学版), 2010 (12)：51−54.

刘茂国. 中国古代先秦时期空间思想探析 [J]. 城市, 2013 (2)：74−79.

刘名涛. 乡村文化广场的三维空间及其治理 [J]. 文化艺术研究, 2016 (4)：40−49.

刘奇. 掀起中国乡村建设的第三次高潮 [J]. 中国农村经济, 2005 (11)：10−17.

刘瑞娟. 论村落文化在乡风文明建设中的作用 [J]. 山西农业大学学报 (社会科学版), 2008 (1)：17−19.

刘世文. 歌舞仪式、民族记忆和文化话语权——兼论《云南映象》的民族文化意义 [J]. 社会科学家, 2011 (7)：143−146.

刘艳, 段清波. 文化遗产价值体系研究 [J]. 西北大学学报 (哲学社会科学版), 2016 (1)：23−27.

刘永安, 刘庭风. 少数民族村寨风景打造及保护研究——以西江千户苗寨为例 [J]. 贵州民族研究, 2015 (4)：128−131.

刘永涛. 日本"造乡运动"对我国民间文化保护的启示 [J]. 电影文学, 2008 (6)：116−117.

卢健松, 刘雅平, 魏春雨. 当代公共艺术与乡村人居环境的自组织发展 [J]. 中外建筑, 2012 (10)：42−45.

卢世菊, 张咪. 基于 Citespace Ⅲ 的国内近10年民族地区乡村旅游发展研究的可视化分析 [J]. 中国农业资源与区划, 2017 (8)：230−236.

陆大道. 关于"点—轴"空间结构系统的形成机理分析 [J]. 地理科学, 2002 (1)：1−5.

陆建松. 中国大遗址保护的现状、问题及政策思考 [J]. 复旦学报 (社会科学版), 2005 (6)：120−126.

陆翔兴. 乡村发展呼唤着地理学：关于开展我国乡村地理学研究的思考 [J]. 人文地理, 1989 (1)：1−7.

陆益龙. 后乡土中国的基本问题及其出路 [J]. 社会科学研究, 2015 (1)：18−22.

陆益龙. 乡土中国的转型与后乡土性特征的形成 [J]. 人文杂志, 2010 (5): 161－168.

马小燕. 50 年来我国门巴族、珞巴族研究综述 [J]. 西藏研究, 2015 (5): 111－120.

买买提江, 吴楚之. 浅谈"后现代地理学" [J]. 中山大学研究生学刊（自然科学与医学版）, 2006 (4): 37－44.

毛俊玉. 生态博物馆只是一种理念, 而非一种固定的模式——对话潘守永 [J]. 文化月刊. 2011 (10): 24－26.

苗伟. 文化时间与文化空间: 文化环境的本体论维度 [J]. 思想战线, 2010 (1): 101－106.

明庆忠, 段超. 基于空间生产理论的古镇旅游景观空间重构 [J]. 云南师范大学学报（哲学社会科学版）, 2014 (1): 42－48.

明跃玲. 文化重构与民族传统文化的保护——以湘西民族旅游文化为例 [J]. 中央民族大学学报（哲学社会科学版）, 2007 (1): 71－76.

农淑英. 乡村社会治理中民俗文化的融入探讨——以广西中越边境民族乡村为考察对象 [J]. 学术论坛, 2015 (2): 84－87.

潘守永. "第三代"生态博物馆与安吉生态博物馆群建设的理论思考 [J]. 东南文化, 2013 (6): 86－93.

潘守永. 生态博物馆及其在中国的发展: 历时性观察与思考 [J]. 中国博物馆, 2011 (Z1): 24－33.

潘艳艳. 从《乡土中国》中窥视中国人的国民性格——费孝通《乡土中国》再解读 [J]. 出国与就业, 2012 (5): 91－92.

庞娟. 城镇化进程中乡土记忆与村落公共空间建构——以广西壮族村落为例 [J]. 贵州民族研究, 2016 (7): 60－63.

青觉, 严庆. 论中国人口较少民族的发展 [J]. 中央民族大学学报（哲学社会科学版）, 2009 (5): 11－17.

荣跃明. 马克思哲学视域中的文化生产 [J]. 毛泽东邓小平理论研究, 2007 (1): 35－43.

单霁翔. 论生态博物馆的原生态环境保护（下） [J]. 中国名城, 2011 (4): 4－11.

苏伯民. 国外遗址保护发展状况和趋势 [J]. 中国文化遗产, 2005 (1): 104－107.

苏东海. 关于生态博物馆的思考 [J]. 中国博物馆, 1995 (2): 2－4.

孙华. 西南少数民族村寨调查 [J]. 中国文化遗产，2007 (2)：22—24.

孙天胜，曹诗图. 对当代旅游功利主义倾向的检视与批判 [J]. 旅游科学，2006 (3)：1—5.

孙小龙，姜萍，等. 贵州乡村文化遗产名录数据库设计研究——以黔东南巴拉河流域季刀苗寨为例 [J]. 凯里学院学报，2012 (2)：57—60.

孙永龙，王生鹏. 民族村落文化的旅游价值及开发利用 [J]. 资源开发与市场，2015 (3)：375—377.

唐晋中. 珞巴族开辟神话的解读——比较神话学研究 [J]. 西藏艺术研究，1993 (1)：60—67.

唐晓峰，李平. 文化转向与后现代主义地理学——约翰斯顿《地理学与地理学家》新版第八章述要 [J]. 人文地理，2000 (1)：79—80.

唐晓峰. 文化转向与地理学 [J]. 读书，2005 (6)：73—79.

佟玉权. 农村文化遗产的整体属性及其保护策略 [J]. 江西财经大学学报，2010 (3)：73—76.

童正容，陈昌文. 第三社区：西部民族村落的发展方向——关于一个彝族村落的调查与思考 [J]. 西南科技大学学报（哲学社会科学版），2005 (2)：34—38.

王承旭. 城市文化的空间解读 [J]. 规划师，2006 (4)：69—72.

王洁钢. 农村、乡村概念比较的社会学意义 [J]. 学术论坛，2001 (2)：126—129.

王景新. 乡村建设历史类型、现实模式和未来发展 [J]. 中国农村观察，2006 (3)：46—53.

王娟. 浅谈乡村文化遗产的保护与传承——以日照市为例 [J]. 人文天下，2016 (6)：91—93.

王莉. 从《乡土中国》探析中国乡村社会的几个特征 [J]. 民族论坛，2008 (2)：36—37.

王明利. 珞巴族非物质文化遗产研究综述 [J]. 哈尔滨学院学报，2014 (12)：114—117.

王铭铭，杨清媚. 费孝通与《乡土中国》[J]. 中南民族大学学报（人文社会科学版），2010 (4)：1—6.

王小章. "乡土中国"及其终结：费孝通"乡土中国"理论再认识——兼谈整体社会形态视野下的新型城镇化 [J]. 山东社会科学，2015 (2)：5—12.

王兴中，刘永刚. 人文地理学研究方法论的进展与"文化转向"以来的流派

［J］．人文地理，2007（3）：1-6．

王勇，李广斌，王传海．基于空间生产的苏南乡村空间转型及规划应对［J］．规划师，2012（4）：110-114．

韦俊峰，吴忠军．"隐性介本"视野下的旅游地空间生产与形象建构话语——以龙胜金坑大寨红瑶梯田为例［J］．人文地理，2015（6）：153-159．

韦祖庆．生态博物馆：一个文化他者的意象符号［J］．广西民族师范学院学报．2010（4）：17-20．

魏皓严，许靖涛．旅游小城镇传统空间景观风貌的"布景式"认知——从"空间生产"的视角出发［J］．室内设计，2010（2）：8-14．

温莹蕾．文化空间理论视角下的乡村发展路径探索——以山东省章丘市朱家峪村为例［J］．城市发展研究，2016（2）：64-70．

乌丙安．非物质文化遗产保护中文化圈理论的应用［J］．江西社会科学，2005（1）：102-106．

吴必虎，余青．中国民族文化旅游开发研究综述［J］．民族研究，2000（4）：85-110．

吴志斌，姜照君．可参观性的空间生产与乡村舒适物的耦合关系——以"最美乡村"为主线［J］．现代经济探讨，2015（11）：73-77．

伍乐平，张晓萍．国内外"文化空间"研究的多维视角［J］．西南民族大学学报（人文社会科学版），2016（3）：7-12．

夏金兰．对索绪尔符号学的几点认识［J］．贵州工业大学学报（社会科学版），2008（2）：137-139．

肖远平，王伟杰．中国少数民族非遗名录及传承人统计分析［J］．西南民族大学学报（人文社会科学版），2016（1）：40-45．

谢菲．生态博物馆社区发展实践及其困境——基于意大利和日本生态博物馆的思考［J］．三峡论坛（三峡文学·理论版），2015（5）：74-79．

谢丽旋．解读人际关系理性化——读贺雪峰《新乡土中国》［J］．社会科学论坛，2010（9）：196-203．

徐榕．《乡土中国》与《新乡土中国》之比较［J］．宁夏师范学院学报（社会科学）．2008（2）：158-160．

闫顺利，敦鹏．中华民族文化认同的哲学反思［J］．阴山学刊，2009（1）：87-90．

杨坤，符琼．珞巴族村寨旅游开发的影响与对策——以西藏米林县南伊乡琼林村为例［J］．商，2014（17）：61．

杨丽萍. 壮族栖居空间的变迁与文化传习机制的重构 [J]. 中央民族大学学报（哲学社会科学版），2013（3）：102-106.

杨柳，刘小峰. 乡村社会巨变与农村研究进路——以《乡土中国》与《新乡土中国》为范例的比较研究 [J]. 内蒙古社会科学（汉文版），2016（5）：153-158.

尹瑛. 建构与传播：宜春城市形象的公众认知 [J]. 淮海工学院学报（人文社会科学版），2017（12）：62-65.

于俊峰. 环境雕塑的空间建构 [J]. 美术研究，2010（1）：86-88.

于乐闻. 珞巴族民间文学概况 [J]. 西藏民族学院学报，1980（2）：61-71.

于乃昌. 《斯金金巴巴娜达萌》论析——珞巴族古史歌研究之一 [J]. 中国藏学，1992（2）：152-159.

于乃昌. 痴迷的信仰与痴迷的艺术——珞巴族的原始宗教与文化 [J]. 中国藏学，1989（2）：145-160.

曾建辉. 文化生产的媒介演变及其发展 [J]. 重庆社会科学，2011（4）：91-95.

张斌. 少数民族村落可持续发展的空间策略反思 [J]. 中国园林，2010（12）：33-35.

张静，王生鹏. 文化生态视角下我国民族村落旅游开发研究 [J]. 西北民族大学学报（哲学社会科学版），2015（6）：140-145.

张力凤. 珞巴族博嘎尔部落的婚恋习俗 [J]. 西藏民族学院学报，2004（2）：51-56.

张露露. "权力的文化网络"视阈下民族地区乡村治理问题探析——基于四川省阿坝州羌寨J村的个案考察 [J]. 理论导刊，2017（4）：88-91.

张小林. 乡村概念辨析 [J]. 地理学报，1998（4）：365-371.

张祝平. 论民间信仰文化力 [J]. 中央民族大学学报（哲学社会科学版），2011（5）：44-50.

赵旭东，张文潇. 乡土中国与转型社会——中国基层的社会结构及其变迁 [J]. 武汉科技大学学报（社会科学版），2017（1）：26-37.

赵业丽. 论文化全球化语境下民族话语权的维护 [J]. 经济与社会发展，2010（9）：128-132.

郑宇. 中国少数民族村寨经济的结构转型与社会约束 [J]. 民族研究，2011（5）：23-32.

周根红. 博物馆与城市文化的空间生产 [J]. 东南文化，2010（6）：108-

111.

朱良文. 对传统民居"活化"问题的探讨 [J]. 中国名城, 2015 (11): 4-9.

朱玉福, 伍淑花. 西藏实行民族区域自治 50 年的生动实践: 人口较少民族的发展进步——兼论门巴族、珞巴族扶持效果 [J]. 西藏民族大学学报 (哲学社会科学版), 2015 (5): 9-15.

学位论文

白潇. 历史街区保护规划动态模式研究——以街子镇历史街区保护为例 [D]. 成都: 成都理工大学, 2009.

陈晶. 甘肃藏区民族乡村社会阶层分化研究——以天祝藏族自治县农牧区为例 [D]. 北京: 中央民族大学, 2012.

董黎. 论建筑符号学在建筑设计中的意义及运用——以中国改革开放以后经济转型期的建筑设计为例 [D]. 武汉: 武汉理工大学, 2007.

杜佳. 贵州喀斯特山区民族传统乡村聚落形态研究 [D]. 杭州: 浙江大学, 2017.

龚伟. 空间视野下的乡村旅游社区演化研究 [D]. 上海: 华东师范大学, 2014.

李强. 新农民: 民族村寨旅游对农民的影响研究 [D]. 兰州: 兰州大学, 2012.

刘润. 资本、权力与地方: 成都市文化空间生产研究 [D]. 兰州: 兰州大学, 2015.

于富业. 关于中国生态博物馆的初步研究——以贵州生态博物馆群和浙江安吉生态博物馆群为例 [D]. 南京: 南京艺术学院, 2014.

张政伟. 乡土建筑遗产自治保护研究 [D]. 上海: 复旦大学, 2011.

译著类

阿摩斯·拉普卜特. 宅形与文化 [M]. 常青等, 译. 北京: 中国建筑工业出版社, 2007.

爱德华·索亚. 第三空间——去往洛杉矶和其他真实和想象地方的旅程 [M]. 陆扬等, 译. 上海: 上海教育出版社, 2005.

包亚明. 现代性与空间的生产 [M]. 上海: 上海教育出版社, 2003.

汉娜·阿伦特. 启迪: 本雅明文选 [M]. 张旭东, 王斑, 译. 北京: 生活·

读书·新知三联书店，2012.

凯文·林奇. 城市意象[M]. 方益萍，何晓军，译. 北京：华夏出版社，2001.

克利福德·格尔茨. 文化的解释[M]. 纳日碧力戈等，译. 上海：上海人民出版社，1999.

米歇尔·福柯. 规训与惩罚[M]. 刘北城，杨远婴，译. 北京：生活·读书·新知三联书店，2007.

莫里斯·哈布瓦赫. 论集体记忆[M]. 毕然，郭金华，译. 上海：上海人民出版社，2002.

塞耶. 牛顿自然哲学著作选[M]. 王福山等，译. 上海：上海人民出版社，1974.

苏贾. 后现代地理学——重申批判社会理论中的空间[M]. 王文斌，译. 北京：商务印书馆，2004.

特论斯·兰杰，埃里克·霍布斯鲍姆. 传统的发明[M]. 顾杭，庞冠群，译. 南京：译林出版社，2004.

西村幸夫. 再造魅力故乡：日本传统街区重生故事[M]. 王惠君，译. 北京：清华大学出版社，2007.

詹姆斯·C. 斯科特. 国家的视角：那些试图改善人类状况的项目是如何失败的[M]. 王晓毅，译. 北京：社会科学文献出版社，2004.

报纸文章类

冯骥才. 传统村落保护的两种新方式[N]. 人民日报，2015-06-19.

马宁. 西藏人口较少民族——非物质文化遗产保护和旅游开发[N]. 西藏日报，2015-9-30.

杨俊蕾. 民族话语权的反思与重建[N]. 社会科学报，2003-01-02.

赵书彬，肖涛. 两位人大代表的"珞巴情"[N]. 西藏日报，2015-03-08.

英文文献

Lefebvre H. The Production of Space[M]. Trans. Donald Nicholson-Smith. Oxford：Blackwell Ltd.，1991.

Culler J. Semiotics of Tourism[J]. American Journal of Semiotics，1981(1)：127-140.

参考文献

Li Z. Migration and Privatization of Space and Power in Late Socialist China [J]. American Ethnologist, 2001, 28 (1): 179-205.

E W Soja. Postmodern Geographies: The Reassertion of Space in Critical Social Theory [M]. London: Verso Books, 1989.

Schmid C. Henri Lefebvre's Theory of the Production of Space [M]. Space, Difference, Everyday Life: Reading Henri Lefebvre, 2008.

E W Soja. Third Space [M]. Oxford: Blackwell, 1996.

Crowley, Nancy Stipe, Robert E. A Richer Heritage: Historic Preservation in the Twenty-First Century [J]. APT Bulletin, 2004.

Bourdieu, Pierre. The Field of Cultural Production: Essays on Art and Literture [M]. Ed. Randal Johnson. New York: Columbia Universty Press, 1993.

Barrett, Michele, et al. Ideology and Cultural Production [M]. London: Croom Helm, 1979.

Chronis A. Between Place and Story, Gettysburg as Tourism Imaginary [J]. Annals of Tourism Research, 2012, 39 (4): 1797-1816.

Rogers E M, Burdge R J. Social Change in Rural Societies [M]. Ann Arbor, MI: University of Michigan Press, 1972.

Cater J, Jones T. Social Geography [M]. London: Edw and Arnold, 1989.

Szabo S, Smyth D. Indigenous Protected areas in Australia [C]. The 5th World Parks Congress: Sustainable Finance Stream. Durban, South Africa: September 8-17, 2003.

Bernbaum E. Sacred Mountains of the World [M]. Berkeley: University of California Press, 1997.

Foucault, M. The Archeology of Knowledge [M]. Paris: Editions Gallimard, 1969.

Michael D Higgins. The Cultural Space—Not Just Location of the Arts, But the Basis of Creativity, Source of Innovation and the Vindication of Citizenship [C]. ECCM Symposium Productivity of Culture in Athens, 18th October, 2007.

Rapoport A. Human Aspects of Urban Form [M]. Oxford: Pergamon Press, 1977.

Lee Yoke Lai, Ismail Said, Aya Kubota. The Roles of Cultural Spaces in

Malaysia's Historic Towns: The Case of Kuala Dungun and Taiping [C]. ASEAN Conference on Environment-Behaviour Studies, Hanoi Architectural University, Hanoi, Vietnam, 19—22 March 2013, "Cultural Sustainability in the Built and Natural Environment", Procedia-Social and Behavioral Sciences, 2013, pp. 602—625.

Fredric Jameson. Postmodernism, or the Cultural Logic of Late Capitalism [M]. Durham, NC: Duke University Press, 1991.

Sharon Zukin. The Cultures of Cities [M]. Oxford: Blackwell Publishers, 1996.

Robert M Young. Mental Space [M]. London: Process Press, 1994.

Hall E T, Hall M R. Key Concepts: Underlying Structures of Culture. In J N Martin, T K Nakayama & L A Flores. Readings in Intercultural Communication: Experiences and Contexts [M]. USA: The McGraw-Hill Companies, Inc., 2001, pp. 165—171.

Pierre Bourdieu. The Field of Cultural Production [M]. Columbia: Columbia University Press. 1993.

Rota F S, Salone C. Place-making Processes in Unconventional Cultural practies. The Case of Turin's Contemporaryart Festival Paratissima [J]. Citise, 2014 (40): 90—8.

Chapple K, Jackson S, Martin A J. Concentrating Creativity: The Planning of Formal and Informal Arts Districts [J]. City, Culture and Society, 2010, 1 (4): 225—34

Zukin S, Braslow L. The Life Cycle of New York's Creative Districts: Reflections on the Unanticipated Consequences of Unplanned Cultural Zones [J]. City, Culture and Society, 2011, 2 (3): 131—40

Fiske John. Heading the Popular [M]. London: Routledge, 1995.

Bonn M A, Joseph-Matthews M S, Dai M, Hayes S and Cave J. Culture and Heritage Attraction Atmospherics: Creating the Right Environment for Visitors [J]. Journal of Travel Research, 2007, 45 (4): 345—354.

Echtner M, Ritchie J. The Meaning and Measurement of Destination Image [J]. The Journal of Tourism Studies, 1991, 2 (2): 2—12.

Gartner W. Tourism Image: Attribute Measurement of State Tourism Products Using Multidimensional Scaling Techniques [J]. Journal of Travel

Research, 1989, 28 (2): 16-20.

Gartner W. Image Formation Process [J]. Journal of Travel and Tourism Marketing, 1994, 2 (2): 191-216.

Chang T C, Milne S, Fallon D. Urban Heritage Tourism: The Global-local Nexus [J]. Annals of Tourism Research, 1996, 23 (2): 284-305.

Robert Maitland. City Tourism: National Capital Perspectives [M]. Oxon: CABI Publishing, 2009.

Maria D Alvarez. Creative Cities and Cultural Spaces: New Perspectives for City Tourism [J]. International Journal of Culture, Tourism and Hospitality Research, 2010, 4 (3): 171-175.

Li Z. Migration and Privatization of Space and Power in Late Socialist China [J]. American Ethnologist, 2001, 28 (1): 179-205.

Smith V. Hosts and Guests: The Anthropology of Tourism [M]. Philadelphia: University of Pennsylvania Press.

Claudia Notzke. Indigenous Tourism Development in Southern Alberta, Canada: Tentative Engagement [J]. Journal of Sustainable Tourism, 2004 (1): 29-54.

Ryan C. Tourism and Cultural Proximity: Example from New Zealand [J]. Annals of Tourism Research, 2002 (4): 952-971.

Janet Chang. Segmenting Tourists to Aboriginal Cultural Festivals: An Example in the Rukai Tribal Area [J]. Taiwan Tourism Management, 2006 (6): 1224-1234.

Gianna Moscardo, Philip L Pearce. Understanding Ethnic Tourists [J]. Annals of Tourism Research, 1999 (2): 416-434.

Mary-Frances Lynch, Peter N Duinker, Lorn R Sheehan, Janet E Chute. The Demand for Mi'kmaw Cultural Tourism: Tourist Perspectives [J]. Tourism Management, 2011 (5): 977-986.

Conklin B, L. Graham. The Shifting Middle Ground: Amazonian Indians and Eco-politics [J]. American Anthropologist, 1995, 97: 695-710.

Hipwell, W. Preventing Ecological Decline in the Bras d'or Bioregion: The State Versus the Mi'kmaq "Metamorphosis Machine" [J]. Canadian Journal of Native Studies, 2004 24: 253-281.

Lisa Hiwasaki. Ethnic Tourism in Hokkaido and the Shaping of Ainu Identity

[J]. Pacific Affairs, 2000 (3): 393-412.

Prasit Leepreecha. The Politics of Ethnic Tourism in Northern Thailand Social Research Institute [C]. Chiang Mai: Chiang Mai University, 2005.

Singh S, Timothy D J & Dowling R W. Tourism in Destination Communities [M]. Oxon: CABI Publishing, 2003.

Boas F. The Mythology of the Bella Coola Indians [M]. Chicago: University of Chicago Press, 1974.

附录1　斗玉珞巴族村村庄建设民意调查问卷

尊敬的村民朋友：

您好！

我是四川大学历史文化（旅游）学院的博士研究生，现在就斗玉村村庄建设征集大家的意见。这次调查的目的是明确斗玉珞巴族村落的未来发展走向，落实村落建设重点内容，进一步提升与改进村落公共服务设施、基础服务设施，凝练特色鲜明的珞巴族民族文化、民族精神，为乡村空间注入更为鲜活的民族文化符号元素，让我们世代居住的村落永远流传下去，让我们的珞巴族文化与村落永远绽放光彩，我们和各位村民在不久的将来能切实感受到这一民族文化的瑰宝。本问卷采用实名方式，需要您根据自己的真实想法填写。若您对某个问题没有确切的答案，请选择最接近您观点的答案。您的观点将被作为斗玉村建设的重要参考意见，衷心感谢您的支持。请您在符合您情况的项目中用"√"表示。非常感谢您的合作与支持！

调查地：西藏山南市隆子县斗玉乡斗玉村。

第一部分：

1	您的性别	A 男		B 女	
3	您的年龄	A 60岁以上	B 46~60岁	C 31~45岁	D 18~30岁	E 18岁以下
4	您的身份	A 村干部	B 党员	C 村民小组长	D 群众
5	您的民族	A 藏族	B 珞巴族	C 汉族	D 其他民族
2	您的学历	A 未上过学	B 小学	C 初中	D 高中
6	您来自	A 斗玉村	B 斗玉乡其他村	C 斗玉乡以外的其他乡村	

第二部分：

1. 您的主要收入来源是：

   A. 个体经营　　　　B. 务农　　　　　C. 外出打工　　　D. 其他

2. 您认为当前制约民族村经济发展的最主要原因是：

   A. 思想观念　　　　B. 资金技术　　　C. 自然环境

   D. 基础设施　　　　E. 其他（请简要罗列）

3. 您是否了解省市县镇对民族村的支持帮扶政策？

   A. 了解　　　　　　B. 听说过，但不清楚内容

   C. 不知道

4. 您对近年来村庄基础设施投入和村貌村容变化的评价：

   A. 变化大　　　　　B. 较大　　　　　C. 一般，还有提升空间

   D. 没变化　　　　　E. 更差了

5. 您参与了村里近年来倡导的哪些产业？

   A. 竹编制作　　　　B. 银器制作　　　C. 青稞种植合作社

   D. 民族歌舞表演队　E. 其他

6. 您认为在增加个人及家庭经济收入方面还需要哪些方面的帮助？（可多选）

   A. 介绍劳动就业　　B. 创业创新政策扶持　　　C. 电子商务培训

   D. 农家乐等农业休闲经济扶持　　　　　E. 其他（请举例）

7. 您对斗玉村下列特色文化比较了解的有哪些？（可多选）

   A. 珞巴族民间信仰　B. 珞巴族服饰　　C. 珞巴族民间艺术

   D. 珞巴族民间工艺　E. 珞巴族饮食　　F. 都不了解

8. 您对当前珞巴族文化民俗开发现状的评价是：

   A. 已经较好挖掘和开发　　　　　　B. 只是自发、分散、小作坊式

   C. 属于盲目开发，千篇一律　　　　D. 不了解

9. 您认为珞巴族特色文化传承发展比较重要的有哪些方面？（可多选）

   A. 构建文化、休闲、旅游一体的产业链

   B. 工业化开发珞巴族特色产品，比如编织、刀具制作等

   C. 让珞巴族蹈文化、饮食文化、对歌等民俗文化走出去，扩大影响

   D. 联合周边其他民族村，走集约化发展模式

10. 您认为斗玉村是什么样的村寨？

    A. 珞巴族为主的村寨

    B. 珞巴族、藏族共同组成的村寨

    C. 混合多民族村寨

11. 您认为政府的资金扶持应该重点放在：

A. 生态产业项目　　　B. 扶贫帮困　　　C. 基础设施

D. 技能培训　　　　　E. 其他（请举例）

12. 您认为未来斗玉村以发展何种产业为主符合当前状况：

A. 边境贸易及旅游业　　　　　　B. 少数民族特色旅游业

C. 民族手工艺品生产及销售　　　D. 高原特色农牧业生产

13. 您希望的斗玉村整体及民居建筑呈现什么样的风貌特色？

A. 传统的珞巴族民居整体风貌

B. 像现在一样的汉藏式整体风貌

C. 由上级政府确定

14. 您是否会参与乡里、村里组织的合作社（含民族歌舞表演团、民族手工业合作社、民族竹艺品制作合作社等）？

A. 愿意　　　B. 不愿意　　　C. 由上级政府确定

15. 您觉得有必要对斗玉珞巴族村进行旅游价值的再利用吗？

A. 非常有必要，是珞巴族文化的又一鲜亮名片

B. 有必要，为商业品牌注入持久的文化活力

C. 一般，最好保持现状

D. 不太有必要，毕竟文物是不可再生资源

E. 一点不需要

16. 您认为推动民族村加快发展还需要获得哪些方面的政策支持？（请用文字说明）

附录2　斗玉珞巴族村村庄建设村民使用后调查问卷

尊敬的村民朋友：

您好！

我是四川大学历史文化（旅游）学院的博士研究生，现在就斗玉村村庄建设村民使用后进行调查与回访。这次调查的目的是了解大家对斗玉珞巴族村落建设后的认知满意度，并进一步提升和完善建设水平与质量。本问卷采用匿名方式，需要您根据自己的真实感受填写。若您对某个问题没有确切的答案，请选择最接近您观点的答案。所有的问题均用于研究，不做任何商业用途，衷心感谢您的支持。请您在符合您情况的项目中用"√"表示。非常感谢您的合作与支持！

调查地：西藏山南市隆子县斗玉乡斗玉村。

第一部分：

1	您的性别	A 男		B 女	
3	您的年龄	A 60 岁以上	B 46~60 岁	C 31~45 岁	D 18~30 岁	E 18 岁以下
4	您的身份	A 村干部	B 党员	C 村民小组长	D 群众
5	您的民族	A 藏族	B 珞巴族	C 汉族	D 其他民族
6	您的学历	A 未上过学	B 小学	C 初中	D 高中

第二部分：

1. 您的主要收入来源是：

   A. 农牧业及种养殖业　　　　　　B. 参与合作社

   C. 外出打工　　　　　　　　　　D. 其他（请具体指出）

附录2　斗玉珞巴族村村庄建设村民使用后调查问卷

2. 您全家每年的总收入_____元。
   A. 1万~2万　　　B. 2万~3万　　　C. 3万~4万
   D. 4万~5万　　　E. 5万以上

3. 总的来说，您对目前的收入状况满意度如何？
   A. 很满意　　　B. 满意　　　C. 一般　　　D. 不满意
   E. 很不满意

4. 您家现在的住房是：
   A. 新建　　　B. 风貌改造过的　　　C. 扩建过的

5. 闲暇时间，您经常进行的活动是什么？（选择两个选项）
   A. 串口聊天　　　　　　　　　　B. 聚邻饮酒
   C. 读书看报、看电视、打麻将或打牌等娱乐活动
   D. 学习钻研技术　　　　　　　　E. 其他

6. 本次乡村建设后，您的切身感受是什么？（可多选）
   A. 民族文化气息变得浓厚
   B. 生活环境变得优美
   C. 经济收入得到增加
   D. 村民生活面貌变得积极、向上
   E. 其他

7. 本次乡村建设后，对您生产生活的影响体现在哪些方面？
   A. 看病方便　　　　　　　　　　B. 环境优美、卫生
   C. 文化设施多、生活充实　　　　D. 超市便利
   E. 办事便利

8. 您日常生活中常去的公共场所是哪里？（可多选）

	愿意经常去	有空了就去	一般	基本不去
珞巴原乡广场	A	B	C	D
文化传习所	A	B	C	D
民族文化商业街	A	B	C	D

9. 您认为斗玉村里可以代表珞巴族文化地标的是以下哪些区域/建筑？
   A. 珞巴原乡广场　　B. 文化传习所　　C. 民族文化商业街
   D. 神树广场　　　　E. 村委会

10. 您认为当前需要解决的迫切问题或存在的问题有哪些？（请用文字说明）